Bartos-Höppners Weihnachts-ABC

BARTOS-HÖPPNERS
Weihnachts-ABC

Ein Lesebuch für die ganze Familie
Ausgedacht, zusammengetragen
und aufgeschrieben
von Barbara Bartos-Höppner
unter Mitarbeit von Burghard Bartos
Reich ausgestattet mit Bildern
von Arnhild Johne

Loewes Verlag Bayreuth

Inhalt

Advent,

das ist die Zeit, in der die Lichter angezündet werden und die Vorfreude beginnt. Die Zeit, in der es plötzlich abgeschlossene Schränke gibt und zeitweilig verschlossene Stubentüren mit verhangenen Schlüssellöchern. Advent ist die Zeit des Vorbereitens inwendig und äußerlich auf das größte Ereignis, das größte Fest aller Christen, auf Weihnachten. Advent ist die Zeit der Stille und des Liedersingens, der ersten frostklaren Nächte und der heißen Backöfen.

Mein Großvater holte in den ersten Adventstagen stets die Krippe vom Boden herunter mit all den Herrlichkeiten, die er selber geschnitzt, gesägt und angemalt hatte. Und jedes Jahr kam etwas Neues, Schönes hinzu, und so blieb es nicht aus, daß sich der würzige Duft der Adventsbäckerei mit dem

strengen Geruch von aufgewärmtem Leim vermischte, zum Leidwesen der Großmutter, die mit fortschreitender Adventszeit auf immer mehr Drähte achtgeben mußte, mit denen der Großvater das Räderwerk in Gang setzte, das seinem „Krippel“ erst den richtigen Pfiff gab. Da drehte sich eine zierliche Mühle, sägten zwei Holzleute eine hohe Fichte um, legte der Jäger sein Gewehr auf einen Fuchs an.

Aber sooft die Großmutter auch stolperte, sie schluckte den Ärger hinunter, denn es war ja Adventszeit. Während mein Großvater nun mit einem Korb loszog, um Moos zu holen im Wald und Tannenreiser, einen Ebereschen- oder Stechpalmenzweig, an dem die Vögel ein paar rote Beeren übersehen hatten, machte sich meine Großmutter über den Advent Gedanken, der die Ankunft des Gottessohnes verheißt.

Die Großmutter war nicht nur eine ernsthafte Christin, sie war eine nachdenkliche Frau. Sie beließ es nicht beim Kerzenanzünden und bei der Vorweihnachtsbäckerei. Sie stellte sich ein Leben lang die Frage: Was ist alles Sünde vor diesem großen, unvorstellbaren Gott, und wieviel Erlösung und Heil ist mit seinem Sohn in die Welt gekommen? Was sie aber in besonderem Maße bewegte, war die Demut und die gottesfürchtige Ergebenheit der Jungfrau Maria, der ein Kind verheißen wurde, wie es die Bibel berichtet, für das es keinen leiblichen Vater gab und erst recht keine geschlossene Ehe.

Das war zu Zeiten meiner Großmutter etwas, an dem sich die Gedanken einer Frau schon festhaken konnten, und obwohl sich meine Großmutter zu den gläubigen Christen rechnete, hat diese Tatsache sie in jedem Jahr aufs neue bewegt. Immerhin war sie Mutter von drei Töchtern, und es war ihr eigen, hinter den wohlgesetzten, jahrtausendealten Worten der Propheten das einfache Leben zu sehen, das diese Jungfrau Maria zu bestehen hatte.

Es fiel meiner Großmutter niemals schwer, zwischen Vergangenheit und Gegenwart eine Brücke zu schlagen, und ich glaube, daß sie bei aller adventlichen Freude und allen weihnachtlichen Vorbereitungen mit ihren Gedanken vor allem diese Jungfrau Maria eingekreist hat.

Maria durch ein Dornwald ging, Kyrie eleison,
Maria durch ein Dornwald ging, der hat in sieben Jahr'n
kein Laub getrag'n. Jesus und Maria.

Was trug Maria unter ihrem Herzen? –
Ein kleines Kindlein ohne Schmerzen,
Das trug Maria unter ihrem Herzen.

Da haben die Dornen Rosen getrag'n,
Als das Kindlein durch den Wald getrag'n,
Da haben die Dornen Rosen getrag'n.

Was wären alle adventlichen Wohlgerüche ohne den Duft von Tannenzweigen, in den eigenen vier Wänden, versteht sich, denn ein Tannendickicht duftet auch in sommerlicher Hitze. Aber so heimgeholt, vor einem auf dem Tisch oder in der Vase auf dem Fensterbrett, das ist etwas anderes. Es muß ja nicht immer ein Adventskranz daraus gebunden werden, auch ein Strauß oder ein einziger Zweig dieser immergrünen Bäume duftet. Und wie duftet noch das unscheinbarste Ästchen, wenn es ins Kerzenlicht gehalten wird und aufsprühend verglüht. Es gibt keinen Duft, der die Nähe des Weihnachtsfestes sicherer ankündigen könnte.

Was nun den Adventskranz selbst betrifft, so ist er ja unter den urväterlichen Weihnachtsbräuchen geradezu ein Jüngling und nicht mehr als hundert Jahre alt. Aber wer macht sich darüber Gedanken, sobald die festgebundenen Kränze zu Türmen gestapelt wieder vor den Blumengeschäften liegen,

kleine, mittlere und große, je nach Geldbeutel zu haben aus Fichten- oder Tannenreisern, aus Douglas- oder Nordlandtanne. Und wer will das schon wissen angesichts dieser ersten anfaßbaren, frischgrünen Vorweihnachtsfreude.

Und doch hat alles seinen tiefen und schönen Sinn in Kreis, Kranz und Krone. Im Kreis, der immer von neuem Anfang und Ende umschließt, im Kranz, der dem Sieger, dem Besten gereicht wird, und in der Krone, die der Höchste, der Herrscher trägt.

Das alles mag diesem jungen Theologen Johann Hinrich Wichern durch den Kopf gegangen sein, als er vor hundertfünfzig Jahren nach einem Ausdruck der Freude suchte, nach einem Lichtblick in dieser Adventszeit, die damals noch unter dem Gesetz des strengen Fastens stand und wirklich noch die stillste Zeit im Jahr war, ohne Tanz, ohne Musik, ohne Geselligkeit.

Johann Hinrich Wichern muß ein Mensch mit einem gütigen Herzen gewesen sein. Nicht nur, weil er das Rauhe Haus in Hamburg gegründet hat und die Innere Mission und weil er sich junger Menschen annahm, die kein Zuhause hatten, der Waisen, Gefährdeten und Gescheiterten, sondern weil er über Strenge und Fürsorge die Bedeutung der Freude nicht vergessen hat. Weil er aus der stillen Zeit des Advent einen Vorhof der Freude auf Weihnachten machen wollte. Eines Tages mag ihm der Gedanke gekommen sein, den Kronleuchter im Betsaal des Rauhen Hauses mit Kerzen zu bestekken und jeden Tag eine Kerze mehr anzuzünden, wodurch das vorweihnachtliche Licht, das den Sieg über Tränen und Leid verheißt, immer heller und heller wurde. Er wird in den Gesichtern der Ausgestoßenen und Bedrückten wieder Hoffnung gesehen haben, und das war es, was er mit den Kerzen hatte wecken wollen. Es wäre sonst nicht zu erklären, daß er an dem adventlichen Lichterkranz festgehalten

hat, als er die Leitung des Berliner Waisenhauses in Tegel übernahm, wo sehr bald aus dem kerzenbesteckten Kronleuchter ein immergrüner Tannenkranz mit vier Lichtern wurde als sichtbares Zeichen der Hoffnung, die gesteigert wird bis zu der Nacht des vierundzwanzigsten Dezember, in der für alle, Christen und Nichtchristen, der Heiland geboren wurde.

Wenn alljährlich wieder die grünen Adventskränze vor den Blumengeschäften liegen, wäre es gar nicht so schlecht, wenn sich dieser oder jener an den guten Menschen Johann Hinrich Wichern erinnern würde, dem diese vier Wochen dauernde weihnachtliche Vorfreude, besteckt mit vier roten Kerzen und an vier roten Bändern aufgehängt, zu danken ist.

In den letzten Jahren sind auch Adventskränze aus Stroh in Mode gekommen. Vielleicht sind sie zur mehrjährigen Verwendung gedacht oder für alle diejenigen zur Dekoration, die den Advent „nur so" mitmachen. Schon der Farbe wegen kann ich diesen Kränzen nichts abgewinnen. Die roten Bänder zum Tannengrün, die roten Schleifen und die roten Kerzen, das hat sich ja nicht zufällig zusammengefunden.

Das dunkle Grün der Zweige, mögen sie von Fichten, Tannen oder Buchsbaum geschnitten sein, versinnbildlicht von alters her Hoffnung und Vertrauen auf die Barmherzigkeit Gottes und auf ein wiederkehrendes neues Leben. Und das leuchtende Rot steht sinnbildlich für den Heiligen Geist und den zu Fleisch und Blut gewordenen Gottessohn. Wenn aber von den adventlichen Farben die Rede ist, so soll auch Violett nicht unerwähnt bleiben, die Farbe für Passion, Leid, Trauer und Tod. Und noch ist Passionszeit, noch ist den Menschen nicht zugerufen worden: „Freue dich, freue dich, o Christenheit!" Deshalb sind die Altartische in der einen Kirche mit kostbarem violetten Tuch verhangen, in der anderen tragen die Priester violettfarbene Gewänder zu Andacht, Messe und Gottesdienst, wie es dieser Zeit angemessen ist, die zur stillsten des Jahres auch noch die dunkelste Zeit im Jahr ist.

Vom fünfundzwanzigsten November an gibt es nach frommem Brauchtum weder Bälle noch Tanzvergnügen: Sankt Kathrein stellt den Tanz ein, heißt es. Der fünfundzwanzigste November ist der Gedenktag der heiligen Katharina. Um ihres Glaubens willen wurde sie auf ein Rad geflochten und starb, auf diese Weise gefoltert, den Märtyrertod.

Was nun die dunkelste Zeit betrifft, hat es damit ja sein ganz natürliches Bewenden, denn das Jahr geht zu Ende, die Tage nehmen unübersehbar ab, und jene Nacht steht vor der Tür, die länger ist als der Tag.

Aber wer merkt davon noch etwas in unserer Zeit, in der ein Fingerdruck genügt, um nicht nur eine Stube und ein Haus hellzumachen, sondern in ganze Straßenzüge die Sterne vom Himmel zu holen, jeden Tag, sobald die Dämmerung kommt. Kein Dorf ist davon ausgenommen, und die Städte wetteifern untereinander, wer die hellsten Sterne hat, die längsten Lichterketten und den höchsten Weihnachtsbaum mit den meisten elektrischen Kerzen.

Nun soll hier keineswegs einer Zeit das Wort geredet werden, in der die Stuben mehr schlecht als recht von einem Kienspan beleuchtet wurden oder von einer Petroleumlampe, nur um die Kerzen der Weihnachtszeit oder des Christbaumes besser zur Geltung zu bringen. Dazu hatten es die Menschen der vorangegangenen Zeit viel zu schwer, dafür war es für zu wenige selbstverständlich, jeden Tag eine ordentliche Mahlzeit zu haben und eine warme Stube. Dafür blieben zu wenige Kinder am Leben, dafür konnten zu wenige Kinder unbeschwert heranwachsen. Und eben aus dieser täglichen Not und Bedrängnis heraus sind die Bitten zu verstehen, die

sich in den Liedern der Adventszeit ausdrücken. Eines der ältesten und flehendsten ist das Rorate coeli. Im Mittelalter lateinisch gesungen, heißt es:

Tauet, Himmel, den Gerechten!
Wolken, regnet ihn herab!
Also rief in bangen Nächten
Einst das Volk in Sünd' und Grab.
Sah mit Götzendienst umzogen
Den gestirnten Himmelsbogen,
Fühlte seine Willenskraft
Tief zerrüttet und erschlafft.

Und auf seines Thrones Stufen
Im verschlossenen Himmelssaal
Hörte Gott des Volkes Rufen
Aus dem tiefen Erdental.
Und er wollte es erretten
Aus der Sünde Todesketten,
Senkte in den Menschenstamm
Jesum als das Opferlamm.

Eine Jungfrau hat empfangen
Aus des Heiligen Geistes Kraft
Den, der wahrem Heilsverlangen
Trost und ewige Hilfe schafft.
Drum mit heiligem Entzücken
Lasset nach dem Tag uns blicken,
Welcher in die dunkle Nacht
Uns das helle Licht gebracht.

Im dunkelgebeizten Nähtisch, an dem meine Mutter oft saß, gab es ein Fach, in dem sich ein alter Wachsstock befand. Es war kein so kunstvoller, wie man sie heute hin und wieder sieht mit wächsernen Vergißmeinnichtblüten besetzt oder kleinen Rosen. Es war ein ganz einfacher, ein bißchen ausgeblichen und an manchen Stellen zerbröckelt, aber meine Mutter hielt ihn in Ehren, denn er stammte noch

aus ihrer Kinderzeit. Ich erinnere mich nicht, daß wir ihn jemals angezündet hätten, und doch habe ich ihn mehr als einmal brennen sehen. Dann nämlich, wenn meine Mutter erzählte, wie sie an Großvaters Hand zum Gottesdienst gegangen war und wie jeder von ihnen in der kalten Kirche seinen Wachsstock angezündet und mit tropfendem Wachs auf der Bank festgeklebt hatte. So stand Wachsstock neben Wachsstock, und der dampfende Atem ließ die Flammen in der dunklen Kirche hin und her gehen.

Diese zeitigen Messen, die nach dem Lied Rorate-Ämter oder einfach nur Rorate genannt werden, sind in früheren Zeiten schon oft um vier Uhr früh gehalten worden, zu Ehren Marias, der Gottesmutter. An den vier Adventssonntagen werden sie bis auf den heutigen Tag mit besonderer Feierlichkeit als Engelämter gehalten.

In manchen Gegenden trat der Engel Gabriel, der Maria die Botschaft gebracht hatte, während des Gottesdienstes selbst in Erscheinung und sprach aus, was im Lukas-Evangelium aufgeschrieben ist:

Im sechsten Monat aber wurde der Engel Gabriel von Gott in eine Stadt Galiläas, namens Nazareth, gesandt zu einer Jungfrau, die verlobt war mit einem Mann namens Joseph aus dem Hause Davids, und der Name der Jungfrau war Maria. Und er kam zu ihr herein und sprach: „Sei gegrüßt, du Begnadete! Der Herr ist mit dir."

Sie aber erschrak über das Wort und sann darüber nach, was das für ein Gruß sei. Da sprach der Engel zu ihr:

„Fürchte dich nicht, Maria, denn du hast Gnade bei Gott gefunden. Und siehe, du wirst schwanger werden und einen Sohn gebären, und du sollst ihm den Namen ‚Jesus' geben. Dieser wird groß sein und ‚Sohn des Höchsten' genannt werden, und Gott der Herr wird ihm den Thron seines Vaters

David geben, und er wird König sein über das Haus Jakob in Ewigkeit, und seines Königtums wird kein Ende sein."

Maria aber sagte zu dem Engel:

„Wie soll das zugehen, da ich von keinem Manne weiß?"

Und der Engel antwortete und sprach zu ihr:

„Der Heilige Geist wird über dich kommen, und die Kraft des Höchsten wird dich überschatten; daher wird auch das Heilige, das gezeugt wird, ‚Sohn Gottes' genannt werden.

Und siehe, Elisabeth, deine Verwandte, auch sie erwartet einen Sohn in ihrem Alter; und dies ist der sechste Monat für sie, die unfruchtbar hieß.

Denn: Kein Wort, das von Gott kommt, wird kraftlos sein."

Maria aber sprach:

„Siehe, ich bin des Herrn Magd; mir geschehe nach deinem Wort!"

Und der Engel schied von ihr.

Es muß eine besondere Feierlichkeit von diesen Frühmessen ausgegangen sein, zu denen sich die Leute oft in Schnee und Kälte auf den Weg machen mußten. Auch als diese Gottesdienste auf sechs Uhr morgens verlegt wurden, standen die Sterne noch am Himmel, wenn er nicht mit Wolken verhangen war. Immer wieder berichten die alten Leute, wie schön es gewesen ist, wenn sich der Kirche immer mehr Laternen näherten. Diese leuchtenden Punkte waren schon von großer Weite zu sehen, lange bevor noch die Gestalten zu erkennen waren. Aus dem Gebirge wird berichtet, daß oft vor den Kirchgängen erst eine Bahn geschaufelt werden mußte oder daß am Abend vorher der Weg mit Tannenzweigen abgesteckt wurde. Nicht immer aber waren sie gute Wegweiser, wenn es über Nacht wieder geschneit hatte.

Hier füge ich eine Schilderung ein, in der von den

Kindheitserlebnissen um Rorate zur Zeit der Jahrhundertwende berichtet wird:

„Einen Adventskranz kannte man in der kleinen Gebirgsstadt meiner Kindheit nicht. Das Kennzeichen der Adventswochen war ‚das Rorat‘, die tägliche Feier des adventlichen Marienamtes in der ersten Morgenfrühe. Als ich noch so klein war, daß mich die Mutter nicht zu so früher, fast nächtlicher Stunde mit zur Kirche nehmen mochte, war mir doch schon etwas von der Weihe dieses stillen Morgenganges aufgeleuchtet. Am Vorabend schon holte ja die Mutter den gelben Wachsstock aus dem Schrank, legte die warmen Sachen für sich zurecht, die Pelzkappe, das Wolltuch, den Muff; richtete die kleine Handlaterne her, denn es pflegte stockdunkel und bitterkalt zu sein, wenn sie in den frühen Wintermorgen hinaustrat. Obwohl wir zusammen in der Stube schliefen – die Mutter war nach sechs Ehejahren schon Witwe geworden und hatte von ihren vier Kindern nur mich behalten dürfen –, hörte ich sie doch meist nicht aufbrechen, so behutsam bewegte sie sich, um meinen Schlummer nicht zu stören. Aber wenn sie zurückkam, war ich gern schon wach und schnupperte nach dem süßen Rüchlein von Weihrauch und Wachs, das sie mitbrachte, und nach dem frischen Hauch Schneeluft, der mit hereinwehte. Ich wartete darauf, daß sie mich auf die Stirn küßte, was ich als einen Gruß des Christkindes nahm, bei dem die Mutter ja gewesen war. Nach der Rückkehr aus dem Rorat erschien mir das liebe Gesicht der Mutter immer noch lieber, schöner und heller als sonst.

In diesen Jahren schon muß mir die Melodie der Rorate-Antiphon, mit der die adventliche Meßfeier beginnt, vertraut gewesen sein. Die Mutter sang sie zuweilen untertags. Wort und Weise prägten sich mir unverlöschlich ins Ohr und ins Herz. Immer noch höre ich Mutters leise Stimme und sehe den ernsten und innigen Ausdruck ihres Gesichtes,

wenn sie den Sehnsuchtsruf des alten Gottesvolkes sang. Als ich, größer geworden, die Mutter in die Roratemesse begleiten durfte, oder wenn ich allein ging, jedesmal traf es mich tief, sobald der Priester an den Stufen des Altars in der noch dunklen Kirche den Ruf anstimmte, den der Chor aufnahm und machtvoll fortführte: Rorate coeli desuper et nubes pluant justum – ‚Tauet, ihr Himmel, von droben, ihr Wolken, regnet den Gerechten.' Von der Gewalt der Weise und des Wortes berührt, ahnte das Kind, das die Hand einer frommen Mutter führte, daß sich hier mehr aussprach als das Kinderverlangen nach dem strahlenden Lichterbaum und den Gaben, die unter dem Namen des Christkindes beschert wurden. Die Sehnsucht der unerlösten Jahrhunderte schwang darin nach dem einen Herrn und Heiland, der allein das Leid der Menschheit stillen und die Schuld der Herzen tilgen konnte."

Um noch einmal auf das zu viele oder zu wenige Licht in der Adventszeit zurückzukommen, muß ich sagen, daß ich bereits mit elektrischem Licht groß geworden bin. Trotzdem sind meine Eltern und Großeltern, besonders aber unsere alte Kinderfrau, die ihr ganzes Leben in Dürftigkeit verbracht hatte, nicht verschwenderisch damit umgegangen. Ihrer Sparsamkeit verdanke ich es, die Heimeligkeit der Dämmerstunden zu kennen. Ich vermute heute, mein Vater wird ihr einmal vorgerechnet haben, was so ein elektrisches Licht in allen Räumen für Kosten mache. Sie zögerte es nämlich immer wieder hinaus, dieses Licht anzuschalten. Außerdem war der große gekachelte Herd in unserer Küche den ganzen Tag über in Gang, und deshalb öffnete sie stets, sobald die Dunkelheit immer dichter wurde, die Ofentür, um den Schein der roten Glut auf der Feuerstelle auszunützen. Das mochte nun mein Vater wieder nicht, aus Sorge, es könnte ein Funken daraus in den Holzkorb springen, der stets neben

dem Ofen stand, und unsere Kinderfrau könnte es womöglich zu spät bemerken. Vielleicht war es dieses unausgesprochene Verbot meines Vaters, das uns Kinder geradezu auf den Augenblick lauern ließ, in dem unsere Kinderfrau auf ihren bunten Filzpantoffeln leise zur Ofentür ging. In einer solchen rotdurchglühten Dämmerstunde hat sie uns die Legende vom heiligen Andreas erzählt, denn zum Erzählen waren diese Stunden wie geschaffen.

Bevor sie auf den heiligen Mann selbst zu sprechen kam, gab es zwar noch einiges zu berichten.

„Genaugenommen", sagte sie, „fängt die Adventszeit ja schon am dreißigsten November an, oder wenigstens in der Nacht zum ersten Dezember. Die Andreasnacht ist nämlich eine Losnacht, in der man allerhand Zukünftiges erfahren kann. Junge Mädchen vielleicht, die im nächsten Jahr gerne heiraten wollen, brauchen bloß an den Hühnerstall zu klopfen und dabei zu rufen:

Gackert der Hahn, krieg ich an Mann,
gackert die Henn', dann krieg ich kenn."

Jetzt war, wie unsere Kinderfrau sagte, nur noch genaues Hinhorchen notwendig, wer unter dem aufgescheuchten Hühnervolk zuerst einen Ton von sich gab, und dann war die Sache klar. Bei unserer Kinderfrau war danach stets ein Gedicht an der Reihe, ein Echogedicht, und es soll hier an dieser Stelle aufgeschrieben sein.

Andreas, lieber Schutzpatron,
gib mir doch nur einen Mann,
räche jetzt doch meinen Hohn,
sieh mein schönes Alter an.
Krieg ich einen oder keinen?

„Einen", echote unsere alte Kinderfrau und hielt sich dabei die Hände um den Mund.

Einen krieg ich, das ist schön,
wird er auch beständig sein?
Wird er auch zu anderen gehn?
Oder sucht er mir allein
und sonst keiner zu gefallen?

„Allen!“

In der Dunkelheit von unserer alten Kinderfrau dargeboten, war das etwas ganz Besonderes.

Dann erzählte sie uns von einem fernen Land voller Sonne und Wärme, das wir uns gar nicht vorstellen konnten. Wenn wir aus dem Fenster sahen, lag der Schnee mehr als einen halben Meter hoch, und auf der Straße fuhren die Pferdeschlitten vorbei. Und dann hörten wir von zwei Brüdern.

„Der eine hieß Simon Petrus“, sagte unsere Kinderfrau, „und der andere Andreas. Sie lebten am Meer und waren Fischer.“

Mit Fischern wußten wir etwas anzufangen, denn in jedem Herbst sahen wir ja zu, wie die Karpfenteiche abgefischt wurden.

„Andreas und sein Bruder waren zwei junge Leute“, erzählte sie weiter, „und eines Tages kam Andreas mit unserem Herrn Jesus zusammen. Über den war schon viel geredet worden in den Booten und den Gasthäusern, aber jetzt hörte Andreas ihn predigen, und was Jesus sagte, gefiel ihm. Er dachte darüber nach, und dann nahm er die neue Lehre an und ging mit diesem Mann davon, der Jesus hieß.“

In diesen Texten kannte sich unsere Kinderfrau gut aus. Wir sahen sie oft genug, die dünne Nickelbrille auf der Nase, in der Bibel lesen.

„In guten Zeiten war das weiter nicht schwer, aber Andreas hielt an der neuen Lehre fest, als Jesus längst verurteilt worden war und am Kreuz gehangen hatte.“

„Und warum haben sie ihn ans Kreuz geschlagen?“ wollten wir wissen.

„Weil der Kaiser und seine Beamten an andere Götter glaubten und von unserem lieben Gott nichts wissen wollten. – Solange Andreas wandern konnte, zog er von einem Dorf zum anderen und predigte. Erst als seine Beine nicht mehr mitmachen wollten, als er alt geworden war, ließ er sich in einer Stadt nieder, die Patras hieß. Darauf hatte der Bürgermeister nur gewartet, denn der wollte ja auch nichts von der neuen Lehre wissen. Er ließ Andreas gefangennehmen und vor Gericht bringen. Das Gericht war natürlich auf der Seite des Bürgermeisters. Wer wollte es sich schon mit einem solchen Mann verderben? Und wie nicht anders zu erwarten, wurde Andreas verurteilt, zuerst zur Folter und dann zum Tod am Kreuz.

Dieses Kreuz war schräg und eine besondere Marter, und es wird bis auf den heutigen Tag das Andreaskreuz genannt.

Zwei Tage hat der heilige Mann noch an diesem Kreuz gelebt, und er hat gepredigt, bis er keine Sinne und keinen Atem mehr hatte und gestorben ist. Seine christlichen Freunde haben ihn begraben, und dann ging es eigentlich mit ihm erst richtig los. Dann ist er nämlich nach Rußland gezogen. Ihr könnt euch nicht vorstellen, was das für ein Land ist. Da sind riesige Wälder mit Wölfen und Bären, mit Hirschen, Hasen und Füchsen. Bei uns gibt es ja auch viel Wald, aber das ist nichts gegen dieses Land, in das der heilige Andreas gezogen ist. Wo die Wälder aufhörten, waren prächtige Städte zu finden mit starken Mauern ringsherum, und dahinter standen die Häuser und die Kirchen vor allem mit den goldenen Zwiebeltürmen und den Kreuzen darüber, von denen goldene Ketten herabhingen.

Nun machten dem heiligen Andreas die Mauern ja nichts aus, denn er kam nicht mit dem Schwert, er wollte predigen und alle Leute zu guten Christen machen, weiter nichts."

Es muß an der Dämmerung in der Küche und der

roten Glut im Ofenloch gelegen haben, daß wir unsere alte Kinderfrau nicht fragten, wie ein Toter in ein anderes Land gehen und predigen konnte. Was wir gehört hatten, war traurig und schön zugleich. Wir blieben still sitzen, um uns das wunderbare Bild nicht zu zerstören, das wir vor Augen hatten. Wir sahen das Gold der Kirchtürme funkeln, und das Geläut der Schlittenfuhrwerke draußen wurde für uns zum Glockengeläut.

„Und so", sagte unsere alte Kinderfrau, „ist der heilige Andreas zum Schutzpatron von Rußland geworden."

„Und wo liegt Rußland?" habe ich gefragt.

„Dort, wo der heilige Andreas seine Heimat gefunden hat", antwortete unsere Kinderfrau.

„Und wo ist das?"

„Ach", antwortete sie, „so weit weg ist das auch wieder nicht. Das ist gleich hinter dem Dorf, wo dein Patenonkel wohnt, und gleich hinter dem großen Wald, wo euer Großvater das Holz einkauft, dort, wo du immer Angst hast, daß ihr mit dem Fuhrwerk nicht mehr herausfindet."

Ein einziges Mal, als wir die Geschichte schon oft gehört hatten, sagte meine Schwester:

„Ich glaube, der heilige Andreas ist damals bloß scheintot gewesen und hat sich schnell davongemacht, als sie ihn von dem schrägen Kreuz losgebunden haben."

Da war unsere alte Kinderfrau aber unerbittlich. „Nein", sagte sie, „er war wirklich gestorben. Er ist auferstanden und erlöst worden vom Tod. Wenn das nicht möglich wäre, hätte Jesus überhaupt nicht geboren zu werden brauchen. Dieses kleine Kind in Bethlehem hat alle, die wirklich glauben, vom Tod erlöst. *Das* ist die große Freude von Weihnachten und nicht etwa, weil die Kommodenschübe plötzlich zugeschlossen sind und draußen Schnee liegt und ihr mit dem Schlitten fahren könnt."

Noch ist Herbst nicht ganz entfloh'n,
Aber als Knecht Ruprecht schon
Kommt der Winter hergeschritten,
Und alsbald aus Schnees Mitten
Klingt des Schlittenglöckleins Ton.

Und was jüngst noch, fern und nah,
Bunt auf uns herniedersah,
Weiß sind Türme, Dächer, Zweige,
Und das Jahr geht auf die Neige,
Und das schönste Fest ist da.

Tag du der Geburt des Herrn,
Heute bist du uns noch fern,
Aber Tannen, Engel, Fahnen
Lassen uns den Tag schon ahnen,
Und wir sehen schon den Stern.

Theodor Fontane

Adventskalender waren in meiner Kindheit noch nicht in Mode, aber meine Mutter verstand es trotzdem, unsere Vorfreude zu steigern. In den Dämmerstunden geschah es mehr als einmal, daß mitten hinein in eine Geschichte sich plötzlich die Tür geheimnisvoll öffnete. Im nächsten Augenblick prasselte es, und Äpfel und Nüsse kollerten in unsere große Küche. Das war natürlich niemand anderes als der Knecht Ruprecht gewesen. Allein waren wir Kinder nie, wenn dieses vorweihnachtliche Gepolter stattfand oder wenn eine Rute ans Fenster schlug. Vater und Mutter waren immer dabei.

Ein paar Jahre später wußte ich, daß meine Mutter damals eine genaue Absprache mit Knecht Ruprecht getroffen hatte. Sie brauchte ihn für uns zur Freude und nicht aus erzieherischen Gründen.

Die Flotte aus Nußschalenlichtern, die im Dämmerlicht in einer Wasserschüssel ihre Kreise zog, gehörte auch in unsere Adventszeit und natürlich die Weihnachtslieder. Vor allem aber die geheim-

nisvollen Abende, wenn das Christkind erwartet wurde, das meiner Mutter helfen sollte, die Puppen neu einzukleiden, die Puppenstuben zu tapezieren, die Puppenbetten auszustaffieren. Es war eine wunderbare Zeit, auch ohne Adventskalender, an denen abzulesen ist, wie die Tage bis zum Heiligen Abend zusammenschmelzen, selbst für jene Kinder, die noch nicht zählen und rechnen können.

Der erste Adventskalender ist 1903 in München gedruckt worden. Das waren zwei gleich große Pappen, die eine mit kleinen Bildern, die andere mit schönen Sprüchen bedruckt. Die Bilder mußten ausgeschnitten und auf die Felder mit den Sprüchen geklebt werden. Selbstverständlich wurden diese Sprüche vorher gelesen und vorgelesen, und das Aufkleben war damals auch nicht einfach mit dem „Klebstoff aus der Tube" zu machen. Daran nahm die ganze Familie teil, täglich, vom ersten bis vierundzwanzigsten Dezember.

Was sind dagegen die vorgestanzten Fenster der heutigen Adventskalender! Trotzdem betrachte ich sie jedes Jahr mit ihren aufgedruckten Winterlandschaften, Christkindlmärkten und Riesenchristbäumen, und ich wundere mich, daß den Leuten, die so etwas Jahr für Jahr herstellen, dies vor Langeweile nicht zum Hals heraushängt. Hinter den Fenstern, mit den Zahlen von 1 bis 24 bedruckt, verbirgt sich alle Jahre wieder das gleiche Geheimnis: Bälle, Autos, Puppen, Teddybären. Und doch höre ich die Kinder in jedem Jahr voller Freude von ihren Adventskalendern reden, eben weil an ihnen so leicht ablesbar ist, wie Weihnachten immer näher rückt.

Ehrlicherweise muß ich sagen, daß ich meinem Sohn auch einmal einen solchen Kalender gekauft habe, das Jahr darauf allerdings habe ich ihn mit einem anderen überrascht. Er war aus grünem Stoff mit weihnachtlicher Borte ringsherum und vierundzwanzig rotkarierten Beuteln daran. In diesen Beuteln steckte etwas ganz Persönliches für jeden Tag, und an jedem Tag dieser Adventszeit wartete damals nicht nur mein Sohn auf die Überraschung, die aus dem Beutel hervorkommen würde, genauso gespannt saß bereits an jedem Morgen sein Hund unter dem Adventskalender und hoffte, daß für ihn ebenfalls eine kleine Gabe abfiele. Gerade so, als hätte auch er gewußt, daß diese Zeit eine Zeit der Vorfreude ist.

Bethlehem,

die kleine Stadt, in der Christus geboren wurde, liegt zehn Kilometer südlich von Jerusalem und einhundertfünfzig Kilometer von Nazareth entfernt, woher Maria und Joseph kamen. Zwischen diesen beiden Städten begann und endete Jesu Leben. Wenn ihn seine Wege auch in das Innere des Landes führten – er wurde im Jordan getauft, er predigte am See Genezareth, er wandelte über das Wasser des Toten Meeres –, so spielte sich sein Leben doch nur auf diesem Raum ab, einhundertfünfzig Kilometer zwischen Norden und Süden.

Die Straße von Nazareth über Jerusalem nach Bethlehem nimmt heute keinen anderen Verlauf als vor zweitausend Jahren. Sie führt auch heute südwärts weiter bis nach Ägypten, so wie damals, als die Heilige Familie fliehen mußte. Vier Jahre später, nach dem Tod des Königs Herodes, kehrte die Familie in das Land der Väter zurück, und wieder nahmen sie den Weg über Bethlehem.

Um Bethlehem ist das Land hügelig, kahl und steinig, aber die Schafherden, die heute wie damals an den Hängen geweidet werden, finden zwischen dem groben Geröll genug, das ihren Magen füllt. Auch die Esel verfehlen den Tritt auf den steinigen Pfaden nicht und finden ihren Weg in der finstersten Nacht, an Abhängen vorbei und über Felsblöcke hinweg, geradeso, als gingen sie die Wege seit zweitausend Jahren. Nur die Straße zwischen Hebron und Hermon hat sich verändert. Sie ist breiter geworden und sehr befahren. Personenwagen, Autobusse und Lastwagen rollen dahin. Die Autobusse aus Richtung Nazareth bringen um die Weihnachtszeit nicht nur Touristen nach Bethlehem, sie bringen Pilger und Wallfahrer. Aber heutzutage geht niemand mehr zu Fuß, so wie Christus, als er predigend durch das Land zog. Heutzutage pilgert man per Bus mit Liegesitz und Aircondition. Deshalb spürt auch niemand, wie kalt der Wind ist, der im Dezember über die Hänge fegt, und wie wenig dagegen ein Umhang nützt und das Tuch über Kopf und Schultern. Es spürt auch keiner mehr, wie steinig der Weg für diejenigen gewesen ist, die Kilometer für Kilometer südwärts gewandert sind und die diesen weiten Weg machen mußten, weil „die dort oben" es so wollten, die Regierungsbeamten, die im Namen des Kaisers Augustus hatten ausrufen lassen, daß „ein jeglicher in seine Stadt" zu gehen hätte, um sich schätzen zu lassen.

Was mag zwischen den beiden Menschen, Maria und Joseph, gesprochen worden sein auf dem Weg von Nazareth nach Bethlehem, auf diesen einhundertfünfzig langen Kilometern? Wie viele Gedanken mögen hin und her gegangen sein, denn mit jedem Tag rückte die Geburt des Kindes näher. Wie wird es der Mann aufnehmen, der nicht sein

Vater ist, mag Maria gedacht haben. Und Joseph, der einfache Zimmermann, der nicht mehr der Jüngste war, mag sich gefragt haben: Was werde ich nur mit diesem Kind anfangen?

Bis Bethlehem kamen sie also, aber die Türen blieben ihnen verschlossen. Es war Volkszählung, Steuerzählung, wie überall im Land, Rasthäuser und Herbergen überfüllt, und dieses merkwürdige Paar hier! Die Gastwirte sahen mit einem Blick, was los war, und so blieben Maria und Joseph nur der Stall und eine Futterkrippe für das neugeborene Kind.

Jetzt fahren die Busse dorthin, Stoßstange an Stoßstange mit anderen Autos. Aber die Pilger kommen nicht erst seit heute, sie kommen seit tausend Jahren: Kreuzfahrer, Ritter, Krieger. Einzeln und in kleinen Gruppen sind sie schon viele Jahrhunderte früher gekommen.

Eine der Pilgerinnen war Helena, die Mutter des ersten römischen Kaisers Konstantin, der sich zu Christus bekannt hatte und der unter dem Einfluß des Papstes Silvester das Christentum zur Staatsreligion ausrufen ließ. Helena ließ über der Grotte, in der Maria den Sohn geboren hatte, eine Kapelle erbauen, und genau an jener Stelle, an der die Krippe gestanden haben soll, befindet sich heute auf dem Marmorfußboden ein großer goldener Stern.

Es hat im Laufe der langen Zeit Umbauten, Anbauten und Ausbauten an dieser Geburtskirche gegeben, in der sich in jeder Heiligen Nacht die Gläubigen drängen und von denen sich viele ihren Platz lange vorher haben reservieren lassen. Von diesen Pilgern des 20. Jahrhunderts friert keiner in der Geburtskirche über dem Stall, und es fragt sich, ob einer an die Flucht der Heiligen Familie denkt, die auch von dieser Stelle ausgegangen ist.

Auf diese Flucht bei Nacht, Nebel und Wind brauchten sie sich nicht zu Fuß zu machen. Jetzt war ein Esel zur Stelle, um den sie weder bitten noch betteln mußten. Der hohe Besuch aus dem

Morgenland hatte in der Stadt genug Aufsehen erregt, dazu waren Gold, Weihrauch und Myrrhe gekommen. Dergleichen hat noch zu allen Zeiten Wunder gewirkt, und kein Mensch konnte verstehen, warum das ungleiche Paar mit dem gerade geborenen Kind mitten in der Nacht davongegangen war.

Denkt einer von diesen Pilgern in der Geburtskirche an die Verantwortung, die der Engel auf Josephs Schultern gelegt hatte? Denkt einer an Josephs Traum in der Nacht, als die Könige davongezogen waren?

Da sie aber hinweggezogen waren, siehe, da erschien der Engel des Herrn dem Joseph im Traum und sprach: Stehe auf und nimm das Kindlein und seine Mutter zu dir und flieh nach Ägyptenland und bleib allda, bis ich dir sage; denn es ist vorhanden, daß Herodes das Kindlein suche, dasselbe umzubringen.

Und er stand auf und nahm das Kindlein und seine Mutter zu sich bei der Nacht und entwich nach Ägyptenland.

Und blieb allda bis nach dem Tod des Herodes, auf daß erfüllet würde, was der Herr durch den Propheten gesagt hat, der da spricht: „Aus Ägypten habe ich meinen Sohn gerufen." *Matthäus 2, 13–15*

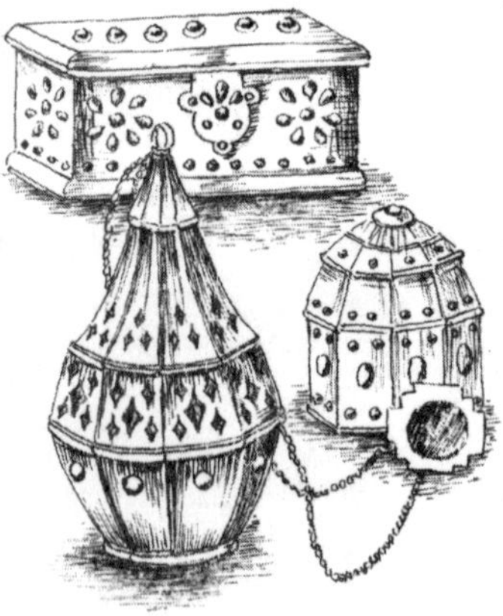

Wie viele von den Pilgern, die in der Geburtskirche am Heiligen Abend beten, mögen sich auch an König Herodes erinnern?

Herodes, Bevollmächtigter Roms, bis zur Königswürde aufgestiegener Angehöriger des jüdischen Volkes – war er klug und verschlagen? War er vom Machthunger besessen oder war er ein weitblickender Staatsmann? Die Zeit nennt ihn den Großen. Schlägt sie sich immer auf die Seite der Tyrannen? Für die Juden, die sich zum Gott ihrer Väter bekannten, konnte er nichts anderes sein als ein Verräter am eigenen Volk. Er gehörte zu ihnen und arbeitete für Rom. In ständiger Sorge um die Erhaltung der Macht ließ er sein Weib umbringen und drei seiner Söhne. Als die Heiligen Drei Könige kamen, die Priester des Marduk aus Babylon, und ihn nach dem neugeborenen König der Juden fragten, muß es ihm die Sprache verschlagen haben. Im nächsten Augenblick aber war er zu allem fähig, um den Nebenbuhler aus dem Weg zu schaffen.

Deshalb frage ich mich, warum der bethlehemitische Kindermord, den Herodes veranlaßt hat, neuerdings angezweifelt wird. Geradeso, als gäbe es in der Geschichte nicht genug Beispiele von ebensolchen Verirrungen und noch schlimmeren Grausamkeiten. Bei Matthäus 2, 16–18, heißt es dazu:

Da Herodes nun sah, daß er von den Weisen betrogen war, ward er sehr zornig und schickte aus und ließ alle Kinder zu Bethlehem töten und an seinen ganzen Grenzen, die da zweijährig und darunter waren, nach der Zeit, die er mit Fleiß von den Weisen erlernt hatte.

Da ist erfüllt, was gesagt ist von dem Propheten Jeremia, der da spricht:

„Auf dem Gebirge hat man ein Geschrei gehört, viel Klagens, Weinens und Heulens."

Wie viele Knaben damals in und um Bethlehem im Alter bis zu zwei Jahren von den Soldaten des Herodes getötet worden sind, darüber gehen die Meinungen sicher zu Recht auseinander. Der Jesusknabe aber war dem grausamen Töten entgangen, denn der Engel Gottes war ja nicht nur Joseph erschienen, sondern auch den Heiligen Drei Königen, nachdem sie das Kind angebetet hatten.

Und Gott befahl ihnen im Traum, daß sie sich nicht sollten wieder zu Herodes lenken; und sie zogen durch einen anderen Weg wieder in ihr Land.

Matthäus 2, 12

Das ist es, was sich vor rund zweitausend Jahren in und um Bethlehem zugetragen hat: neben dem Geschehen des Heils die Tragik, neben der Geburt der Tod. Wie viele denken daran, wenn sie mit dem Bus das letzte Stück des Weges nach Bethlehem unterwegs sind? Wenn der Fahrer womöglich anhalten muß, weil auf der Straße, nicht langsam, nicht schnell, ein paar Kamele traben. Ihre Reiter sind Araber, am weißen Kefija um den Kopf zu erkennen. Vielleicht kommen dem Verkehr, neben der Straße, ein paar Esel entgegen. Auch ihre Reiter sind Araber. Nicht allein der Kopfputz zeigt es, auch die schwarzverschleierten Frauen, die nebenherlaufen, geduldig, wie seit zweitausend Jahren. Für solche Augenblicke sind die Fotoapparate zur Hand. Die Pilger kommen von weit her, und es ist alles festhaltenswert, was zu sehen ist auf dieser Straße im Heiligen Land.

Vielleicht haben sie auch einen guten Reiseführer im Bus, der ihnen die leidvolle Geschichte des Landes und der Stadt erzählt, die nun in der Ferne zu sehen ist: Jerusalem. Wem hat sie nicht gehört von denen, die an den Küsten des Mittelmeeres geherrscht haben oder aus religiöser Überzeugung dahingezogen sind, wie die Kreuzritter. Und wenn dieser Reiseführer jüdischen Glaubens ist, wird er nicht Bethlehem sagen, sondern Bethlam, und Bethlam bedeutet Brothaus.

Das Brothaus gehörte zum äthiopischen Kirchenhaus und war wirklich ein Backhaus, in dem der Teig für das Abendmahlsbrot gebacken wurde. Den Teig vorzubereiten und zu backen blieb allein den Priestern vorbehalten, äthiopischen Priestern, die ihren Glauben und die Gewohnheiten ihres Glaubens lange vorher mit nach Bethlehem gebracht hatten.

Dann wäre auch noch zu sagen, daß Bethlehem erst seit 1967 wieder zum Staat Israel gehört, erst wieder seit dem Sechstagekrieg. Merkwürdig ist, daß sich Geschichte, die weit zurückliegt, meist außerordentlich fesselnd liest, daß aber Geschichte, die sich gegenwärtig abspielt, nicht als historisches Ereignis begriffen wird. Es gibt auch heutzutage Brennpunkte in der Welt, an denen das deutlich zu spüren ist. Aber wollen wir es überhaupt spüren?

Nazareth hat achtzigtausend Einwohner. Vierzigtausend davon sind alteingesessene Araber, die meisten von ihnen Christen. Die anderen vierzigtausend sind aus der ganzen Welt eingewanderte Juden. Bethlehem hat dreißigtausend Einwohner – dreißigtausend Araber. Die meisten von ihnen sind Christen.

Kann das die Hoffnung sein an diesem Brennpunkt der Welt? Friede auf Erden ist für alle verkündet worden, die sich Christen nennen.

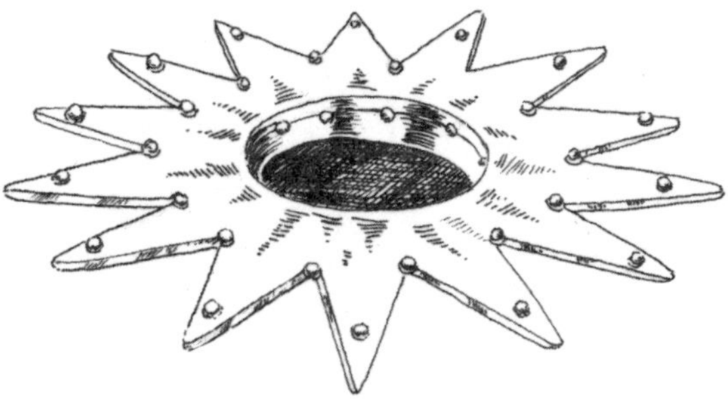

Christi Geburt

geschah vor zweitausend Jahren, als „ein Gebot vom Kaiser Augustus ausging, daß alle Welt geschätzet würde".

Alle Welt, heißt es bei dem Evangelisten Lukas, und das hört sich nicht gerade bescheiden an. Aber es entspricht den Tatsachen.

Das Römische Reich war zu dieser Zeit ein Weltreich, womit nicht allein seine Ausdehnung gemeint ist vom Atlantischen Ozean bis ans Rote Meer, von Karthago bis Britannien, von Alexandria bis zum Schwarzen Meer. Gemeint ist auch der hohe Stand der Verwaltung, des Rechts, der Kultur, wozu Städte- und Straßenbau ebenso gehörte wie die Förderung aller Künste. Welche Herrschaft hat nicht sich und ihrer Zeit ein ewiges, bestauntes Andenken setzen wollen, und welcher Herrscher hätte

dazu nicht viel Geld gebraucht. Dieses Geld aber war zu allen Zeiten die Steuer, die das Volk aufzubringen hatte, die Landbesitzer, die Kaufleute, die Händler. Reichte das alles nicht, blieb immer noch der kleine Mann übrig.

Aus diesem Grund hatten die römischen Beamten ihrem Kaiser zu einer Volkszählung geraten, zu einer Schätzung, wie sie es nannten, worunter eine Steuerschätzung zu verstehen ist, bei der die römischen Beamten auch gleich kassierten.

Der Kaiser, der diese Schätzung „gebot" und dem dieses Weltreich untertan war, hieß Augustus, der Erhabene. Er wird als ein Mann von schmächtiger Gestalt geschildert und dargestellt, weshalb ihm die Laufbahn als Offizier und damit der Weg zum Feldherrn von vornherein verwehrt war. Zu seiner Schmächtigkeit kam eine anfällige Gesundheit.

„Im Winter", so heißt es von ihm, „schützte sich Augustus durch vier übereinander getragene Tuniken und eine dicke Toga." Außerdem wird berichtet, daß er seiner Nerven wegen warme Seebäder nehmen mußte. Er stammte aus einer nach Rom zugereisten Familie und hieß, bevor er der Augustus des Römischen Reiches wurde, Octavian.

So schwächlich sein Körper war, so stark war sein Geist. In jungen Jahren wurde er ein „göttlicher Jüngling" genannt. Im Alter war er stolz darauf, wenn die Menschen seinen durchdringenden Blick nicht ertragen konnten und die Augen vor ihm niederschlugen.

Augustus selbst ist es gewesen, der Herodes in der römischen Provinz Syrien zum König ernannt hat, zum König über das jüdische Volk. Diese Ernennung wurde Rom nicht zum Nachteil. Aber Menschenkenntnis und staatspolitischer Weitblick gehörten zu diesem Kaiser Augustus, sonst wäre er nicht der Erhabene geworden.

In der Weihnachtsgeschichte ist noch ein anderer König genannt, der beim Lesen leicht übersehen, dessen Name beim Zuhören leicht überhört wird: David. Im Lukas-Evangelium heißt es: „Da machte sich auch auf Joseph aus Galiläa, aus der Stadt Nazareth, in das jüdische Land, zur Stadt Davids, die da heißt Bethlehem, darum daß er von dem Hause und Geschlecht Davids war."

David, das ist der Mann, den die Hirten verehrten, weil er im Anfang auch ein Hirt war, der die Schafe über die Hänge des jüdischen Landes trieb und es verstand, dem Wind zuzuhören. Der sich mittags an einen sonnenheißen Stein lehnte, die Augen schloß, vor sich hinträumte und die Herde doch immer im Auge behielt. Der immer eine Handvoll Steine bei sich hatte und eine Schleuder, um die Schafe damit zu treffen, die nicht bei der Herde bleiben wollten. David schnitt sich aus Rinde und Rohr seine Flöten, aber nicht die einfachen, die jeder Hirt fertigbrachte, sondern die mehrrohrigen, die schönen, denen die wunderbaren Melodien zu entlocken waren, die er dem Wind abgelauscht hatte.

David, das war der Mann, der nicht bei den Schafherden blieb, der an den Hof des Philisterkönigs Saul ging und dort die Harfe bald ebenso meisterhaft schlug, wie er zuvor die Flöte geblasen hatte, und der seine eigenen Verse dazu sang. Das brachte ihm viel Ansehen ein, und am Hofe König Sauls war er bald mehr als ein Musikant.

David, das war der Mann, der den Riesen Goliath mit der Steinschleuder zu Tode brachte, obwohl er kein Mensch von Körperkraft war.

David, das war auch der Mann, der bei König Saul in Ungnade fiel, der fliehen mußte und als Söldnerführer in den Bergen des Hebron umherzog, und es war auch der Mann, der schließlich die Philister schlug.

David, das war der Mann, der in seiner Vaterstadt

Bethlehem zum König gesalbt wurde, zum König von Israel und Judäa.

David war der König, der sich seine Residenz in Jerusalem baute, der sein Reich erweiterte „vom Strom bis an das Meer“. Danach war Frieden im Land, und über die Menschen kam, wie sie es selber nannten, das goldene Zeitalter.

Und so wurde David zum Stammvater eines vornehmen jüdischen Geschlechtes, des Hauses David.

Zu seinen Nachkommen gehörte auch Joseph aus Nazareth, und deshalb mußte er sich nach dem Gebot des Kaisers Augustus auf den Weg nach Bethlehem machen, um sich in der Stadt Davids schätzen zu lassen.

Das Weihnachtsevangelium

Es begab sich aber zu der Zeit, daß ein Gebot vom Kaiser Augustus ausging, daß alle Welt geschätzt würde. Und diese Schätzung war die allererste und geschah zu der Zeit, da Cyrenius Landpfleger in Syrien war. Und jedermann ging, daß er sich schätzen ließe, ein jeglicher in seine Stadt. Da machte sich auch auf Joseph aus Galiläa, aus der Stadt Nazareth, in das jüdische Land zur Stadt Davids, die da heißt Bethlehem, darum daß er von dem Hause und Geschlecht Davids war, auf daß er sich schätzen ließe mit Maria, seinem vertrauten Weibe, die war schwanger. Und als sie daselbst waren, kam die Zeit, daß sie gebären sollte.

Und sie gebar ihren ersten Sohn und wickelte ihn in Windeln und legte ihn in eine Krippe, denn sie hatten sonst keinen Raum in der Herberge.

Und es waren Hirten in derselben Gegend auf dem Felde bei den Hürden, die hüteten des Nachts ihre Herde. Und siehe, des Herrn Engel trat zu ihnen, und die Klarheit des Herrn leuchtete um sie; und sie fürchteten sich sehr. Und der Engel sprach zu ihnen:

Fürchtet euch nicht; siehe, ich verkündige euch große Freude, die allem Volk widerfahren wird; denn euch ist heute der Heiland geboren, welcher ist Christus, der Herr, in der Stadt Davids. Und das habt zum Zeichen: Ihr werdet finden das Kind in Windeln gewickelt, und in einer Krippe liegen.

Und alsbald war da bei dem Engel die Menge der himmlischen Heerscharen, die lobten Gott und sprachen: Ehre sei Gott in der Höhe, und Friede auf Erden, und den Menschen ein Wohlgefallen! Und da die Engel von ihnen gen Himmel fuhren, sprachen die Hirten untereinander: Laßt uns nun gehen gen Bethlehem und die Geschichte sehen, die da geschehen ist, die uns der Herr kundgetan hat.

Und sie kamen eilend und fanden beide, Maria und Joseph, dazu das Kind in der Krippe liegen.

Da sie es aber gesehen hatten, breiteten sie das Wort aus, welches zu ihnen von diesem Kinde gesagt war. Und alle, vor die es kam, wunderten sich der Rede, die ihnen die Hirten gesagt hatten. Maria aber behielt alle diese Worte und bewegte sie in ihrem Herzen. Und die Hirten kehrten wieder um, priesen und lobten Gott um alles, was sie gehört und gesehen hatten, wie denn zu ihnen gesagt war.

Lukas 2,1–20

Drei Könige

Drei Könige aus dem Morgenland,
die fragten in jedem Städtchen:
„Wo geht der Weg nach Bethlehem,
ihr lieben Buben und Mädchen?"

Bei aller Ungewißheit über den Weg, den die drei heiligen Männer genommen haben, um nach Jerusalem zu kommen, ist so viel sicher: einen Umweg bis in unsere Gegend haben sie nicht gemacht; wenigstens zu ihren Lebzeiten nicht. Danach sind sie allerdings auf einem großen Umweg, und fast möchte man sagen, wie nicht anders zu erwarten, nach Kampf und Krieg in unser Land gekommen. Im Jahre 1164 nämlich, nachdem Kaiser Friedrich Barbarossa die Stadt Mailand unterworfen hatte, schenkte er den heiligen Schatz, der in der Kirche

San Eustorgio aufbewahrt wurde, seinem verdienstvollen Kanzler, dem Erzbischof Reinhard von Dassel, „zum Dank für unermeßliche und unvergleichliche Dienste“.

Der Kanzler war, wie es heißt, nicht unbeteiligt an Barbarossas Sieg über Mailand gewesen, und Reinhard von Dassel ließ den heiligen Schatz sogleich nach Köln überführen. Es müssen verschlungene Wege gewesen sein, denn sie werden abenteuerlich genannt. Wo der Wagenzug mit dem Sarkophag anhielt, wo später das Rheinschiff anlegte, wurden bald darauf Gedenkstätten zu Ehren der Heiligen errichtet. Ihr Zuhause fanden die Gebeine der Heiligen Drei Könige schließlich im Dom zu Köln, für den noch kein einziger Ziegel gebrannt war, als sie ankamen, der aber so großartig geplant und im Jahre 1248 angefangen werden konnte, als sich herausstellte, welche Anziehungskraft die Gebeine der Heiligen hatten.

Die Wallfahrer und Pilger brachten neues Leben in die ohnehin schon lebhafte Stadt, Handel und Wandel gediehen in einem nicht gekannten Maße. Hinzu kam Kölns günstige Verkehrslage am Rhein und der Umstand, daß von allen heiligen Personen des Geschehens in Bethlehem weder ein Grab noch Gebeine vorhanden waren. Aufgefunden wurden allein die Gebeine der Heiligen Drei Könige. Um nun auf den Umweg zurückzukommen, den sie bis Köln hinter sich zu bringen hatten, soll gesagt sein: Kaiser Konstantins Mutter Helena ließ sie zuerst nach Konstantinopel bringen. Danach nahm sie Bischof Eustorgio mit nach Mailand, und dort erhielt sie, wie berichtet, Kaiser Friedrichs Kanzler geschenkt. Wenn man bedenkt, daß sie bis auf den heutigen Tag ihre Anziehungskraft nicht verloren haben, muß man sagen, daß von allen Geschenken Kaiser Friedrichs dieses das beste gewesen ist – für Köln.

Nun gibt es, wie man weiß, in jedem Stand und zu allen Zeiten findige Leute, und die Kölner hätten

ja geradezu ein Brett vor dem Kopf haben müssen, wenn sie aus diesem Geschenk nicht herausgeholt haben würden, was herauszuholen war. Nichts lag näher, als diesen Drei Heiligen Königen, die ihre Reise nach Bethlehem zu dem besten Ende gebracht hatten, das sich denken läßt, und deren Reise nach Köln wieder zu einem guten Ende gekommen war, nichts lag also näher, als diesen drei weitgereisten heiligen Männern das Patronat über alle Reisenden anzuvertrauen. Denn eine Reise unternahm jeder, der als Pilger nach Köln kam, um vor dem kostbaren Schrein zu knien, den Nikolaus von Verdun für die Gebeine der Heiligen geschaffen hatte.

So kam ein Gedanke zum anderen, und heraus kamen schließlich die Dreikönigszettel. Das waren kleine Vierecke oder Rechtecke, die es, je nach Geldbeutel, aus Papier oder Seide zu kaufen gab, auf denen Gebete und Beschwörungsformeln gedruckt waren und die zum glücklichen Verlauf einer Reise verhelfen sollten. Im Brustbeutel wurden sie getragen, ans Knie gebunden oder in den Schuh gelegt. Überflüssig waren solche Bittgebete in mittelalterlicher Reisezeit keineswegs, und die kostbaren Seidenzettel leisteten sich vor allem begüterte Geschäftsleute, die mit einer Menge Geld in der Tasche weite Reisen unternehmen mußten.

Schutz und Segen der Heiligen Drei Könige zu beschwören, ging aber noch weiter. Nicht nur die Gasthäuser und Herbergen an den befahrenen und bewanderten Straßen wurden von ihren Wirten „Zum Mohren“ genannt, oder „Zu den Drei Kronen“ oder „Zum Goldenen Stern“, sofern man nicht gleich aufs ganze ging und „Zu den Heiligen Drei Königen“ sagte, auch die Apotheken bedienten sich dieser Namen. Gold, Weihrauch und Myrrhe stellen, pulverisiert und in richtiger Menge, Medikamente dar. Und wo, lieber Leser, sieh dich um, gibt es bis zum heutigen Tag eine Stadt, die keine Mohren-Apotheke, keine Stern-Apotheke hat?

Mit dem Stern hat ja überhaupt alles angefangen, oder, um genau zu sein, mit den Sternen:

So gut wie gewiß ist, daß die Könige aus dem Morgenland keine Könige gewesen sind, deshalb aber nicht weniger hochgestellte, hochgeachtete Männer, Weise, Wissenschaftler, Sterndeuter. Das alles bündelte sich zusammen in der Stellung eines Priesters, eines geistigen Oberhauptes von großem Einfluß, der weltlichen Macht eines Königs durchaus zu vergleichen. Gewiß ist auch, daß sie aus dem Morgenland kamen, von dorther, wo an jedem Tag das neue Licht heraufzog, die Morgenröte, die Sonne. In einem Bericht heißt es:

Im Osten von Jerusalem, in Mesopotamien, dem Zweistromland zwischen Euphrat und Tigris, im heutigen Irak, lag die Stadt Babylon. Dort befand sich ein Gelehrtenzentrum, in dem seit den Anfängen der Sternenkunde bis in die Zeit um Christi Geburt ernsthaft Astronomie betrieben wurde. Die Tontafeln mit den aufgezeichneten Berechnungen sind bis heute erhalten. Die Gelehrten dieses Zentrums waren die Priester des Marduk, die in dem Planeten Jupiter ihren Gott verehrten. Der Planet Saturn dagegen war ihnen Sinnbild für das Volk Israel.

Im Anfang deuteten die Astronomen das Geschehen am Himmel nur für die Gegenwart. Bald aber wollten sie auch die Zukunft deuten, und dazu wurde es nötig, die Bahnen der Planeten vorauszuberechnen. Etwa sieben Jahrzehnte vor Christi Geburt errechneten sie, daß Jupiter, der Stern ihres höchsten Gottes, eines Abends im Osten aufgehen und an die Seite des Sternes Israels, des Planeten Saturn, treten werde, um mit ihm zusammen den Himmel vom Aufgang bis zum Niedergang zu beherrschen. Sodann werde Jupiter ganz dicht über jener Gegend stehenbleiben, die sie als Palästina bezeichneten. Palästina war das Land der Verheißung, und die Weissagung des Alten Testaments, daß aus

dem dort lebenden Volk Israel ein neuer König hervorgehen werde, war den Priestern in Babylon wohlbekannt. Nach ihren eigenen astrologischen Regeln erwarteten sie ebenfalls die Geburt eines neuen Königs der Juden, der von ihrem höchsten Gott begnadet sein würde.

Dieses ganz außerordentliche Zusammentreffen der beiden Planeten würde nach ihrer Berechnung in etwa sechzig Jahren stattfinden. Auf diesen Zeitpunkt warteten die Priester voller Ungeduld, je näher die Zeit rückte.

Das Ereignis trat ein gegen Ende Mai im Jahre 7 vor Christus, und was die babylonischen Priester vor mehr als 2000 Jahren vorausberechnet und gesehen hatten, können die heutigen Wissenschaftler nachprüfen und bestätigen. Damals zogen die beiden Planeten ganz eng aneinander vorbei, kehrten Ende Juli in ihrer Bahn um und beherrschten bis Mitte September zusammen den Himmel. Nacht für Nacht zogen sie hellglänzend dicht nebeneinander ihre Bahn, und die Priester wurden in immer stärkere Erregung versetzt. Dieses Ereignis konnte nichts anderes bedeuten als das göttliche Zeichen für die Geburt des Erlöserkönigs.

Und so war denn die Zeit gekommen, daß sich einige dieser Priester des Gottes Marduk auf den Weg machten, den neuen König zu suchen und anzubeten.

Um ihm die gebührende Ehre zu erweisen, nahmen sie eine große Dienerschaft mit und kostbare Geschenke. Sie kleideten sich in reichbestickte, samtene und seidene Gewänder, suchten Reit- und Tragtiere, das waren Pferde, Kamele und Dromedare, selber aus und ritten davon. Abend für Abend jedoch, bevor sie in ihren Zelten zur Ruhe gingen, beobachteten sie den Himmel, und die beiden glänzenden Sterne wiesen ihnen den Weg.

Je näher sie dem Punkt kamen, den sie immer im Auge gehabt hatten, desto mehr kam es ihnen vor, als ob die beiden Sterne zu einem einzigen würden und als ob sie immer über der gleichen Stelle stehenblieben. Und je weiter ihre Reise sie auf das Leuchten zuführte, desto sicherer waren sie, daß der neue König, der Allerlösende, in Jerusalem geboren sein müßte.

Als sie nun das Stadttor erreichten und sich ausgewiesen hatten, wurden sie sogleich von König Herodes empfangen. Was in seinem Palast geschah, steht im Neuen Testament geschrieben, unter Matthäus 2, Vers 1 bis 12:

1. Da Jesus geboren war zu Bethlehem im jüdischen Lande, zur Zeit des Königs Herodes, siehe, da kamen die Weisen vom Morgenland gen Jerusalem und sprachen:
2. Wo ist der neugeborne König der Juden? Wir haben seinen Stern gesehen im Morgenland und sind gekommen, ihn anzubeten.
3. Da das der König Herodes hörte, erschrak er und mit ihm das ganze Jerusalem.
4. Und ließ versammeln alle Hohenpriester und Schriftgelehrten unter dem Volk und erforschte von ihnen, wo Christus sollte geboren werden.
5. Und sie sagten ihm: Zu Bethlehem im jüdischen Lande; denn also steht geschrieben durch den Propheten:
6. „Und du Bethlehem im jüdischen Lande bist mitnichten die kleinste unter den Fürsten Judas; denn aus dir soll mir kommen der Herzog, der über mein Volk Israel ein Herr sei."
7. Da berief Herodes die Weisen heimlich und erlernte mit Fleiß von ihnen, wann der Stern erschienen wäre,
8. und wies sie gen Bethlehem und sprach: Ziehet hin und forschet fleißig nach dem Kindlein; und wenn ihr's findet, so sagt mir's wieder, daß ich auch komme und es anbete.
9. Als sie nun den König gehört hatten, zogen sie

hin. Und siehe, der Stern, den sie im Morgenland
gesehen hatten, ging vor ihnen hin, bis daß er kam
und stand oben über, da das Kindlein war.
10. Da sie den Stern sahen, wurden sie hoch erfreut
11. und gingen in das Haus und fanden das Kindlein mit Maria, seiner Mutter, und fielen nieder und beteten es an und taten ihre Schätze auf und schenkten ihm Gold, Weihrauch und Myrrhe.
12. Und Gott befahl ihnen im Traum, daß sie sich nicht sollten wieder zu Herodes lenken; und sie zogen durch einen andern Weg wieder in ihr Land.

Dieser Gehorsam gegen einen Gott, der nicht ihr eigener Gott war, beweist die große Demut dieser Priester. Ohne ihren Gehorsam wären sie niemals die drei Weisen, die Heiligen Drei Könige geworden. Sie konnten den bethlehemitischen Kindermord nicht verhindern, aber ihr Gehorsam rettete dem Jesusknaben, dem Erlöserkönig, das Leben.

Was nun die Jahreszahlen betrifft, so ist vieles widersprüchlich zwischen unseren heutigen Feiertagen und dem damaligen Geschehen. Sicher ist, daß der Planet Jupiter als der Stern des Gottes Marduk und der Planet Saturn als der Stern des Volkes Israel etwa 800 Jahre lang vorher und nachher nicht wieder so dicht beieinandergestanden haben. Deshalb müssen wir es wunderbar finden, daß die Weissagung der babylonischen Priester und die Voraussagen der Propheten des Alten Testaments genau mit dem übereinstimmen, was die Wissenschaftler unseres zwanzigsten Jahrhunderts mit ihren Computern berechnen können. Vieles ist im Laufe der Jahre gegen diesen 6. Januar als Tag der Anbetung durch die Heiligen Drei Könige eingewendet worden. Laut unserer Zeitrechnung hat Christi Geburt im Jahre 0 stattgefunden, den Sterndeutern zufolge aber schon im Jahre 7 vor unserer Zeitrechnung, und das muß richtig sein. Die Heiligen Drei Könige trafen nämlich noch mit Herodes zusammen, und Herodes ist im Jahre 4 vor dem Beginn unserer Zeitrechnung gestorben.

Unterschiedliche Meinungen gab es auch darüber, wann Christi Geburt zu feiern wäre. Begann die neue Zeit mit seiner leiblichen Geburt, oder war er für die Menschheit erst dann erschienen, als die drei Weisen aus der Heidenwelt kamen, denen Gott selbst mit einem Stern den Weg gewiesen hatte? War Christus erst an diesem Tag wirklich geboren? Jahrhunderte hindurch bedeutete der 6. Januar den Beginn der neuen Zeit, erst dann also, als dem Kind in der Krippe die kostbaren, bedeutungsvollen Geschenke dargebracht worden waren.

Mit dem Gold wurde seine Königswürde anerkannt, der Weihrauch verherrlichte das Kind als Gott, den es galt anzubeten, mit der Myrrhe aber ehrten die Weisen seinen sterblich gewordenen Leib.

So kam es, daß von Kirche und Gläubigen am 25. Dezember Weihnachten gefeiert wurde, aber der höhere Feiertag, der hochheilige, war der 6. Januar, das Fest der Heiligen Drei Könige und Epiphanias, das Erscheinungsfest. In den Ostkirchen ist es das höchste Fest geblieben und dazu der Anfang des neuen Jahres. Als dann der kalenderordnende Papst Gregor den Jahresanfang endgültig auf den 1. Januar festsetzte, feierten alle Kirchen, die an der alten Festordnung hingen, am 6. Januar ihr Hochneujahr.

Es ist Martin Luther gewesen, der Christi Geburtstag in Bethlehem in den Mittelpunkt des Weihnachtsfestes gerückt hat, und so ist ihm die Feierlichkeit und die Festesfreude des Heiligen Abends und der Heiligen Nacht zu danken.

Was nicht bedeutet, daß der Dreikönigstag in Vergessenheit geraten wäre. In katholischen Gegenden ist der 6. Januar bis heute gesetzlicher Feiertag. Dementsprechend ist auch das Brauchtum. Schon Tage vorher ziehen die Sternsinger von Haus zu

Haus, so genannt nach dem goldenen Stern, den sie auf einer hohen Stange bei sich haben und den der mittlere der drei prächtig gewandeten Könige trägt und zu drehen hat, solange sie ihre Lieder singen. Der mittlere, der Sternträger, steht stellvertretend für Caspar, den Mohrenkönig. Wer ihn darstellen will, muß sich das Gesicht und die Hände schwarzfärben. Die beiden anderen, Melchior und Balthasar, tragen abwechselnd das Kleinodienkästchen, das heutzutage einen Schlitz in seinem Deckel hat, um die Gaben der angesungenen Gläubigen und Beglückwünschten aufzunehmen. Die Sternsinger sind ja heute nicht mehr zu ihrem eigenen Nutzen unterwegs, heute ziehen sie von Haus zu Haus, um Geld zu erheischen, das in die Missionskassen geht und danach in die Dritte Welt. Trotzdem hat keine Pfarrgemeinde unter ihren Heranwachsenden etwa Nachwuchssorgen, im Gegenteil.

Die Lieder und Sprechgesänge der Sternsinger sind zahlreich und uralt.

Wir sind drei Könige, wohlbekannt,
Und reisen grad her aus dem Morgenland.
Die Nacht ist stockfinster,
Der Weg ist so lang,
Wir stehen heraußen auf euerem Gang.

Du Bauer, du Bauer, tu auf die Tür,
Du Bäuerin, reich uns die Krapfen herfür.
Die Krapfen, die Krapfen, die nehmen wir mit,
Und singen zum Dank euch ein fröhliches Lied.

Es hat freilich auch andere Sternsingerlieder gegeben, die kaum noch Spottlieder genannt werden konnten. Darin wurden den Hauswirten und Hofbesitzern ihre Schwächen in derber, drastischer Weise vorgehalten.

Dann gab es auch Wechselgesänge zwischen den einzelnen Königen. Die waren nun wieder ein

Überbleibsel der vielen Dreikönigsspiele, die im Mittelalter aufgekommen waren und sich lange Zeit erhalten hatten. An diesen Wechselgesängen beteiligten sich ganze Spielergruppen, die von Neujahr an im Dorf herumzogen und auch in die Nachbardörfer gingen.

Eines aber ist zu keiner Zeit Aufgabe der Sternsinger gewesen: die Buchstaben C + M + B an Türen oder Türrahmen zu schreiben. Das läge zwar nahe, denn immerhin sind es die Anfangsbuchstaben ihrer Namen: Caspar – Melchior – Balthasar. Diese drei Buchstaben ergaben auch den Segenswunsch: Christus mansionem benedicat, zu deutsch: Christus segne die Wohnung. Dazu gehört stets die neue Jahreszahl.

Diesen Haussegen mit geweihter Kreide anzuschreiben, ist Sache des Hausherrn, und dazu braucht es eine besinnlichere Stunde als die, in der die Sternsinger umherziehen. In Schlesien, ganz besonders aber in Oberschlesien, war es allein dem Priester vorbehalten, diesen Haussegen anzubringen. Kolende nannte man es, und diese Kolende war durchaus nicht nur in den Dörfern üblich, sondern auch in der Stadt. Damit nun kein Haus und keine Wohnung ausgelassen blieb, verlas der Priester nach dem Sonntagsgottesdienst die einzelnen Straßen, in denen morgen und übermorgen und am nächsten Tag Kolende sein würde.

„Kolende, Kolende!“ riefen die Kinder, wenn ihre Wohnung, ihr Haus an der Reihe war, und sie konnten nicht schnell genug aus der Schule nach Hause kommen, denn der Segen galt nicht nur den Räumen, auch jeder Bewohner erhielt ihn mit Weihwasser und Kreuzeszeichen. Dazu kam der ganze festliche Aufzug, wenn der Pfarrer mit seinen beiden Ministranten auf die Haustür zukam und der Duft aus dem Weihrauchkessel der eigenen Wohnung galt; wenn der Wedel das Weihwasser über Tisch und Stuhl, Bett und Schrank verteilte und der Weihrauch über dem Kuchenteller schwebte, der zwischen den Kaffeetassen für den Herrn Pfarrer und seine beiden Helfer schon bereitstand. Die Kaffeekanne brauchte nur noch vom Ofen genommen zu werden, und neben dem hintersten Tischbein stand zumeist auch das Fläschchen bereit, für alle Fälle. Wie immer, würde der Herr Pfarrer danken und zum Kuchen auch nur sein Vergelt's Gott sagen, ohne ein Stück genommen zu haben. Das aber war nun das Schönste an der Kolende, daß die Mutter backte und Umstände machte, als ob ein Dutzend Chorherrn zu bewirten wäre und daß man dann den ganzen Kuchen allein essen konnte. Ja, Kolende, das war schon eine Freude. Über der Tür aber stand mit schönen Buchstaben in weißer Kreide C + M + B. Von den Kindern wußte nicht eins etwas anderes, als daß es Caspar, Melchior und Balthasar hieß.

Ursprünglich sollen es einmal vier Könige gewesen sein, die nach Bethlehem gereist sind. Sicher ist es nicht. Was hätte der vierte auch dem neugeborenen Kind zum Geschenk machen sollen? Nein, drei Gaben, drei Könige. Sicher ist, daß erst seit dem 14. Jahrhundert einer von ihnen als Mohr dargestellt wird, womit nichts anderes ausgedrückt werden soll, als daß Christus für alle Völker und für alle Rassen in Bethlehem geboren wurde.

König Caspar bin ich genannt,
Komme aus dem Mohrenland.
Komm' daher in großer Eil'
Vierzehn Tag, fünfhundert Meil'.

Die Nacht zum 6. Januar ist die letzte Losnacht, die letzte der drei wichtigsten Rauhnächte, in der es noch einmal gilt, alles zu beachten und alles daranzusetzen, damit das neue Jahr ein gutes Jahr wird. Es ist auch die letzte Nacht, in der die Perchta noch einmal versucht, ein strenges Regiment zu führen.

So haben sich auch in dieser Nacht heidnische und christliche Bräuche zusammengefunden.

Zuerst ist es natürlich notwendig, daß es ein gutes, reichhaltiges Dreikönigsnachtmahl gibt, und wehe, wer nicht ordentlich zulangt. Die Perchta ist wieder mit dem Messer unterwegs. Sie geht darauf aus, die Bäuche aufzuschlitzen. An einem richtig prallgefüllten Bauch aber wird ihr Messer abgleiten. Schon deshalb muß ordentlich zugelangt werden. In früheren Zeiten gehörte zu einem Dreikönigsessen neunerlei Mus, das hat sich inzwischen zum Glück geändert.

Wer bis zu diesem Tag noch kein Wetterorakel mit einer aufgeschnittenen, salzbestreuten Zwiebel gemacht hat, dem ist jetzt noch einmal Gelegenheit dazu gegeben. Auch sollten, wenn es noch nicht geschehen ist, die Obstbäume schleunigst mit Stroh umwunden werden. Nicht zu vergessen ist auch, einen Krug mit Dreikönigswasser zu füllen und beiseite zu stellen. Es hilft gegen Hautausschlag, ist aber auch zum Gurgeln gut. Außerdem gehört ein Fäßchen mit Dreikönigssalz in den Vorratsschrank, aber nicht zu klein, damit es das ganze Jahr über reicht. Es hilft gegen verhexte Butterfässer und beugt sämtlichen Krankheiten vor, wenn man davon täglich zwei Finger voll in die Suppe tut.

Besonders wichtig aber ist es, an Dreikönig die Wünschelrute zu schneiden und sie auf den Namen eines der Heiligen taufen zu lassen. Caspar muß sie heißen, wenn man mit ihr Gold suchen will, Balthasar, wenn man auf Silber aus ist, Melchior dagegen wird sie heißen, wenn es um nichts weiter geht als um Wasser. Wasser aber ist oft wichtiger als Gold und Silber zusammen, und deshalb werden wohl die meisten Wünschelruten auf den Namen Melchior getauft.

Schließlich sollte man auch rechtzeitig daran denken, Schießpulver für die Vorderlader zu besorgen. Denn die Heiligen Drei Könige sind unterwegs, und sie sollen schon von weitem hören, mit welcher Freude sie erwartet werden. Nicht zu vergessen ist, die Tenne sauberzufegen. Es könnte nämlich sein, daß sie Quartier für eine Nacht suchen und daß ihnen womöglich der Sinn danach steht, einen Tanz zu machen.

In den Städten, wo den Menschen all das zu tun nicht möglich ist, bleibt nur die Haussegnung am Dreikönigstag mit der Jahreszahl und den Buchstaben C, M und B über der Tür. In den Wohnungen aber kann immerhin nach dem Bohnenkönig gesucht werden. Das ist ein Brauch, der aus Holland stammt und vor langer Zeit weiter nach Westen gewandert ist, weil Bräuche weder etwas von Grenzen noch von Schlagbäumen wissen. Außerdem bietet sich dieser Brauch wegen des guten Essens an, das am Dreikönig geboten ist. Es wird Kuchen dazu gebraucht, und früher mag es ein bestimmter Kuchen gewesen sein. Auf jeden Fall aber muß auch heute noch eine Bohne hineingebacken werden. Außerdem ist ein großer Kuchen vonnöten, denn es sollen viele Gäste kommen, um diesen Kuchen mit aufzuessen. Wer in seinem Kuchenstück die Bohne findet, ist der Bohnenkönig. Eine goldene Krone liegt schon für ihn bereit, und sowie er herausgefunden ist, wird er auf seinem Stuhl von allen Gästen unter Hochrufen und Glückwünschen in die Höhe gehoben und muß, wiederum mit geweihter Kreide, ein Kreuz an die Stubendecke malen. Damit für das Haus und alle, die unter seinem Dach wohnen und zur Stunde unter seinem Dach sind, das Unglück ferngehalten wird für das nächste Jahr.

Es kommt ein Schiff, geladen

Es kommt ein Schiff, geladen
bis an sein höchsten Bord,
trägt Gottes Sohn voll Gnaden,
des Vaters ewig's Wort.

Mit diesem Vers beginnt eines der ältesten Adventslieder, es ist bereits um 1300 gesungen worden. Heute steht es unter Nr. 4 im evangelischen Gesangbuch für Niedersachsen, und weil das Kirchenjahr mit dem ersten Advent anfängt, wird dieses Lied auch alljährlich ganz im Anfang der Adventszeit gesungen, obwohl es mit dem Schiff, das unter vollen Segeln dem Land zustrebt, noch vier Wochen dauert.

Vier Wochen aber sind für eine Mutter, die ein Kind erwartet, eine ziemlich lange Zeit. Niemand anderes jedoch als die hochschwangere Maria ist mit diesem Schiff gemeint.

Nach dem Willen Gottes, der vor Zeiten das erste Menschenpaar aus dem Paradies gewiesen hatte, kommt nun sein eingeborener Sohn auf die Erde als lebendiges Zeichen seiner Liebe, ein göttlicher Mensch, der alle, die auf der Erde leben, von Sünde und Schuld, vor allem aber vom Tod erlösen soll. So weissagt es die Heilige Schrift, so berichtet es das Neue Testament, und der Hymnus der Lieder in der Weihnachtszeit preist immer wieder die Liebe Gottes, die sich mit dem Geschenk des Sohnes offenbart.

Deshalb ist dieser weihnachtliche Geburtstag von Anfang an mit Schenken verbunden gewesen. Wie anders sollten wir Menschen unsere Freude besser ausdrücken, als – dieses göttliche Geschenk nachahmend – einander schenkend Freude zu machen. Gewiß ist, daß Freude bereiten viel mit Liebe zu tun hat, auch mit Nächstenliebe, und schließlich ist hier nicht von den gedankenlosen Geschenken die Rede und von den mit Seufzen eingekauften Pflichtgeschenken, bei denen zuerst der Preis festgelegt wird. Nein, es ist von Geschenken die Rede, bei denen alles Freude bereitet, das Überlegen und das Aussuchen und das Glück des Beschenkten.

Zweierlei kommt mir immer wieder in den Sinn, wenn es auf Weihnachten zugeht und die Geschenkefrage drängender wird.

Meine Mutter, nach ihren Wünschen gefragt, sagte einmal erstaunt: „Darüber habe ich noch gar nicht nachdenken können. Ich bin mit den Geschenken für alle ringsum vollauf beschäftigt."

Das eben ist gemeint.

Joachim Ringelnatz hat es auf diese Weise ausgedrückt:

Schenke herzlich und frei,
Schenke dabei
Was in dir wohnt
An Meinung, Geschmack und Humor,
So daß die eigene Freude zuvor
Dich reichlich belohnt.

Schenke groß oder klein,
Aber immer gediegen.
Wenn die Bedachten
Die Gaben wiegen,
Sei dein Gewissen rein.

Schenke mit Geist ohne List.
Sei eingedenk,
Daß dein Geschenk
Du selber bist.

Und jetzt möchte ich fragen: Hand aufs Herz, wer will denn zu Weihnachten nicht beschenkt werden? Wer wäre nicht enttäuscht, wenn er am Heiligen Abend nicht mit irgend etwas überrascht würde? Wenn sich ein lang zuvor ausgesprochener Wunsch nicht erfüllen würde? Wenn es nicht zur Lebensfreude gehörte, beschenkt zu werden, warum würden in der Weihnachtszeit Rundfunk und Fernsehen, Zeitungen und Zeitschriften daran erinnern, daß es Einsame, Alte und Kranke gibt, die in christlicher Verbundenheit nicht vergessen werden sollten.

Im Stall von Bethlehem hat es mit dem Schenken aus Liebe und Fürsorge angefangen, und die kleinen Geschenke haben stets ihre ebenso große Bedeutung gehabt wie die kostbaren. Die Hirten, die Ärmsten unter den Armen, brachten nichts anderes als ein Lamm, einen Krug Milch, ein Töpfchen mit Honig. Vielleicht haben sie noch ein Schaffell dazugelegt, denn niemand wußte besser als sie, wie kalt die Nächte in dieser Jahreszeit waren, wie erbarmungslos der Wind pfiff, der immer wieder ver-

suchte, das Feuer auszublasen, über dem sie in ihrem Kessel den Brei gekocht hatten. Die Ärmsten waren also mit ihren Gaben die ersten, aber die Könige, die Gold brachten, Weihrauch und Myrrhe, das Kostbarste, das es in dieser Zeit gab, wurden auch nicht abgewiesen. Den Königen, den Weisen, den Wissenschaftlern hatte ein Stern den Weg nach Bethlehem gewiesen, den Hirten mußte ein Engel den Weg zeigen. Aber für beide und für alle galt von dieser Zeit an das Wort: „Fürchtet euch nicht!"

Wer sich nicht mehr zu fürchten brauchte, der hatte allen Grund, sich zu freuen, und so ist Weihnachten zum Gabenfest geworden. Bis es aber soweit war, daß die Gabentische am Heiligen Abend aufgebaut wurden, hat es manche zeitliche Verschiebung gegeben.

Zuerst wurde das Fest am 6. Januar, an Epiphanias, gefeiert, an jenem Tag, an dem Christus im Jordan getauft worden ist. Später wurde Weihnachten auf den 25. Dezember vorverlegt. Das hatte seinen Grund darin, dem Fest des römischen Sonnengottes entgegenzuwirken, das an diesem Tag gefeiert wurde. Zum anderen war dieser Tag auch das Geburtsfest des orientalischen Gottes Mithras. Geschenkt aber wurde damals noch nicht. Damit fing es erst an, als die Christen den römischen Neujahrstag – er ist bis heute der 1. Januar geblieben – auch in ihre Dienste nahmen. Sie legten das neue Jahr der christlichen Kirche mit dem Tag des Weihnachtsfestes zusammen. Weil nun am römischen Neujahrstag alle Glückwünsche mit Geschenken verbunden waren, wurde diese Sitte im Laufe der Zeit auch von den Christen übernommen.

Die Verschiebungen gingen aber weiter. Der kalenderordnende Papst Gregor setzte den Jahresanfang endgültig auf den 1. Januar fest, das Kirchenjahr aber begann fortan mit dem 1. Advent. Der 6. Januar wurde nun zum Tag der Heiligen Drei Könige, und schließlich kam auch noch Martin Luther, und mit ihm wurde die weihnachtliche Bescherung endgültig auf den Abend des 24. Dezember festgelegt. Er nämlich wollte das Christkind in den Mittelpunkt des weihnachtlichen Schenkens rücken.

Da wundert es mich nicht, daß es Zeiten gegeben hat, in denen die Christen, um allen Uneinigkeiten aus dem Wege zu gehen, nun wieder den Nikolaustag, den 6. Dezember, zum Gabentag gemacht haben.

In Holland ist er es bis auf den heutigen Tag geblieben, und die eigenartigen Friesen ließen auch nicht ohne weiteres davon ab, den heiligen Stephan die Geschenke bringen zu lassen, und das war nun wieder erst am 2. Weihnachtsfeiertag.

Erst mit dem Brauch, einen Weihnachtsbaum zu schmücken, Lichter und Kerzen auf seine Zweige zu stecken, um jene Nacht feierlich und festlich zu machen, in der in Bethlehem das Wunder der göttlichen Geburt geschehen ist, erst seit dieser Zeit ist der Heilige Abend jedes 24. Dezember zum Abend der Lichterfreude geworden.

Wieviel Aufregung und Erwartung geht diesem Abend voraus, besonders natürlich bei den Kindern. Spätestens nach dem Nikolaustag ist es Zeit, die Wunschzettel zu schreiben. Diejenigen, die bereits schreiben können, haben es leicht, ihre Wünsche genau zu Papier zu bringen. Die Kleinen, die noch nicht schreiben können, möchten aber auch verstanden werden. Sie malen dem Christkind und seinem Knecht Ruprecht auf, wofür sie bereit sind, ihr Herz herzuschenken. Aber Christkind und Knecht Ruprecht sind so unendlich weit fort, hoch oben im Himmel, an dem in der dunklen Nacht die Sterne aufziehen und der Mond, den noch kein einziges Kind hat anfassen können.

Wie gut ist es dann für die Kinder zu wissen, daß es ein paar Orte auf der Erde gibt, von denen aus die Wunschzettel sicher weitergeleitet werden. Einer davon ist Himmelpforten. Dort sitzen die

Boten des Christkindes, des Knecht Ruprechts und des Weihnachtsmannes, um alle Wunschzettelpost in Empfang zu nehmen. Und soviel ist sicher, das Christkind wird von den Wünschen erfüllen, was möglich ist.

Nun ist das Weihnachtsfest ja nicht nur so eine Art Kinderfest, es ist auch ein Schenkfest für die Erwachsenen, und nicht nur heutzutage, sondern zu allen Zeiten ist gegen den Mißbrauch des Schenkens zu Felde gezogen worden.

Bereits in den vierziger Jahren des 17. Jahrhunderts wetterte der berühmte Theologe Johann Konrad Dannhauser aus Straßburg:

„. . . unter anderen Lappalien, damit man die alte Weihnachtszeit nicht mehr als mit Gottes Wort begeht, ist auch der Weihnachts- oder Tannenbaum, den man zu Hause aufrichtet, denselben mit Puppen und Zucker behängt und hernach schüttelt und abblümen läßt . . ."

Das nimmt sich geradezu harmlos aus gegen eine Konstanzer Ratsverfügung um 1490, in der bei erheblicher Strafe verboten wurde, den Kindern zu Weihnachten Lebkuchen, Brot, Käse und Hemdchen zu schenken, und in der angeordnet wurde, daß man einem Kind lediglich Gaben im Höchstwert von einem Dukaten in das Wickelband stekken dürfte.

Das scheinen mir zu allen Zeiten mit bestem Willen gemeinte, aber nutzlose Verordnungen gewesen zu sein, denn geschenkt worden ist zu Weihnachten bis auf den heutigen Tag. Darüber mag das weihnachtliche Geschehen in Bethlehem oft zu kurz kommen, aber das hängt nun wieder von jedem einzelnen ab. Und wenn das ganze Jahr über allenthalben die Rede davon ist, daß jeder versuchen soll, seine Persönlichkeit zu verwirklichen, dann kann ein so wichtiges Fest wie Weihnachten davon nicht ausgenommen werden.

Liselotte von der Pfalz, die spätere Herzogin von

Orléans, erinnert sich im Jahre 1708 an das Weihnachtsfest ihrer Kindheit:

„Da richtet man Tische wie Altäre her", berichtet sie ihrer Tochter, „und stattet sie für jedes Kind mit allerlei Dingen aus wie neue Kleider, Silberzeug, Puppen, Zuckerwerk und alles mögliche. Auf diese Tische stellt man Buchsbäume und befestigt an jedem Zweig ein Kerzchen. Das sieht allerliebst aus, und ich möchte es noch heutzutage ansehen."

Diese Geschenke haben ihrer Frömmigkeit gewiß keinen Abbruch getan. Auch frage ich mich, wie alle diejenigen, die das weihnachtliche Schenken und Feiern ablehnen, es mit dem Annehmen des Weihnachtsgeldes halten. Mir ist nicht bekannt, daß jemand diese Gratifikation einmal abgelehnt hätte. Außerdem gibt es dafür eine christlich-moralische Grundlage, für die Gebenden ebenso wie für die Beschenkten. Ein historisch nachweisbarer Erlaß Theoderich des Großen an Cassiodor aus jener Zeit, in der die Goten die Herrschaft in Italien hatten, zeigt es:

„Wenn am heutigen Tag (dem Geburtstag des Herrn) Wir das neue Heil der Erlösung finden, so geziemt Uns auch denen, welche durch lange Arbeit ermüdet sind, ein Heilmittel der Freude zu bringen, damit die höheren Güter, welche der schwankenden Welt verliehen sind, von ihnen mit Uns gemeinschaftlich erfunden werden. Denn es ist sonst ein Unrecht, unter Traurigen fröhlich zu sein, und es ist gegen die Liebe zum Menschen, wenn man das fremde Leiden nicht aufsucht ... Daher haben die Weisen das Geschlecht der Sterblichen einen Menschen genannt, weil sie wollten, daß in allen Schicksalen die Menschen unzertrennt blieben. Daher möge jeder von dir, Cassiodor, nach seiner Würde genannt werden, damit er ordnungsgemäß eine Stufe hinaufbefördert werde. Einer trete aus der Reihe, daß er die anderen mit befördere, denn er zieht alle Folgenden weiter, wie er sie, nach Vollen-

dung seines Dienstes, weiterschreitend ausscheidet."

Der Historiker fügt an: Dieser schöne Brauch ist auch in unserer Zeit nicht aufgehoben worden, am heiligen Fest durch Zulagen, Geschenke und Beförderung Beamte und Untergebene zu erfreuen.

Doch weder die Kinder, noch die Untergebenen sind es allein, die am Weihnachtstag ihr Geschenk erhalten. Seit uralten Zeiten wird auch der Toten gedacht, die an den Ort ihres Lebens wiederkehren dürfen und von ihren Angehörigen Speise und Trank im Haus vorfinden.

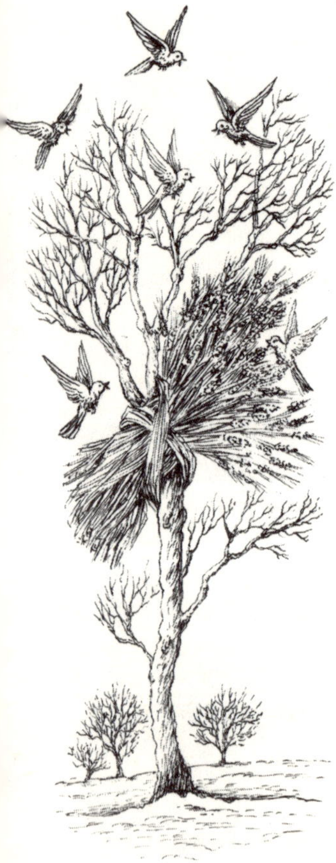

Vor allem werden aber auch die Tiere nicht vergessen, die mit dem Menschen leben und ihm helfen, dieses Dasein in der Welt zu bestehen. Der Hund, der den Hof bewacht, wird von jedem, der zum Haus gehört und die Weihnachtsmahlzeit am Tisch einnimmt, mit einem Bissen bedacht. Rindern und Pferden wird ein reichliches Futter in die Krippen geschüttet, und vielerorts wird ihnen eine brennende Kerze vor den Trog gestellt. Selbst die Vögel in der freien Natur, die Unwissenden, sollen spüren, daß Weihnachten ist. Mit einer vollen Garbe Hafer, Weizen oder Roggen, an einer langen Stange aufgenagelt, wird ihnen eine weihnachtliche Mahlzeit bereitet.

Ein beachtlich schöner Weihnachtsbrauch ist es, die Obstbäume nicht zu vergessen, die ihre Schuldigkeit längst getan haben und nun entlaubt und schwarzästig draußen in der Kälte stehen. Daß auch ihrer gedacht wird, indem man zur mitternächtlichen Stunde zu ihnen hinausgeht, sie anspricht, ihnen dankt und im Namen Christi aus einem Krug Wein einen Schluck auf das Erdreich gießt, in das sie ihre Wurzeln geschlagen haben, das sollte nicht vergessen sein, wenn vom Schenken und Beschenken die Rede ist.

Elektrische Eisenbahnen, Puppen, die Mama sagen und in die Windeln machen, Pelzmäntel und Schnellkochtöpfe sind keine außergewöhnlichen

Weihnachtsgeschenke. Dagegen erscheint mir jenes Pfund Kakao, das der Königin Marie Antoinette von Frankreich geschenkt wurde, schon bemerkenswert. Sie erhielt es im Jahre 1770, es war das Jahr ihrer Hochzeit. Was für uns Heutige selbstverständlich ist, Kakao war für die damalige Zeit außergewöhnlich.

Außerordentlich war auch, daß Robert Louis Stevenson, der Autor des Buches „Die Schatzinsel", seinen Geburtstag an ein kleines Mädchen in der Nachbarschaft verschenkte. Dieses kleine Mädchen war am Weihnachtstag geboren worden, und es war damit gar nicht zufrieden, weil alle Geschenke stets gleichzeitig Weihnachts- und Geburtstagsgeschenke waren. Diesen Kummer konnte Stevenson nachfühlen, und deshalb schenkte er dem Kind seinen Geburtstag her.

Im Jahre 1910 verschenkte der italienische Rennstallbesitzer Antonio Cozzi vierunddreißig Rennpferde an seine besten Freunde. Als die Ahnungslosen am Tage des Heiligen Abends die Empfangshalle betraten, standen sie vierunddreißig Pferden gegenüber, die alle aufgezäumt und gesattelt waren. Auf jedem Sattel fand sich der Name des Beschenkten. Damit nicht genug, neben jedem Pferd war auch ein ungewöhnlich hochbeiniges Tischchen aufgestellt, von dem jeder Gast die Weihnachtsmahlzeit einnehmen konnte, nachdem er sein Pferd bestiegen hatte.

Abgesehen von solchen Extravaganzen bin ich nicht bereit, eine bescheidenere Zeit herbeizusehnen, wie diese etwa, in der Socken und Mützen und ein paar recht und schlecht gebackene Pfeffernüsse die Weihnachtsgeschenke für die Kinder gewesen sind. Das Maß für ein Geschenk sollte die eigene Verantwortung sein, die zwischen den Geschenken der Hirten von Bethlehem und denen der Könige den Weg suchen muß.

Vielleicht kann dabei die Beschreibung des Jakob

Zell hilfreich sein, der, in Hamburg zu Hause, von einer Bescherung im Jahre 1735 erzählt.

„Wird je ein Kind im gantzen Jahre froh,
So wird es um die Abendzeit
Vor dem hochheiligen Weynachts-Fest
Gantz ungemein erfreut;
Gewohnheit will es so,
Daß sich der Eltern Huld durch Gaben blicken läßt.
Ich habe selbst mit Lust der Freude zugesehen:
Das Kind sah einen Tisch mit Lichtern stehen,
Drauf Spiel- und Haus-Geräht von Holtz und Bleche lag,
Samt Marcipanen und Macronen,
Gewundnen Kringeln, Zucker-Bohnen
Und was ein Kind sonst gerne naschen mag.
Es ward bestürzt, es stund erstaunet dort
Und redete für starcker Lust kein Wort,
Es traf Medaillen an und freute sich darüber,
Doch nichtes war ihm lieber,
Als daß auch hier zwey kleine Lichter brannten.“

Festtagsschmaus

nach Fastenwochen, das ist hier ein blaugesottener Karpfen, der zum Mittelpunkt der Festtafel wird, dort ist es eine knusprig gebratene Gans, hier ein zartrosa Kasseler mit Grünkohl, dort schwimmende Bratwürste in polnischer Soße. Hier liegen Blut- und Leberwürste auf dampfendem Sauerkraut, dort ein nelkengespickter Schweinebraten. Hier dies, dort jenes, und das könnte meterlang so weitergehen.

Wenn auch das kirchlich vorgeschriebene wochenlange Fasten in den Adventswochen kaum noch eingehalten wird, mag sich manches üppige Mahl in der Vorweihnachtszeit von selbst verbieten, des Geldbeutels wegen, denn die Wünsche sind groß. Und so wird manche Familie, durch die Hintertür, doch zu einem gewissen Fasten kommen,

bevor es mit vollen Segeln zu den Tafeln des Heiligen Abends und der beiden Feiertage geht.

Mit den kargen Mahlzeiten sollte niemand erst im Advent anfangen, der Auftakt dazu sollte vielmehr der Tag nach dem Martinsfest sein. Der elfte November ist nämlich noch einmal als verspätetes Erntefest zu begehen, als eine Art Dankesfeier für das vorangegangene, gutgeratene Jahr.

Der heilige Martin würde sich darüber allerdings sehr gewundert haben, daß man ausgerechnet mit knusprig gebratenen und gefüllten Gänsen seiner gedenkt, denn er war ein außerordentlich bescheidener und dürftig lebender Mann. Ihm ist es nie schwergefallen, jeden Fastentag peinlich einzuhalten, und jedes Kind weiß, daß er, ein junger Römer, als Besatzungssoldat in Frankreich seinen Mantel mit einem Bettler geteilt hat. Etwas anderes besaß er nicht mehr, weil er seinen Soldatensold schon vorher an die Armen verteilt hatte.

Der halbnackte Bettler ist es auch gewesen, der Martin dazu bewogen hat, ein Priester der christlichen Lehre zu werden. Das alles hat aber, wie man sieht, nichts mit Gänsen zu tun, und auf dem ferneren Lebensweg des heiligen Mannes spielen Gänse auch keine Rolle. Es sei denn, man nimmt für bare Münze, was in seine Legende hineingewoben worden ist:

Als ihn die Leute von Tours zum Bischof der Stadt machen wollten, erschien diesem bescheidenen Mann die Würde zu groß, und er versteckte sich in einem Gänsestall. Die Gänse aber, erschrokken über den unerwarteten Besuch, schnatterten heraus, was sie aus den Hälsen brachten. Darauf wurde der fromme Mann entdeckt und auf dem Weg durch den Gänsestall zum Bischof von Tours.

Wem das zu weit hergeholt ist, der sollte sich daran erinnern, daß um die Novembermitte die ersten Gänse schlachtreif werden. Selbst wenn es noch nicht die fettesten sind, sie geben schon einen

guten Sonntagsbraten ab und kommen zeitlich gerade recht, in behaglicher Tafelrunde noch einmal Frühjahr, Sommer und Herbst vorbeiziehen zu lassen.

Das war in früheren Zeiten nicht nur den Bauern vergönnt. November war ja jener Monat, in dem sich die Bauern mit den Naturalien in den Klöstern einzufinden hatten. Dazu gehörten auch die Gänse, und deshalb saßen in diesem Monat auch die Klosterbrüder im Gänsebratenduft um den Refektoriumstisch, und wie sich zeigt, ließ sich wieder einmal Weltliches und Geistliches wunderbar verbinden.

Eines heiligen Martinstages war nämlich der dazugehörige Braten entdeckt: die Gans. Niemand kann

sagen, wie Sankt Martin das finden würde, aber ein wärmender Mantel ist ebenso behaglich wie ein gut gefüllter Magen, und deshalb wird der Heilige wohl bereit sein, ein Auge zuzudrücken, gewiß schon deshalb, weil am Tag darauf die Fastenzeit anfängt.

Ob er allerdings mit dem Namen Speckmärtel einverstanden wäre, weiß ich nicht.

Speckmärtel heißt ja nichts anderes als Schweineschlachtfest, und in diesem Fall kann von Fasten wirklich keine Rede sein. Von diesem Martinsschwein hieß es:

Zu Martina schlachtet der Bauer ein Schwein,
und das muß bis zu Lichtmeß gefressen sein.

Das wird es auch, da bin ich sicher, aber dem heiligen Martin wird es nicht gefallen.

Andererseits, wie sollen sich die heiligen Männer gegen das wehren, wozu sie immer wieder herhalten müssen.

Speckmärtel mag ja noch gehen, aber wie hört sich denn Schweinethomas an!

Daß in der Woche vor Weihnachten in jedem Haus auf dem Lande geschlachtet wurde, das weiß man ja, aber muß man dazu unbedingt den Thomastag ansetzen und den heiligen Thomas, er mag so ungläubig gewesen sein, wie er will, auch noch auf diese Art ins Gerede bringen? Am einundzwanzigsten Dezember war mit dem Fasten ohnehin nicht mehr viel los, und die Leute hatten kein schlechtes Gewissen, wenn ihnen beim Anblick von Blut- und Leberwürsten das Wasser im Munde zusammenlief. Auch mußte die Fülle gekostet werden, und wenn beim Kochen ein paar Würste platzten, war das jedem recht, nicht nur den Leuten im Haus, sondern auch den Nachbarn.

Oft ließ sich nicht verhindern, daß ein paar ordentliche Fleischbrocken in die Kannen gerieten, die schon für die Wurstsuppe bereitgestellt waren.

Für all das war dem heiligen Thomas zu danken, dem Schweinethomas.

Als dritten in dieser Gemeinschaft gibt es dann noch den Hasenbartel. Das hört sich geradezu ländlich-behaglich an, obwohl bei einer fröhlich betriebenen Treibjagd nichts anderes geschieht, als daß die Hasen dran glauben müssen, und was sonst noch in Feld und Flur anzutreffen ist.

Jedes Jahr, wenn ich den Festtagsbraten vorbereite, frage ich mich, wie es wäre, wenn sich alle diese Tiere noch rechtzeitig vor Weihnachten mit ihren Heiligen zusammentäten und sich den heiligen Franz von Assisi zum Anwalt nähmen, um mit einer Anklageschrift ihr Leben zu retten.

Das ist ein Gedanke, mit dem sich mein schlechtes Gewissen meldet, aber er sollte erlaubt sein. Denn das Kind von Bethlehem wurde in einem Stall geboren, und gewärmt wurde es in der kalten Nacht mit dem Atem von Ochs und Esel, die sich über die Krippe beugten.

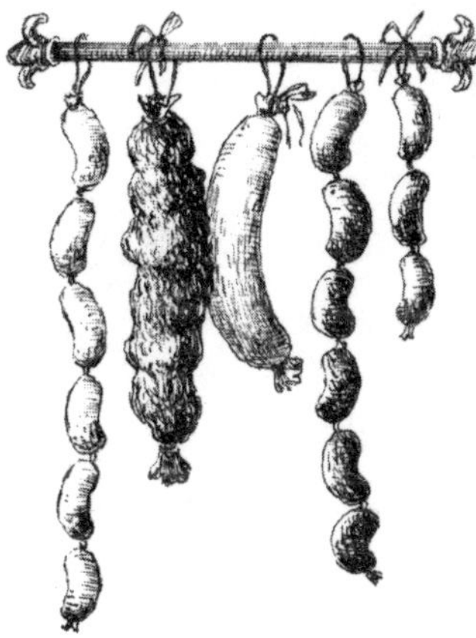

Das wiederum mag der Grund sein, aus dem auch den Tieren am Heiligen Abend reichlich Futter zugemessen wird. Den Pferden doppelter Hafer, und den Rindern ein besonders großer Korb voll Heu. Daß Hund und Katze im Haus eine Wurst kriegen, versteht sich von selbst. Wenn es auch nicht ausdrücklich geschrieben steht, so ist doch sicher, daß eine Katze unbemerkt durch die Stalltür in Bethlehem gewitscht ist und sich an den hölzernen Krippenbeinen das Fell gerieben hat. Ein Hund kam ja mit den Hirten vom Feld, und der, ans Wachen gewöhnt, suchte sich gleich einen Platz neben der Tür und behielt dabei immer die Krippe im Auge. Deshalb darf bis auf den heutigen Tag kein Tier über allem Essen und Trinken an der Festtafel vergessen werden.

Hier nun einige Rezepte zu den Gerichten, von denen am Anfang dieses Kapitels die Rede war:

Weihnachtsgans

Je nachdem, wie viele Personen an der Festtafel sitzen werden, muß die Größe der Gans bemessen sein. Für 6 Personen sollte die Gans mindestens 4 Kilo schwer sein.

Die Gans wird sorgfältig gewaschen und abgetrocknet. Ausgenommen brauchen Gänse heutzutage nicht mehr zu werden, da sie bereits bratfertig einzukaufen sind. Die Gans wird nur von innen gesalzen, danach mit zwei Äpfeln und einem Stengel Beifuß gefüllt. Sodann muß die Gans zugenäht werden. Sie wird mit der Brustseite nach unten in eine Bratpfanne gelegt und mit einem Viertelliter kochendem Wasser übergossen. Die Gans kommt dann sofort in den heißen Backofen und wird unter ständigem Begießen mit Wasser langsam gebraten, damit das Fett austreten kann. Nach einer guten Stunde wird es Zeit, die Gans umzudrehen. Gut ist es, wenn man sie jetzt auf den Rost legt, der über der Fettpfanne steht. Es beginnt jetzt die Zeit, in der sie braun und knusprig werden soll. Das wird bei einer Gans von 4 Kilo Gewicht noch einmal eineinhalb Stunden dauern. Das herausgetretene Fett muß nun abgeschöpft werden, und außerdem sollte man darauf achten, daß der Bratensatz in der Pfanne nicht zu dunkel wird. Das verhindert man am besten dadurch, daß man ab und zu ein wenig heißes Wasser nachgießt.

In der letzten Viertelstunde darf die Gans nicht mehr begossen werden, man muß sie aber, damit die Haut schön knusprig wird, immer wieder mit kaltem Salzwasser bepinseln. Die Gans kann aus dem Ofen genommen werden, wenn sich die Keulen leicht eindrücken lassen. Sie wird auf eine heiße Bratenplatte gelegt. Jetzt muß alles Fett, das noch in der Fettpfanne ist, abgegossen werden, und nur der Bratensatz darf noch darin bleiben, der mit soviel Wasser losgekocht wird, wie man Soße braucht.

Die Soße wird mit Sahne und Mehl gebunden und mit Salz, Pfeffer, evtl. mit etwas Apfelmus abgeschmeckt und ein paar Minuten aufgekocht. Jetzt werden die Fäden von der Gans entfernt, damit sie tranchiert werden kann. Das sollte aber erst bei Tisch geschehen, damit sich alle an dem Anblick der knusprig gebratenen Gans erfreuen können.

Zum Gänsebraten schmeckt Apfelrotkohl sehr gut, dazu kommen Kartoffelklöße oder Semmelknödel.

Karpfen blau

Für 4 Personen sollte der Karpfen auf keinen Fall weniger als ein gutes Kilogramm wiegen. Man läßt ihn sich vom Fischhändler vorbereiten. Geschuppt werden darf der Karpfen, der „blau" auf die Tafel kommen soll, nicht. Er wird nur gereinigt und von innen gesalzen, danach mit kochendem Essig übergossen und, wenn irgend möglich, für 10 Minuten der Zugluft ausgesetzt. Sodann ist es gut, wenn man einen flachen Topf besitzt, den man fingerbreit mit Wasser füllt. Ein gehäufter Teelöffel Salz kommt hinein, und man läßt Wasser und Salz ordentlich aufkochen. Danach wird der Karpfen in das Wasser „gestellt", was man am besten damit erreicht, daß man in den aufgeschnittenen Fischbauch ein oder zwei rohe Kartoffeln schiebt. Der Karpfen sollte nun nicht etwa kochen, sondern nur ordentlich ziehen, damit er nicht zerfällt. Etwa 15 Minuten wird er brauchen, bis er gar ist. Das ist leicht festzustellen, wenn man seine Flossen anfaßt. Lassen sie sich herausziehen, kann der Fisch aus dem Wasser genommen werden. Man richtet ihn jetzt auf einer Platte an und reicht dazu zerlassene Butter und steifgeschlagene Sahne, die je nach Geschmack mit frischgeriebenem Meerrettich gemischt worden ist. Daneben steht eine Schüssel mit dampfenden Salzkartoffeln.

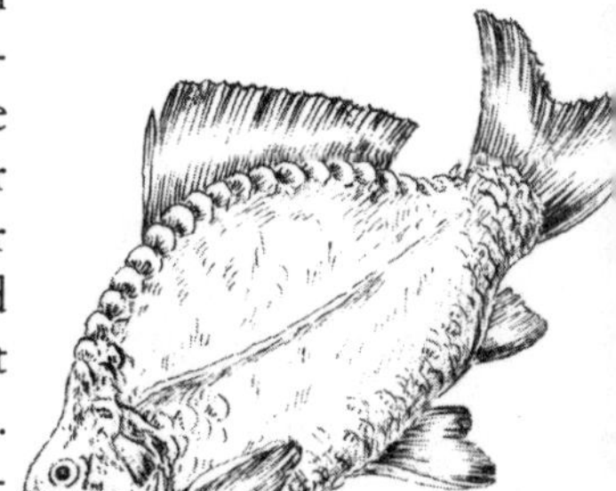

Kasseler mit Grünkohl

Für 4 Personen sollte mindestens 1 Kilo Kasseler eingekauft werden. Gedacht ist an jenes Stück Fleisch, das auch Kasseler Rippspeer genannt wird. Es wird mit einem Viertelliter kochendem Wasser übergossen und in den vorgeheizten Bratofen geschoben. Entweder liegt es auf einem Rost oder direkt in der Fettpfanne. In die Pfanne kommt eine geschälte, halbierte Zwiebel, und die Temperatur sollte die erste Hälfte der Bratzeit nicht 200 Grad übersteigen. Für 1 Kilo muß eine Bratzeit von einer Stunde angesetzt werden. Wenn das Wasser verdampft ist, brät das Kasseler im eigenen Saft weiter. Will man etwas Soße haben – was nicht notwendig ist, wenn das Kasseler zu Grünkohl gegessen werden soll –, muß auch in der zweiten Hälfte der Bratzeit heißes Wasser nachgegossen werden. Dieser Bratensaft muß mit Sahne und Mehl zur Soße angedickt werden, oder aber er wird dem fast fertigen Grünkohl untergerührt. Dadurch bekommt der Grünkohl einen besonders pikanten Geschmack.

Grünkohl wird am besten – der vielen feiertäglichen Arbeit wegen – aus der Dose verwendet. Je nachdem, ob er gröber oder feiner gegessen werden soll, muß man ihn evtl. nachhacken. Für 2 Dosen Grünkohl braucht man 90 Gramm Schweineschmalz oder halb Schweineschmalz, halb Gänsefett, in dem man drei kleingehackte Zwiebeln hellgelb röstet. Der Topf, in dem das vor sich geht, sollte so groß sein, daß der Kohl dazugegeben und gut erhitzt werden kann. Jetzt kommt ein Viertelliter oder etwas mehr Wasser oder Fleischbrühe dazu und zwei Teelöffel Salz. Obendrauf streut man eine Schicht Haferflocken und läßt den Kohl eineinhalb Stunden bei nicht zu hoher Temperatur dünsten. Zum Schluß werden die Haferflocken untergerührt, und wenn notwendig, wird der Kohl noch einmal mit Salz abgeschmeckt.

Festlicher Schweinebraten

Gebraucht werden eineinhalb Kilo Schweinefleisch aus der Keule für 6 Personen, Salz, Pfeffer, edelsüßer Paprika und Oregano. Dazu kommt ein Viertelliter Wasser, eine große Zwiebel, zwei Karotten, Gewürznelken.

Zuerst muß die Schweinekeule mit Salz und Pfeffer, Paprika und Oregano gut eingerieben werden. Damit sollte man das Fleisch eine Stunde ruhen lassen, bevor es, mit der Schwarte nach unten, in den Brattopf gelegt wird, der mit einem Viertelliter Wasser gefüllt ist. Das Fleisch muß mindestens acht Minuten kochen, es wird dann herausgenommen und die Schwarte sorgfältig eingeschnitten, daß einmal das Fleisch darunter nicht beschädigt wird, zum anderen recht gleichmäßige Quadrate entstehen, außerdem werden in die sich kreuzenden Schnittstellen Gewürznelken gesteckt. Das Fleisch kommt nun in den auf 180 Grad vorgeheizten Backofen und wird unter häufigem Begießen 45 Minuten gebraten. Nun werden die gewürfelte Zwiebel und die Karotten dazugegeben und noch einmal 45 Minuten bei 220 Grad weitergebraten, damit die Schwarte schön knusprig wird. In fingerdicke Scheiben zur Hälfte aufgeschnitten, kommt der Braten, zusammen mit Sauerkraut angerichtet, auf die Tafel.

Polnische Soße

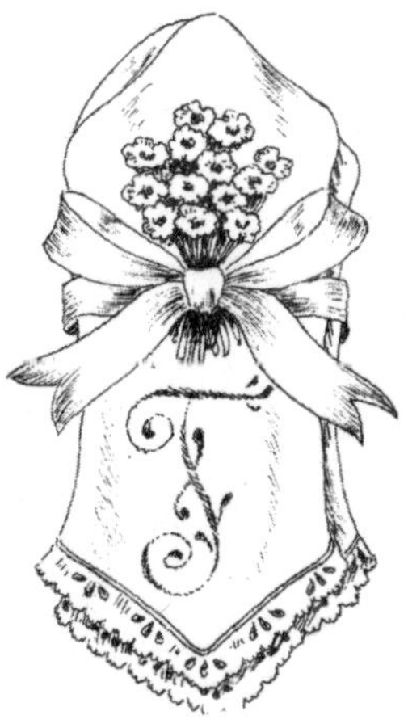

Polnische Soße paßt sowohl zu Bratwürsten wie zu Karpfen.

Gebraucht werden: 2 Petersilienwurzeln, 1 Stück Sellerieknolle, 1 Stange Porree, 1 Mohrrübe und 1 Zwiebel. Bis auf die Zwiebel heißt das Erstgenannte auch Suppengrün. 5 Gewürzprinten werden gebraucht und ein Viertelliter Malzbier, dazu 2 Eßlöffel Essig, weiterhin Salz und 15 Gramm Butter. Das Suppengemüse muß geputzt und kleingeschnitten werden, die Zwiebel wird gewürfelt und alles zusammen in einem Viertelliter Wasser weichgekocht. Währenddessen werden die Printen zerbröckelt, und in einer Schüssel wird so viel Malzbier darüber gegossen, daß sie bedeckt sind. Sie müssen eine Zeitlang stehen, weil sie meistens sehr hart sind. Man kann das Aufweichen beschleunigen, wenn man die Printen ein paar Tage vor ihrer Verwendung offen liegen läßt. Sie saugen das Bier dann schneller auf.

Jetzt wird das weichgekochte Gemüse mitsamt der Brühe durch ein Sieb gerührt, die im Bier eingeweichten Printen werden dazugegeben, das Ganze unter Rühren noch einmal sacht aufgekocht und mit Salz, Butter und Essig abgeschmeckt.

Frische Bratwürste werden nun in die polnische Soße gegeben und müssen etwa 20 Minuten darin ziehen. Nicht schlecht ist es, einmal mit der Gabel in die Würste hineinzustechen. Das verbessert den Geschmack der polnischen Soße sehr.

Karpfen dagegen braucht nur 10 Minuten in der polnischen Soße zu ziehen. Er sollte aber in Portionsstücke geteilt sein.

Ist die Soße etwas zu dick geraten, kann man sie mit hellem oder dunklem Bier verdünnen.

Gewürze!

Was wäre unsere Weihnachtsbäckerei ohne Zimt, Nelken, Ingwer, Kardamom und Koriander! Rein gar nichts wäre sie. Gewiß, auch ein Teig aus Mehl, Milch und Eiern, der frisch aus dem Backofen kommt, hat seinen guten Geruch. Aber ein Blech voller Zimtsterne oder Pfefferkuchen – das ist freilich ganz etwas anderes. Geradezu unheimlich aber ist es, wie der winzige Backofen die Düfte dieser Spezereien zur Geltung bringt.

„Alle Wohlgerüche Arabiens!" pflegte meine Großmutter zu sagen und war sich gar nicht klar, daß sie sich mit den würzigen Düften nicht nur Arabien, sondern die ganze Welt in die Küche geholt hatte. Denn der Schuß Rum, mit dem sie die Rosinen parfümierte und den sie als Treibmittel in den Mürbeteig gab, der kam nicht aus Arabien, den

hatten die Schiffe fässerweise aus Jamaika herübergebracht. Und zu Großmutters Zeiten waren das nicht nur Dampfschiffe, nein, damals mischten noch die Hochseesegler mit, und auf der Gewürzbüchse stand noch Zimmet anstatt Zimt. Zimmet stand auch auf dem kleinen Schubfach unseres allweihnachtlich neu gefüllten Kaufmannsladens, in dem es genauso aussah wie in dem Geschäft, in dem die Großmutter ihre Gewürze kaufte.

Dort erhob sich hinter dem breiten Ladentisch eine Wand voller Schübe, und jeder Schub war mit einem weißen Porzellanknopf versehen, und über jedem Knopf war ein Porzellanschild angebracht, auf dem auch Zimmet stand oder Piment oder Kaneel. Auf den unteren großen Schüben zum Beispiel stand Farin, und das war nichts anderes als unser Zucker.

In jedem Schub befand sich eine gerundete Schaufel. Für Mehl, Zucker und Buchweizengrütze war sie aus Holz, für die ausgefallenen Waren, von denen keine großen Mengen abgewogen wurden, waren es kleine, blitzende Messingschaufeln. Genauso blitzend waren auch die Gewichte, die hinter der Waage mit den beiden Messingschalen standen. Diese Gewichte hatten ihren Platz in einem rechteckigen Holzblock, die kleinen Gewichte vor allem, die das „Feine" abwogen, das grammweise aus den Messingschäufelchen seinen Weg in weiße Tüten nahm, die mit blauen Sternchen bedruckt waren. Allein diese Tüten machten schon den halben Weihnachtshimmel aus, auch ohne Koriander und Macisblüte, Ingwer und Nelken.

Draußen, über der Tür des Geschäftes, stand mit großen Buchstaben „Kolonialwarenhandlung" an der Wand, obwohl hauptsächlich das verkauft wurde, was aus der nächsten Umgebung kam, wie Mehl, Zucker, Salz und Malzkaffee. Bei Bohnenkaffee, Kakao, Reis und Pfeffer wehte der Wind aus einer anderen Richtung. Diese Waren kamen aus den Kolonien herüber, die in anderen Erdteilen lagen und zu England gehörten, Frankreich, Holland oder Spanien. Wer mit diesen Erzeugnissen handelte, konnte sich Kolonialwarenhändler nennen. Wer aber dachte dabei an die Karawanen und Karavellen, die jahrhundertelang die Gewürze transportierten?

Um auf Großmutters arabische Wohlgerüche zurückzukommen: in Arabien hat es eine Gewürzstraße gegeben, und in Babylon, wo die Heiligen Drei Könige herkamen, sind einzelne Gewürze zum erstenmal schriftlich festgehalten worden, Jahrhunderte vor Christi Geburt. In Südarabien gab es drei Gewürzkönigreiche, eines davon regierte die Königin von Saba. Als sie König Salomo in Jerusalem einen Freundschaftsbesuch abstattete, wie das bis zum heutigen Tag heißt, gehörten zu der königlichen Karawane einige Kamele, welche die königlichen Geschenke trugen: Gewürze, Gold und Edelsteine. Man muß die Reihenfolge beachten, um zu erkennen, wie wichtig und kostbar Gewürze gewesen sind. Außerdem, welche Fülle muß davon vorhanden gewesen sein, wenn die Last Kamelen aufgeladen wurde. Zu Koriander kamen Kalmus, Safran und Senf, außerdem Balsam und Myrrhe, aber auch Datteln und Mandeln. Das ist nicht verwunderlich, denn die Königin von Saba schenkte die Gewürze dem Salomo nicht, damit in Jerusalem ordentlich Pfefferkuchen gebacken werden konnte. Die Geschenke sollten ihm zeigen, wie reich die Königin war und das Land, aus dem sie kam, allein durch die Gewürze.

Was nun den Pfeffer betrifft, muß gesagt werden, daß er aus Indien stammt, wo er an Sträuchern wächst, ähnlich wie bei uns die Johannisbeeren, und daß schwarzer und weißer Pfeffer von demselben Strauch kommen. Der schwarze wird früher, der weiße später geerntet.

Pfeffer wurde, als er eingeführt worden war, zum

beliebtesten und begehrtesten Gewürz in der damaligen Welt.

Wieder waren es die Karawanen, die ihn von Indien nach Arabien brachten und danach weiter bis Alexandrien. Später kamen die Karavellen dazu, denen es die Städte Venedig und Genua zu verdanken hatten, daß sie zu Pfeffermetropolen wurden, deren Kaufleute gepfefferte Preise für Pfeffer verlangten und Pfeffersäcke hießen.

Daß dieser Pfeffer wirklich einmal das einzige Gewürz jenes Pfefferkuchens gewesen ist, den die Mönche in der Fastenzeit zum Bier aßen, mag schon sein. Ebenso wahrscheinlich ist es aber, daß alle Gewürze, die zum Backen der Pfefferkuchen verwendet wurden, eben Pfeffer hießen.

Meine Großmutter verwendete zur Pfefferkuchenbäckerei neunerlei Gewürze. Von ihr und meiner Mutter habe ich das übernommen. Dazu ist heute der Einkauf in einer Kolonialwarenhandlung nicht mehr nötig. Gewürze gibt es viel unpoetischer fix und fertig abgepackt und dosiert in Pergamentbeuteln – ohne kleine, blaue Sterne, versteht sich.

Bei diesen neunerlei Gewürzen soll Piment den Anfang machen. Manche sagen Nelkenpfeffer dazu oder Englisch Gewürz. Der Piment kommt aus Südamerika. Er wächst am Nelkenpfefferbaum als rote Beere, die gepflückt wird, bevor sie reif ist, die getrocknet wird und danach gemahlen. Im Vergleich zu vielen anderen alten Gewürzen ist der Piment geradezu ein Springinsfeld. Er setzte sich erst im 17. Jahrhundert bei uns in Europa durch. Aber wie das so ist mit den Neulingen, er wurde bewundert und geliebt und war zuweilen beliebter als alle Gewürze zusammen.

Unentbehrlich zur Weihnachtsbäckerei ist der Zimt. Großmutters heißgeliebtes Gewürz, von dem sie in ihrem Rezeptbuch schrieb: „Man darf ihn nur sparsam verwenden, obwohl er außerordentlich wohlschmeckend ist. Aber er verdeckt das Aroma der anderen Gewürze leicht." – Zimt ist die feingemahlene Innenrinde des Zimtstrauches, der es bis zu einem Baum bringen kann und vor allem in Ceylon wächst. Für den Pfefferkuchen wird der Zimt pulverisiert verwendet, für Punsch nimmt man Späne der Zimtrinde. Ein anderer Name für Zimt ist Kaneel oder auch Kassia. In den Kräuterbüchern heißt es vom Zimt: „Er riecht angenehm aromatisch und würzig und schmeckt feurig, süß und brennend." Außerdem heißt es, der Zimt gehöre zu den ältesten Gewürzen der Welt überhaupt. Er wird bereits in der Bibel, im 45. Psalm, erwähnt, und Moses bekam, nachdem er die zehn Gebote empfangen hatte, das Rezept für ein Salböl, zu dem er die besten Spezereien nehmen sollte: die edelste Myrrhe, den besten Zimt, Kalmus und Kassia und das Öl vom Ölbaum des Hin.

Jetzt ist der Ingwer an der Reihe, auch Schnapswurzel geheißen, und im Englischen Ginger. Ingwer ist nichts anderes als der getrocknete Wurzelstock einer Lilienart, einer ganz besonderen, was man feststellt, sobald man hineingebissen hat. Ob kandiert oder mit Schokolade umhüllt, Unerfahrene schrecken für die nächste Zeit davor zurück – bis sie sich erinnern, daß der Nachgeschmack außerordentlich aromatisch gewesen ist und man Ingwerstäbchen durchaus genießen kann. Für die Pfefferkuchenbäckerei kommt ja nur der pulverisierte in Frage, der zum erstenmal um Christi Geburt nach Europa gekommen ist. Der Ingwer stammt aus China und von Marco Polo der erste Bericht über diese Lilienwurzel. Der Ingwer ist aber nicht nur in China zu Hause, sondern auch in Indien, und Indien ist von jeher der größte Exporteur dieser Wurzel gewesen. Inzwischen wird sie auch in Westafrika und Jamaika angepflanzt, seit es wieder Mode geworden ist, Ingwer in der Küche zu verwenden und als Konfekt zu essen.

Das nächste Gewürz unter den neun verschiede-

nen ist der Anis, und der Anis ist nun einmal nicht gar so weit herzuholen. Er stammt aus Ägypten, wo er selbstverständlich heute noch wächst, genauso wie in Syrien, in Griechenland und auf Zypern. Dort ist er beileibe nicht nur als Gewürz verwendet worden, sondern auch als Schönheitsmittel, „der dem Gesicht ein jugendliches Aussehen gibt", wie Plinius schreibt. Anis erleichtert aber auch schwere Träume, wozu man ihn über dem Kopfkissen auf-

hängen muß, damit einem sein Duft in die Nase kommt. In manchen Gegenden heißt der Anis auch Brotsamen. Ich glaube aber nicht, daß je ganze Brote aus Anis gebacken worden sind, doch dort, wo er so heißt, wird der Brotteig damit gewürzt. Alte Kräuterbücher schreiben dem Anis als Aniszucker oder als Aniswein, als Anisextrakt oder als Anisöl eine große Heilwirkung zu: bei Leibschmerzen, Magengeschwüren, Husten und Fieber. Darüber hinaus heißt es, der Grünspecht solle die härtesten Hölzer durchbohren können, wenn er seinen Schnabel mit Anis bestreicht. Der Anis ist weder ein Baum, noch ein Strauch, er ist eine einjährige Pflanze, die man auf großen Flächen anbaut. Sie wird mit dem Bindemäher abgemäht, wenn die Körner reif sind. Aber gerade das ist die knifflige Frage, davon hängt nämlich das gute Aroma des Anis ab. Außer daß Anis in den Pfefferkuchen gehört, werden Anisplätzchen gebacken und Anisbrezeln. Weniger bekannt sind hierzulande Schnäpse, die nach Anis schmecken und duften. Vielleicht aber könnte eine Flasche griechischer Ouzo oder türkischer Raki ein Weihnachtsgeschenk abgeben, das noch in letzter Minute zu kaufen ist und für den Beschenkten gewiß eine Überraschung wäre.

Ebenfalls eine einjährige Pflanze ist der Koriander. Er heißt außerdem auch noch Wanzenkraut. Das bedeutet nicht, er wäre etwa ein Mittel gegen Wanzen, das gegenwärtig ohnehin nicht gebraucht wird. Seine Blätter, Blüten und Stengel verbreiten im grünen Zustand aber einen unangenehmen Geruch, eben nach Wanzen. Sobald seine Früchte reif sind, wird aus dem unangenehmen Geruch ein würziger, aromatischer Duft, und wie er riecht, so schmeckt der Koriander auch. Er ist ein uraltes, hochgeschätztes Würzmittel für Brot und Fleisch. Mit Koriander soll sich das zäheste Fleisch mürbe machen lassen. Auch zum Sauerbraten gehört Koriander, und geräuchert wird mit Koriander eben-

falls. Wie geschätzt Koriander gewesen ist, beweist ein Bibeltext aus dem Alten Testament. Als die vertriebenen Kinder Israels in der Wüste dem Hungertod nahe waren, schickte ihnen Gott das Himmelsbrot Manna, „und es war wie Koriandersamen und weiß, und hatte einen Geschmack wie Semmeln mit Honig".

Dem Koriander anschließen soll sich der Kardamom. Der hat keinen anderen Namen, der heißt überall so. Er ist die getrocknete Kapselfrucht der Kardamompflanze, die in Indien zu Hause ist, leuchtendgrüne Stengel hat und blaßgrüne Blüten. Kardamom riecht von Anfang an aromatisch und schmeckt wunderbar feurig. Bevor er zum Pfefferkuchengewürz wurde, diente er im Altertum reichen Griechen und Römern als Heilmittel. Im 13. Jahrhundert wird er in einem deutschen Kräuterbuch erwähnt. Dort ist von „Kardamömlein" die Rede, die aus Alexandria kommen und in India wachsen, sonderlich von „Calecut an biß gen Cananor: Item in Malabar und Java, da sie es säen wie bey uns die Bohnen und Erbsen". Auf diese Weise wird der Kardamom aufgezogen und geerntet. In einer Zeit, in der gegen Krankheit weder Tabletten verschrieben noch Spritzen verabreicht wurden, war der Kardamom auch wieder eine Arznei. Zum Zeitvertreib kauten ihn die Leute in „India" zusammen mit Betelnüssen, und sie tun es bis auf den heutigen Tag. Deshalb bleibt ein großer Teil des Kardamom in Indien. Wenn ich über meiner Backschüssel das Tütchen mit Kardamom aufreiße, mache ich mir kaum Gedanken, welchen Weg dieses bißchen Gewürz zurückgelegt hat. Ich frage auch nicht, ob es die Schiffsreise in der Fruchtkapsel angetreten hat oder als Kardamomsaat, ich hole mir auch den Atlas nicht, um einmal seinen Weg zu verfolgen von der Malabarküste bis nach Hamburg.

Aufregender freilich ist der Weg, den der Muskat zurücklegen mußte. Dieses bißchen Pulver, das ich

zu den anderen in die Schüssel schütte, stammt von der Muskatnuß, und diese wiederum hat ihren Weg von den Molukken bis in meine Küche gefunden. Molukken, Gewürzinseln, Philippinen, wenn man es recht bedenkt, ist es kein Wunder, daß es nicht aufhört mit der Weihnachtsbäckerei. Ihre Düfte signalisieren die weite Welt, Fernweh, Reisen und Abenteuer, gebrechliche Schiffe mit viel Segeltuch und hohen Masten und wagemutige Männer dazu. Einer von ihnen ist Kolumbus, der das Gewürzland Indien finden wollte und Amerika entdeckte. Gewürze, immer wieder Gewürze. Die Gedanken der Menschen drehten sich zu dieser Zeit vor allem um Gewürze, sie gierten geradezu nach ihnen. Gewürze garantierten Reichtum und Wohlhabenheit. Wer in seinem Haus Gewürze verwendete, mußte ein reicher Mann sein, denn Gewürze waren teuer. Um zu zeigen, wie reich man war, wurden Gewürze überreichlich verwendet. So stiegen Verbrauch und Nachfrage. Die ersten Händler, von denen die Muskatnuß nach Europa vermittelt wurde, waren die Moslems. Sie hatten es fertiggebracht, mit ihren kleinen Schiffen entlang der Küste zu fahren und sich auf halbem Weg mit asiatischen Händlern zu treffen. Muskatnüsse werden im 9. Jahrhundert als „indische" Droge erwähnt, und Muskat wurde zum Modegewürz. Es gab kein Gericht, in das man nicht Muskatnuß gerieben hätte, auch das Bier war davor nicht sicher. Die Muskatnuß, die auch Bandanuß oder Suppennuß heißt, ist wie die Haselnuß ein Samenkern. Der Mantel, der die Muskatnuß umgibt, ähnelt dem dicken grünen Mantel unserer Kastanie. Aus dem Mantel wird im getrockneten Zustand die Macisblüte gemahlen. Macisblüte gehört nicht unbedingt zur Pfefferkuchenbäckerei, man kann sie aber durchaus verwenden.

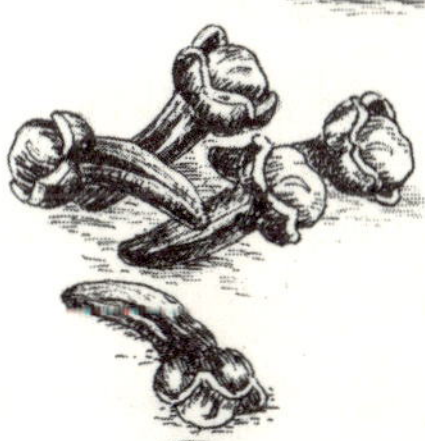

Ebenfalls auf den Molukken zu Hause ist der Gewürznelkenbaum. Wie der Piment gehört er in die große Familie der Myrtengewächse. Er setzt, wie es

ihm die Natur aufgetragen hat, in jedem Jahr so üppig wie möglich zum Blühen an. Doch so weit kommt er selten. Kurz vor dem Aufblühen werden seine Blütenknospen gepflückt und getrocknet und ergeben die Gewürznelke, das Nägelein. Seinen guten Ruf verdankt das Nägelein dem ätherischen Öl, das es in sich hat, und das Chinesen und Inder schon lange kannten, bevor Christus in Bethlehem geboren wurde. Auf dem Seeweg, immer an den Küsten entlang, ist es Europa näher und näher gekommen. Zuerst ging es durch die Hände malaiischer Schiffer nach Ceylon, dort warteten indische Händler darauf, es arabischen Händlern in die Schiffe zu laden. Am Roten Meer wurde das Nägelein dann auf Kamelrücken gepackt, und die Karawanen brachten es nach Alexandrien und Konstantinopel. Hier begann wieder der Schiffstransport, bis er endlich in Venedig von Planwagen abgelöst wurde. Der Gewürznelkenbaum, dessen getrocknete und gemahlene Knospen ihren Duft in der Küche verbreiten, steht heute vor allem auf Sansibar. Er ist immergrün wie unsere Tanne und kann zwanzig Meter hoch werden. Er braucht Seeklima. Das hätten wir zwar hier oben an der Nordseeküste, aber zum guten Gedeihen braucht er es auch feucht und heiß. Wir haben aber nur feucht und kalt zu bieten.

Zum Schluß meiner neunerlei Gewürze sei der Fenchel erwähnt. Das ist eine Pflanze, die in der ganzen Welt zu Hause ist, aber dort besonders gut gedeiht, wo sie es warm und trocken hat. Der Fenchel ist ein Doldenblütler, botanisch gesehen, und bei uns wird er als zweijährige Pflanze angebaut, vorausgesezt, er gedeiht. Wie nicht anders zu erwarten, kommen die ersten Berichte über den Fenchel von den Küsten des Mittelmeeres. Dort wird er als Heilmittel gepriesen gegen Leber- und Nierenkrankheit und Schlangenbiß. In unseren Breiten wird der Fenchel schon im Mittelalter den Imkern empfohlen. „Wer möchte, daß die Bienen in ihrem Stock bleiben, der stoße Fenchelkraut und bestreiche die Bienenstöcke damit." Auch soll mit Fenchelwasser Schönheit zu erreichen sein, wenn man sich morgens und abends das Gesicht damit wäscht. Im Gegensatz zu allen anderen aufgezählten Gewürzen kann man aus Fenchel aber auch ein Gemüse bereiten. Er muß also durchaus nicht allein im Pfefferkuchenteig, getrocknet und gemahlen, seine Wirkung tun.

Das wären nun die neunerlei Gewürze, zu denen noch abgeriebene Zitronenschale kommt, die auch zu Pulver gestoßen Verwendung findet, ebenso wie Orangenschale.

Außerdem soll Zitronat und Orangeat erwähnt werden. Beides gehört unbedingt zur Stollenbäckerei. Es sind die kandierten Schalen von Zitronen und Apfelsinen. Die dazu verarbeiteten Früchte sind saftarm, haben eine besonders dicke Schale und sind keinesfalls mit denen zu verwechseln, die in unseren Geschäften liegen.

Jetzt aber steht die Frage an, ob nicht auch Nüsse und Mandeln zu den Gewürzen gehören. Ich für meinen Teil zähle sie hinzu. Die weithergereiste Mandel vor allem, die aus Persien stammt, wie es das Marzipan beweist, dessen Hauptzutat die Mandel ist, und das zuerst in Persien hergestellt wurde und nicht etwa in Lübeck. Heutzutage wachsen Mandelbäume in allen Ländern rings um das Mittelmeer, zum Glück, so daß es uns mit dieser „Königin" unter den orientalischen Nüssen nicht so ergehen wird wie mit anderen Dingen, die aus dieser Gegend kommen, dem Erdöl zum Beispiel.

Daß auch unsere Haselnüsse dort einheimisch gewesen sind, kann man sich kaum noch vorstellen, weil bei uns die Haselnußsträucher ganz selbstverständlich zu Parkgebüsch und Hecken gehören. Es sind die Kaufleute und die Kreuzritter gewesen, die Haselnüsse aus dem Orient herübergebracht haben.

Von der Walnuß heißt es, daß sie nicht erst mit den Römern über die Alpen gekommen ist. Ausgrabungsfunde in Kärnten haben das bewiesen. Trotzdem hat sie in früheren Zeiten Welschnuß geheißen, und mit welsch waren die Länder gemeint, in denen nicht deutsch gesprochen wurde, die südlichen also, vor allem Frankreich und Italien. In diesen Ländern gedeihen die Walnüsse auch am besten, denn sie mögen den Wind nicht, und ihre Blüten sind außerordentlich frostempfindlich. Dort aber, wo sie einen guten Stand haben, werden sie bis zu fünfundzwanzig Meter hoch. Im Mittelalter sagten die Leute, daß der Schatten des Walnußbaumes schädlich für die Gesundheit sei. Diese üble Nachrede aber ist bestimmt erfunden worden, um das unerlaubte Schütteln zu verhindern. Geschadet hat sie den Walnüssen nicht. Wie wäre es sonst zu erklären, daß sie die beliebteste Nuß ist, die nicht nur beim Backen Verwendung findet, sondern mit dem größten Vergnügen aufgeknackt und vernascht wird. Und die es sogar so weit gebracht hat, vergoldet zu werden, um den Weihnachtsbaum zu schmücken.

Heiligabend

ist es, wenn am 24. Dezember die Dämmerung kommt und es plötzlich ruhig wird auf den Straßen. Wenn die Haustüren nicht mehr so oft klappen und die Wohnungstüren auf einmal leise zugemacht werden. Wenn die ganze Familie noch einmal darüber nachdenkt, ob auch alles besorgt ist, und dann, wie in jedem Jahr, doch einer dabei ist, der sich die Haare rauft, weil er das Wichtigste vergessen hat.

Heiligabend ist auch, wenn von der Küche her zu den süßen Düften der tagelangen Bäckerei plötzlich herbe Gerüche kommen, nach Apfelrotkohl vielleicht oder nach kochendem Suppengrün. Wenn zum hundertzwanzigsten Mal „O Tannenbaum" auf der Flöte erklungen ist mit dem falschen Ton an immer derselben Stelle, wenn von mindestens vier

Leuten nach dem Gesangbuch gesucht wird, der Vater noch immer kein frisches Oberhemd angezogen hat, dafür aber sein alljährliches Klagelied anstimmt, wofür diese ganzen Umstände gut sein sollten, und der Jüngste mit offenem Mund daneben steht, anstatt sich endlich die nassen Schuhe auszuziehen, weil es dafür und überhaupt für alles höchste Zeit ist, denn die Glocken läuten ja schon.

Auf einmal aber ist es dann doch Heiligabend. Obwohl wieder kein Schnee liegt, wie jeder gehofft hat, obwohl die Kirche so voll ist, daß die Familie nicht zusammensitzen kann, weil sie viel zu spät losgegangen ist, obwohl der Blick auf den Altar von Köpfen mit und ohne Hut verdeckt wird, ist es doch Heiligabend. Zu beiden Seiten des Altars stehen brennende Christbäume, und trotz der vielen Menschen ist es erwartungsvoll still, so still, daß die Kinderstimme gut zu verstehen ist, die vorn in der Ecke fragt: „Wie lange dauert's denn noch, Papi?" Im gleichen Augenblick setzt die Orgel ein. Der Gottesdienst beginnt. Und wenn die Gedanken beim ersten Lied auch noch zusammengehalten werden müssen, sobald die Stimme vor dem Altar sagt: „Laßt uns zusammen die Weihnachtsgeschichte hören, wie sie Lukas aufgeschrieben hat im zweiten Kapitel . . .", dann ist wirklich Heiligabend.

Heutzutage ist das Turmblasen nach dem Gottesdienst weitgehend aus der Mode gekommen. Es ist keinesfalls dadurch zu ersetzen, daß der Posaunenchor während des Gottesdienstes einige Stücke bläst. Kein Gottesdienst klingt festlicher aus als mit dem Lied „Lobt Gott, ihr Christen, allzugleich", das vom Turm geblasen wird.

Inzwischen ist dann auch endlich der Abend gekommen mit der tiefen Dunkelheit, wie sie zu dieser Jahreszeit gehört. Das heißt auch immer, daß die Sterne am Himmel erschienen sind, ob gut oder schlecht zu sehen, und somit kann unter dem brennenden Christbaum die Einbescherung beginnen.

Es soll nämlich, im Andenken an den Stern, der die Heiligen Drei Könige aus dem Morgenland bis nach Bethlehem geleitet hat, nicht eher einbeschert werden, bevor nicht der erste Stern am Himmel zu sehen ist. So gleitet denn der Heilige Abend nach einem festlichen Mahl und atemloser Erwartung in den Jubel oder die stille Freude aller Beschenkten hinein und unversehens hinüber in die Heilige Nacht.

Unsere Vorväter nannten sie „die wyhe naht", das bedeutete „die geweihte Nacht", die Nacht, die heilig ist. Im angelsächsischen Raum wurde sie zur selben Zeit auch „modra niht" genannt, die Mütternacht.

Länger, als diese Worte gesprochen wurden, herrschte aber der Glaube, daß in der letzten Stunde vor Mitternacht der Teufel noch einmal versuche, das Spiel zu machen. Deshalb ist in vielen alten Weihnachtsspielen hinter König Herodes stets der Teufel zu sehen, der Böse, der dem König die Angst vor dem neugeborenen Kind einredet, das ihm die Macht nehmen wird, weil es der neugeborene König der Juden ist.

Angst, so heißt es in alten Büchern, geht immer Hand in Hand mit dem Bösen und mit unvergebener Sünde. Jetzt aber ist die Heilige Nacht gekommen, in der die Botschaft des Engels gilt: „Fürchtet euch nicht."

Die ersten, die diese Botschaft hörten, waren die Hirten draußen auf dem Feld, bei den Hürden. Dieses Feld war nichts anderes als das weite Land, das sich die Hänge hinaufzog und voller Geröll lag und das nur in den Mulden und auf den windgeschützten Hochflächen eine gute Weide für die Schafherden bot. Die Schafherden waren der Reichtum des Landes seit alters her. In diesem Land war wohlhabend, wer die meisten Schafe hatte und dazu die besten Hirten. Die besten Hirten waren diejenigen, die jedes Tier aus der Herde kannten, denen

Wind und Wetter vertraut war, die wußten, wo die mühelosen und wo die gefahrvollen Wege lagen, und die ihre Herde, sobald die Junglämmer gesetzt waren, auf die beste Weide trieben. Das war es, was den Reichtum eines Mannes ausmachte: die große Herde, die guten Hirten. Hirten, die auch nachts bei ihren Tieren blieben und wachten.

Sobald die Dunkelheit kam, und sie kam zeitig in den Wintermonaten, war die Herde nicht mehr vor Bergwölfen sicher. Deshalb ließen die Hirten das Feuer an jedem Abend noch einmal hell auflodern, wenn sie Dreifuß und Kessel beiseite gerückt hatten, und die Funken des knackenden Pinienholzes sengten manches Loch in ihre Umhänge. Jeden Abend war einer an der Reihe, beim Feuer zu bleiben und auf die Herde achtzugeben. Die anderen krochen in ihren felsigen Unterschlupf, legten das Widderfell zurecht, ihr Bündel unter den Kopf und den Hirtenstab neben sich.

So war es in dieser Winternacht nicht anders, als in den Nächten vorher. Plötzlich aber kam der Hirt, der am Feuer gewacht hatte, hereingestürzt. Vor Aufregung brachte er kaum ein Wort heraus, er schrie nur, damit alle wach wurden. Aufgescheucht aus dem ersten Schlaf, fuhren sie hoch. Doch es kam zu keinem „Was ist?“ oder „Warum?“. Als sie die Köpfe hoben, sahen sie den hellen Schein vor dem Eingang ihrer Höhle, und im nächsten Augenblick waren sie auf den Beinen.

„Feuer!“ – „Zur Herde!“

Bei der Herde aber sahen sie einen Engel stehen, zum Greifen nahe und von so viel Licht umgeben, daß es ihnen die Augen blendete.

Und sie fürchteten sich sehr.

Sie fürchteten sich, wie noch niemals vorher in ihrem Leben. Sie drängten sich zusammen wie die Herde, wenn Gefahr drohte.

Und der Engel sprach zu ihnen: „Fürchtet euch nicht.“

Und er verkündete ihnen eine große Freude und wies ihnen den Weg nach Bethlehem, in die Stadt Davids, um den Heiland zu sehen, das Kind, das in einem Stall geboren worden war.

Warum erfuhren als erste die Hirten davon? Weil ihnen, arm wie sie waren, die himmlische Botschaft am wichtigsten sein mußte? Oder weil sie in der Einsamkeit lebten, nie teilnahmen an dem Leben in Dörfern und Städten? Oder weil sich dieses neugeborene Kind, dieser Christus, einmal selbst als guter Hirte verstehen würde? Oder weil dieser Christus von David abstammte, der auch ein Hirt gewesen war? Durch alle Jahrhunderte ist diese Frage gestellt und anders beantwortet worden, von Christen und Nichtchristen. Und je gelehrter die Fragenden, desto vielschichtiger die Antworten.

Das einfache Volk aber, das wußte, was es hieß, einen leeren Magen zu haben, durchgelaufene Schuhe und einen dünnen Mantel, das Volk, das viel Furcht und nicht viel Freude kannte, dem war zuerst die Botschaft wichtig: Fürchtet euch nicht!

Danach kam gleich, was die Hirten dem Kind trotz ihrer Armut zum Geschenk mitbrachten und daß es die Hirten waren, die das Kind in der Krippe und Maria und Joseph zuallererst sehen durften.

Dieses Geschehen wird die Wunderweihnacht der Hirten genannt. Sie ist immer wieder in Hirtenliedern besungen und in Hirtenspielen dargestellt worden. Genau betrachtet, sind die meisten Weihnachtsspiele eigentlich Hirtenspiele, wie auch der erste Sprechgesang vor Altar und Krippe zwischen Priester und Hirten stattgefunden hat.

Zu dieser Wunderweihnacht der Hirten kamen im Laufe der Jahrhunderte neue Wunder in der Heiligen Nacht. Schriftlich bezeugt ist, daß vielerorts um Mitternacht die Apfelbäume zu blühen anfingen. Und sie blühten nicht nur, am Morgen des ersten Weihnachtstages trugen sie kleine Früchte . . .

Und ist die Frucht des Paradiesbaumes nicht der Apfel gewesen?

Zur Mitternachtsstunde der Heiligen Nacht sind auch immer wieder Kirchenglocken versunkener Städte zu hören gewesen, und in Brunnen und Flüssen wurde das Wasser zu Wein. Den Tieren im Stall war in der Mitternachtsstunde eine menschliche Stimme gegeben, denn sie gehören ebenso in das Heilsgeschehen hinein wie damals Ochs und Esel im Stall von Bethlehem. Selbst der Tau, der in dieser Nacht fiel, war gesegnet und machte Gärten und Felder in besonderer Weise fruchtbar.

Und so drängt sich die Frage auf, warum solche Wunder heutzutage nicht mehr geschehen. Nimmt sie niemand mehr wahr, oder sollte es heute in der Heiligen Nacht andere Wunder geben?

In dulci jubilo

Weihnachtslied des 14. Jahrhunderts

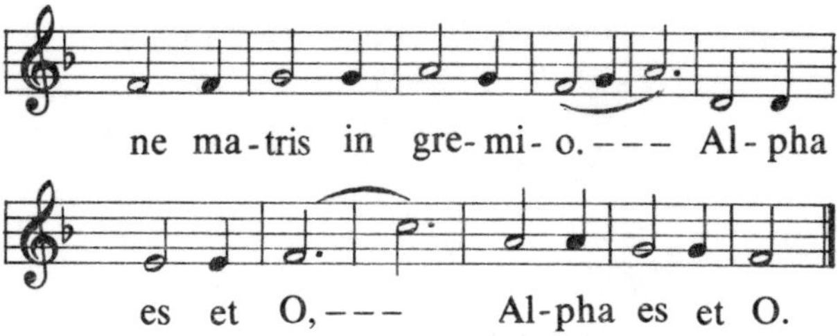

O Jesu parvule, nach dir ist mir so weh.
Tröst mir mein Gemüte, o puer optime.
Durch alle deine Güte, o princeps gloriae,
trahe me post te!

Ubi sunt gaudia? Nirgends mehr denn da,
Da die Engel singen nova cantica,
Und die Schellen klingen regis in curia.
Eia, wärn wir da!

Laßt uns froh und munter sein!

volkstümlich aus dem Hunsrück

Dann stell' ich den Teller auf,
Niklaus legt gewiß was drauf!
Lustig, lustig, tralalalala,
bald ist Niklausabend da!

Wenn ich schlaf', dann träume ich:
jetzt bringt Niklaus was für mich.
Lustig, lustig, tralalalala,
heut ist Niklausabend da!

Wenn ich aufgestanden bin,
lauf' ich schnell zum Teller hin.
Lustig, lustig, tralalalala,
nun war Niklausabend da!

Niklaus ist ein guter Mann,
dem man nicht g'nug danken kann,
Lustig, lustig, tralalalala,
nun war Niklausabend da!

Bald nun ist Weihnachtszeit

Worte: Carola Wilk
Weise: Hans Helmut

Horch nur, der Alte klopft draußen ans Tor,
mit seinem Schimmel, so steht er davor,
mit seinem Schimmel, so steht er davor.

Leg ich dem Schimmelchen Heu vor das Haus,
packt gleich der Ruprecht den großen Sack aus,
packt gleich der Ruprecht den großen Sack aus.

Pfeffernüss', Äpfelchen, Mandeln, Korinth,
alles das schenkt er dem artigen Kind,
alles das schenkt er dem artigen Kind.

Morgen, Kinder

Worte: Martin Philip Bartsch
Weise: volkstümlich

Wie wird dann die Stube glänzen
von der großen Lichterzahl!
Schöner als bei frohen Tänzen
ein geputzter Kronensaal.
Wißt ihr noch, wie vor'ges Jahr
es am Heil'gen Abend war?

Welch ein schöner Tag ist morgen!
Neue Freude hoffen wir,
unsre guten Eltern sorgen
lange, lange schon dafür.
O gewiß, wer sie nicht ehrt,
ist der ganzen Lust nicht wert!

Süßer die Glocken nie klingen

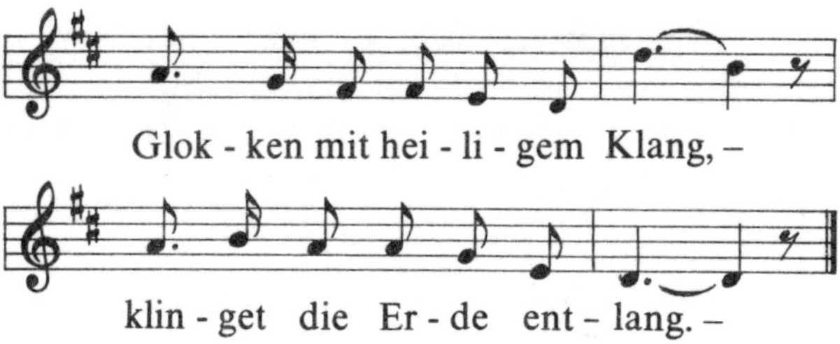

Oh, wenn die Glocken erklingen,
schnell sie das Christkindlein hört,
tut sich vom Himmel dann schwingen,
eilet hernieder zur Erd,
segnet den Vater, die Mutter, das Kind,
segnet den Vater, die Mutter, das Kind.
Glocken mit heiligem Klang,
klingt doch die Erde entlang.

Alle Jahre wieder

Worte: Wilhelm Hey
Weise: Friedrich Silcher

Kehrt mit seinem Segen ein in jedes Haus,
Geht auf allen Wegen mit uns ein und aus.

Ist auch mir zur Seite, still und unerkannt,
Daß es treu mich leite an der lieben Hand.

Vom Himmel hoch, da komm ich her

Worte und Weise: Martin Luther

Euch ist ein Kindlein heut geborn,
von einer Jungfrau auserkorn,
ein Kindelein, so zart und fein,
das soll eur Freud und Wonne sein.

Es ist der Herr Christ, unser Gott,
der will euch führn aus aller Not,
er will eur Heiland selber sein,
von allen Sünden machen rein.

Des laßt uns alle fröhlich sein
und mit den Hirten gehn hinein,
zu sehn, was Gott uns hat beschert,
in seinem lieben Sohn verehrt.

Kommet, ihr Hirten

volkstümlich aus Böhmen

Lasset uns sehen in Bethlehems Stall,
was uns verheißen der himmlische Schall;
was wir dort finden, lasset uns künden,
lasset uns preisen in frommen Weisen.
Halleluja!

Wahrlich, die Engel verkündigen heut
Bethlehems Hirtenvolk gar große Freud':
Nun soll es werden Friede auf Erden,
den Menschen allen ein Wohlgefallen;
Ehre sei Gott!

Ich steh an deiner Krippen hier

Worte: Paul Gerhardt
Weise: Johann Sebastian Bach

Da ich noch nicht geboren war,
da bist du mir geboren
und hast mich dir zu eigen gar,
eh ich dich kannt, erkoren.
Eh ich durch deine Hand gemacht,
da hast du schon bei dir bedacht,
wie du mein wolltest werden.

Ich lag in tiefster Todesnacht,
du warest meine Sonne,
die Sonne, die mir zugebracht
Licht, Leben, Freud und Wonne.
O Sonne, die das werte Licht
des Glaubens in mir zugericht',
wie schön sind deine Strahlen!

Ich sehe dich mit Freuden an
und kann mich nicht satt sehen;
und weil ich nun nichts weiter kann,
bleib ich anbetend stehen.
O daß mein Sinn ein Abgrund wär
und meine Seel ein weites Meer,
daß ich dich möchte fassen!

O daß doch so ein lieber Stern
soll in der Krippen liegen!
Für edle Kinder großer Herrn
gehören güldne Wiegen.
Ach, Heu und Stroh ist viel zu schlecht,
Samt, Seide, Purpur wären recht,
dies Kindlein drauf zu legen!

Eins aber, hoff ich, wirst du mir,
mein Heiland, nicht versagen:
daß ich dich möge für und für
in, bei und an mir tragen.
So laß mich doch dein Kripplein sein;
komm, komm und lege bei mir ein
dich und all deine Freuden!

Still, still

Schlaf, schlaf, schlaf,
mein liebes Kindlein, schlaf!
Die Engel tun schön musizieren,
bei dem Kindlein jubilieren.
Schlaf, schlaf . . .

Groß, groß, groß,
die Lieb' ist übergroß,
Gott hat den Himmelsthron verlassen
und muß reisen auf den Straßen.
Groß, groß . . .

Wir, wir, wir,
wir rufen all zu dir.
Tu uns des Himmels Reich aufschließen,
wenn wir einmal sterben müssen!
Wir, wir . . .

Es kommt ein Schiff, geladen

Worte: Daniel Sudermann
Weise: volkstümlich aus Köln

Das Schiff geht still im Triebe,
es trägt ein teure Last;
das Segel ist die Liebe,
der Heilig Geist der Mast.

Der Anker haft' auf Erden,
und das Schiff ist am Land.
Gotts Wort tut uns Fleisch werden,
der Sohn ist uns gesandt.

Zu Bethlehem geboren
im Stall ein Kindelein,
gibt sich für uns verloren;
gelobet muß es sein.

Und wer dies Kind mit Freuden
küssen, umfangen will,
der muß vor mit ihm leiden
groß Pein und Marter viel,

darnach mit ihm auch sterben
und geistlich auferstehn,
ewigs Leben zu erben,
wie an ihm ist geschehn.

Kling, Glöckchen, klingelingeling

Worte: Carl Enslin
Weise: volkstümlich

Kling, Glöckchen, klingelingeling,
kling, Glöckchen, kling.
Mädchen hört und Bübchen,
macht mir auf das Stübchen!
Bring euch milde Gaben,
sollt euch dran erlaben.
Kling, Glöckchen, klingelingeling,
kling, Glöckchen, kling!

Kling, Glöckchen, klingelingeling,
kling, Glöckchen, kling.
Hell erglühn die Kerzen,
öffnet mir die Herzen!
Will drin wohnen fröhlich.
Frommes Kind, wie selig.
Kling, Glöckchen, klingelingeling,
kling, Glöckchen, kling!

O Tannenbaum

Worte: J. A. Zarnack (1), E. Anschütz (2 + 3)
Weise: volkstümlich

O Tannenbaum, o Tannenbaum,
du kannst mir sehr gefallen.
Wie oft hat nicht zur Weihnachtszeit
ein Baum von dir mich hoch erfreut!
O Tannenbaum, o Tannenbaum,
du kannst mir sehr gefallen!

O Tannenbaum, o Tannenbaum,
dein Kleid will mich was lehren:
Die Hoffnung und Beständigkeit
gibt Kraft und Trost zu jeder Zeit.
O Tannenbaum, o Tannenbaum,
dein Kleid will mich was lehren.

Macht hoch die Tür

Worte: Georg Weissel
Weise: volkstümlich aus Halle

Er ist gerecht, ein Helfer wert,
Sanftmütigkeit ist sein Gefährt.
Sein Königskron ist Heiligkeit,
sein Zepter ist Barmherzigkeit;
all unsre Not zum End er bringt,
derhalben jauchzt, mit Freuden singt:
Gelobet sei mein Gott,
mein Heiland, groß von Tat.

O wohl dem Land, o wohl der Stadt,
so diesen König bei sich hat,
wohl allen Herzen insgeheim,
da dieser König ziehet ein.
Er ist die rechte Freudensonn',
bringt mit sich lauter Freud und Wonn'.
Gelobet sei mein Gott,
mein Tröster früh und spat.

Komm, o mein Heiland, Jesu Christ,
mein's Herzens Tür dir offen ist,
ach, zeuch mit deiner Gnaden ein,
dein Freundlichkeit auch uns erschein.
Dein Heil'ger Geist uns führ' und leit'
den Weg zur ew'gen Seligkeit.
Dem Namen dein, o Herr,
sei ewig Preis und Ehr.

Mariä Wiegenlied

Worte und Weise: volkstümlich aus Hessen und Schlesien

Es ist ein Ros entsprungen

volkstümlich

Das Röslein, das ich meine, davon Jesaja sagt,
hat uns gebracht alleine, Marie, die reine Magd;
aus Gottes ew'gem Rat hat sie ein Kind geboren,
wohl zu der halben Nacht.

Das Blümelein so kleine, das duftet uns so süß;
mit seinem hellen Scheine vertreibt's die Finsternis:
Wahr' Mensch und wahrer Gott,
hilft uns aus allem Leide,
rettet von Sünd und Tod.

O du fröhliche

Worte: Johannes Falk (1), Heinrich Holzschuher (2 + 3)
Weise: volkstümlich aus Sizilien

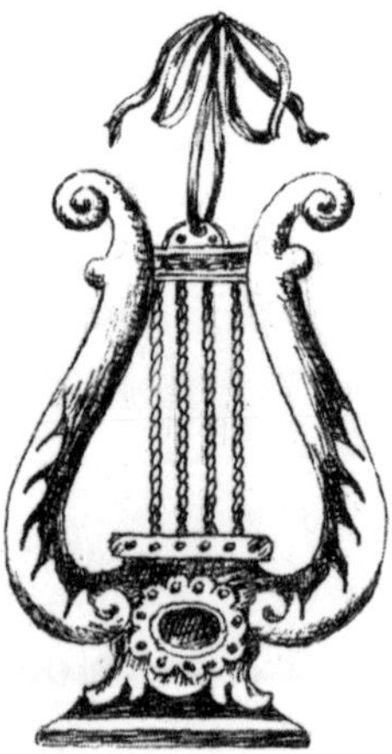

O du fröhliche, o du selige,
gnadenbringende Weihnachtszeit!
Christ ist erschienen,
uns zu versühnen.
Freue, freue dich, o Christenheit!

O du fröhliche, o du selige,
gnadenbringende Weihnachtszeit!
Himmlische Heere
jauchzen dir Ehre.
Freue, freue dich, o Christenheit!

Stille Nacht, heilige Nacht

Worte: J. Mohr
Weise: F. Gruber

Stille Nacht, heilige Nacht,
Hirten erst kundgemacht
durch der Engel Halleluja,
tönt es laut von fern und nah,
Christ, der Retter ist da,
Christ, der Retter ist da!

Stille Nacht, heilige Nacht,
Gottes Sohn, o wie lacht
Lieb aus deinem göttlichen Mund,
da uns schlägt die rettende Stund'.
Christ, in deiner Geburt,
Christ, in deiner Geburt!

Am Weihnachtsbaum die Lichter brennen

Die Kinder stehn mit hellen Blicken,
das Auge lacht, es lacht das Herz;
o fröhlich seliges Entzücken!
Die Alten schauen himmelwärts.

Zwei Engel sind hereingetreten,
kein Auge hat sie kommen sehn;
sie gehn zum Weihnachtstisch und beten
und wenden wieder sich und gehn.

Leise rieselt der Schnee

Worte: Eduard Ebel
Weise: volkstümlich

In den Herzen wird's warm,
still schweigt Kummer und Harm,
Sorge des Lebens verhallt –
Freue dich: 's Christkind kommt bald.

Bald ist Heilige Nacht,
Chor der Engel erwacht,
hört nur, wie lieblich es schallt –
Freue dich: 's Christkind kommt bald.

Sterndreherlied

Worte: Richard R. Klein
Weise: volkstümlich aus der Schweiz

Und in der Krippe das Kindlein muß liegen
auf Heu und Stroh in kalter Nacht.
Zwischen Ochs und Eselein liegest du,
liegest du,
liegst du armes Kindelein.

Und die drei Könige kommen es suchen,
der Stern führt sie nach Bethlehem.
Legen Kron und Zepter ab: Kindelein,
Kindelein,
dir wird alles Opfer bracht.

Julblock, Julbock, Klapperbock!

Weder der Kalender noch sonst jemand braucht mich im Herbst daran zu erinnern, wie weit das Jahr schon vorangekommen ist. Wenn es eines Tages „Juul-Juhuul“ im Kamin heult, wenn die Luftklappe oben scheppert, als ob jemand sie losreißen wollte, wenn die Kette am Kamin hin und her tanzt und wenn immer wieder das „Jul-Juhuul“ zu hören ist, dann weiß ich, daß der Winter vor der Tür steht. Es hört sich drohend an, gewalttätig und manchmal wie blanker Hohn, dieses „Jul-Juhuul“. Oft kommt es mir vor, als ob die brennenden Holzscheite vor lauter Angst zusammenfallen, dann wieder ist es, als wollte dieses unheimliche Wesen, das in den Kamin hineinbrüllt, das Feuer ausblasen, das

einfach nur brennt, um zu wärmen, und das nicht ihm zu Ehren angezündet worden ist.

Plötzlich ringt das Feuer nach Luft, der Rauch, der durch den Schornstein ziehen soll, wird in die Stube gedrückt. Im gleichen Augenblick geht im Kamin ein Gejacher los, und noch bevor ich das Feuer mit Blasebalg und neuen Scheiten wieder ermuntert habe, prasseln mir plötzlich Eiskörner um die Füße, und dieses Wesen auf dem Dachfirst bricht in Gelächter aus. Ich höre, wie es seinen Pelz schüttelt, wieder an der eisernen Luftklappe reißt – und wie es dann plötzlich still wird.

Ich bin aber nicht sicher, daß es schon weitergezogen ist, daß es sich wieder eingereiht hat in die wilde, graue Jagdgesellschaft, die bereits den ganzen Tag über, vom Wald her, vorbeizieht. Denn ich habe ja noch nichts getan, um dieses Wesen versöhnlich zu stimmen, und selbst wenn ich mir nicht einbilde, es könnte Wotan persönlich gewesen sein, der mir das Juul in den Kamin gerufen hat, so gibt es genug andere Gestalten in seinem Gefolge, die einen in Angst und Schrecken versetzen können.

Wotan selbst aber erwartet von allen, die das Jahr über satt geworden sind, ein Opfer. Deshalb werde ich auf dem schnellsten Weg nach einer Gans Ausschau halten. Das liegt ohnehin nahe, weil es kurz vor dem elften November ist, dem Martinstag, der nicht nur mit Laternenumzügen, sondern auch mit Gänsebraten gefeiert wird.

Dabei geht mir durch den Kopf, wie merkwürdig doch die Feste zusammenfallen. Der heilige Martin teilte seinen Mantel mit einem Armen, der fror. Genau zu dieser kalten Zeit feierten die Germanen, ihrem Gott Wotan zu Ehren, das erste Opferfest. Wotan war unter ihren Göttern derjenige, der für Roggen und Weizen auf den Feldern zuständig war, für eine saftige Weide, eine volle Scheune und gutgenährtes Vieh. Wotan war der wichtigste von allen, und er erwartete für die Mühe, die er sich

vom Frühling bis zum Herbst gegeben hatte, einen Schafbock als Opfer.

Nun steht es ja längst fest, daß der Gänsebraten am Martinstag und das heidnische Opferfest nicht zufällig zusammenfallen, sondern daß die geistlichen Beamten der Kirche, Papst, Bischof oder Prälat genannt, vor vielen hundert Jahren klug genug gewesen sind, sich die germanischen Feste zunutze zu machen. Das hat zwar seine Zeit gebraucht, aber Einsicht und Güte sind nur selten die Berater von Eiferern.

Und wenn man bedenkt, daß Christus in Bethlehem geboren wurde und das Christentum vom Süden gekommen ist, aus Ländern, in denen bis auf wenige Tage im Jahr der Himmel immer blau ist und die Temperaturen niemals auf zwanzig Grad Kälte sinken, dann wird die Berechnung der Gottesmänner milder beurteilt werden.

Die Mauer, die sich vor dem Christentum aufbaute, sind die Alpen gewesen. Durch sie wurde die Welt in zwei Hälften geteilt. In die warme und in die kalte, in die üppige und in die karge, in die Welt, in der Menschen lebten, die bereit waren nachzugeben, und in die andere, in der die Leute mit ihren harten Schädeln saßen.

Zuerst hatten die Kirchenmänner zu den Hartschädeligen gesagt:

„Beugt euer Haupt in Demut und verehrt von nun an, was ihr bisher verbrannt habt, und verbrennt, was ihr bisher angebetet habt!" Und als sie das mehr als hundert Jahre vergebens gefordert hatten, sahen sie ein, daß sie die harten Schädel nicht aufweichen und Eis und Schnee damit nicht zum Schmelzen bringen würden. Deshalb suchten die Weisen unter ihnen nach einem anderen Weg, und sie fanden ihn in den Festen der Hartschädeligen nördlich der Alpen.

Die Kirchenmänner des Südens fanden heraus, daß die heidnischen und die christlichen Wege so

weit auch wieder nicht voneinander entfernt wären und man sich durchaus in der Mitte treffen könnte.

So verschmolz das Wotansfest der frühen Winterszeit mit dem Fest des heiligen Martin. Auch ließ es sich durchaus einrichten, das große Mittwinterfest, die Sonnenwende der Hartschädeligen, mit dem größten Fest zu verbinden, das die Christen feiern, die Geburt des Herrn.

Es war ja nicht so, daß die Menschen des Nordens nicht auch auf eine Errettung vom Tod gehofft hätten und von der Schuld. Warum sollten sie sich sonst so sehr vor den Widergängern gefürchtet haben, vor den Toten, die zurückkommen dürfen in der heiligen Mittwinterzeit und vor allem in der Sonnenwendnacht. Es waren so viele im Streit erschlagen worden, so viele, die unversöhnt gestorben waren – von ihnen war nichts Gutes zu erwarten. Deshalb mußte nicht nur den Göttern, sondern auch den Widergängern geopfert werden.

Oft, wenn ich das Gejohle in meinem Kamin höre, denke ich auch daran, daß Jul „Zeit der Winterstürme“ bedeutet, und ich finde, daß es eine gute Übersetzung ist. Keiner, der südlich der Alpen zu Hause ist, wird begreifen können, was das heißt, wenn sich der Sturm aufmacht, der Schnee dazukommt, und es bei Tag und bei Nacht weht. Eingeschneit, zugeweht, abgeschnitten vom nächsten Haus, vom nächsten Arzt, von der Straße. Stille, Totenstille.

Die nördlich der Alpen wohnen, erleben es jedes Jahr einmal, daß der Öltank im Keller, das elektrische Licht und die befestigte Straße gar nichts mehr nützen. Deshalb bleibt zwischen dem jubelnden Glauben des Südens und dem verhaltenen Glauben nördlich der Alpen bis heute ein Unterschied.

„45 Grad Frost im Norden – im Süden blühen die Mandelbäume ...“ heißt es am Mittwoch, dem 3. Januar 1979, in einer Hamburger Tageszeitung. Und weiter: „Seit Freitag sind sie ohne Strom, in ei-

siger Kälte von der Außenwelt abgeschlossen. Allmählich wird auch das Essen knapp. In dem 80-Seelen-Dorf Streichmühle, zwischen Flensburg und Kappeln, drehen die Leute langsam durch . . ."

Die Naturkatastrophen waren es, die es den Hartschädeligen nicht ratsam erscheinen ließen, die alten Bräuche so mir nichts, dir nichts gegen die neuen einzutauschen, denn wer konnte wissen, wie stark die Kraft der neuen Lehre war? Aus Sorge und Unsicherheit behielten sie deshalb soviel wie möglich vom alten Glauben bei. Nach dem Motto, doppelt genäht hält besser.

„Juul-Juhuul" heult es im Kamin, und heute geht der Niklaus durchs Dorf. Er hat nichts an sich von dem heiligen Mann, der aus Myra gekommen ist. Der ist schon heimlich dagewesen, in der Nacht, hat die Stiefel gefüllt und seine Gaben auf den Teller gelegt. Nein, der durchs Dorf geht, ist eher ein Knecht Ruprecht. Er hat einen umgedrehten Schafspelz an, eine zottelige Pelzmütze auf dem Kopf, und vor lauter Bart ist sein Gesicht kaum zu erkennen. Er schwingt vor allem die Rute, macht den Kindern Angst damit, und hier und da reißt er die Tür auf, brummt laut und wirft Äpfel und Nüsse in die Flure.

In anderen Gegenden ruft er: „Klaub auf!" dazu. Deshalb heißt es im Bayerischen und Österreichischen: „Der Klaubauf kommt!" Die Leute sagen, er haust in einer Höhle, und die Kinder müssen sich ganz besonders vor ihm in acht nehmen. Wenn er sie nämlich erwischt, und auf die dreistesten hat er es abgesehen, dann steckt er sie in seinen Sack und schleppt sie mit sich fort in den Wald, und keins kommt wieder.

Ganz so schlimm treibt es der Pelzmärtel nicht und der Krampus auch nicht. Sie können es vermutlich nur deshalb nicht so wüst treiben, weil sie zusammen mit dem heiligen Nikolaus kommen, und der würde sich so etwas schön verbitten.

In Berchtesgaden treten im Gefolge des Nikolaus auch noch die Buttenmandeln auf. Die sind anstatt mit Pelzen vom Kopf bis zu den Füßen mit Stroh eingewickelt und haben geschmiedete Kuhglocken umgebunden. Damit sie aber auch richtig zum Fürchten werden, tragen sie Larven aus Holz mit riesigen Nasen und Mündern und hervortretenden Augen.

Auf Nord- und Ostsee zu, an der Küste entlang, ist es der Schimmelreiter, vor dem die Kinder in die Häuser fliehen. Er treibt sein unheimliches Wesen auf der Straße, sobald die Dunkelheit kommt. Der Schimmelreiter, das sind drei junge Leute, die sich mit weißen Leinentüchern behangen haben und sich gegenseitig an den Schultern fassen: der erste von ihnen trägt auf einer Stange einen ausgestopften Pferdekopf, der mittlere trägt den vermummten Schimmelreiter, und am letzten baumelt ein langer Pferdeschwanz herunter aus Wolle, Hanf oder Stroh.

Der Schimmelreiter kann auch ein einzelner junger Mann sein, der sich eine leinenbehangene Stange zwischen die Beine geklemmt hat mit einem ausgestopften Pferdekopf oben darauf und der damit wie mit einem Steckenpferd auf der Straße herumspringt. In manchen Gegenden wird er von einem vermummten Rutenträger begleitet, Rauhknecht geheißen. Auf der Insel Usedom, vor der Odermündung, ist der Klapperbock bei ihm. Wer den Klapperbock darstellt, muß mit Schafs- oder Ziegenfell behangen sein und auf dem Kopf eine große Bocksmaske tragen, mit Hörnern natürlich. Damit sollen die bösen Kinder in den Rücken gestoßen werden. Das Unheimlichste an ihm ist, daß er seinen großen Unterkiefer bewegen kann. Klappernd reißt er sein Maul auf, streckt die Zunge heraus und springt blökend, wie ein wildgewordener, böser Bock, die Straße entlang und in die Häuser hinein.

Je näher Weihnachten rückt, je früher es abends dunkel wird, desto öfter lassen sich alle diese Unholde sehen. Manchmal haben sie auch noch einen Bären bei sich, der, den Buttenmandeln ähnlich, in Erbsstroh gewickelt ist und an der Kette eines vermummten Bärenführers mit erhobenen Tatzen auf zwei Beinen tanzen muß.

„Juul-Juhuul“, schreit der Sturm wieder in den Kamin. Die zusammengesunkene Glut auf der Feuerstelle lebt auf. Der Form nach könnte sie ein Julblock sein. Ja, es sieht wirklich so aus, als ob ein Wurzelstock brennt und glüht. Ein Julblock wurde in die Herdstelle bis zum obersten Drittel eingegraben und abgebrannt. Er hat bis in das Mittelalter in keinem Haus zur Heiligen Nacht gefehlt, obwohl es ein heidnischer Holzklotz war und in dieser Zeit ein eichener sein mußte.

In seinen christlichen Jahren konnte es dann der Block eines Apfelbaumes sein, womit an den Apfelbaum des Paradieses erinnert werden sollte. Auch gegen den Stubben des immergrünen Tannenbaumes war nichts einzuwenden, nur fehlen durfte er nicht. Herd und Feuerstelle war der lebenswichtige Platz jedes Hauses und jedes Hofes, und noch lebten die meisten Menschen nicht in der Stadt, sondern auf dem Land, und unter den Strohdächern wärmten sich Bauer und Knecht am Feuer nebeneinander. Ich bin auch sicher, daß Rinder, Pferde und Schafe ihre Köpfe gereckt und dem Feuer zugedreht haben. Feuer bedeutet Wärme, und Wärme ist Leben.

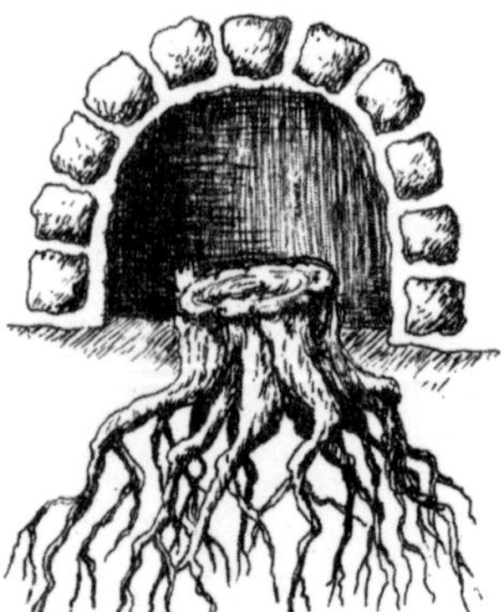

Es gehörte zu diesem Brauch, daß am Tage vor Weihnachten das Feuer auf jedem Herd ausgelöscht wurde. Zum einen mußte Platz für den großen Klotz gemacht werden, zum anderen aber sollte ein jeder im Haus an der Kälte und der Dunkelheit spüren, wie heilig das Feuer war.

„Sei willkommen, lieber Klotz“, riefen die Albanesen, sobald der Weihnachtsklotz ins Haus getra-

gen wurde, „bemühe dich ans Feuer!" Sie blieben in respektvoller Entfernung stehen, bis ihn die Männer zur Herdstelle gebracht und darauf abgesetzt hatten.

In der Provence besprengte ihn der Familienvater mit dem besten Wein, den er im Haus hatte. Und solange die Hände noch klamm waren und die kalte Zugluft durch Fensterritzen und Türen strich, dachte jeder daran, wie kalt es damals im Stall zu Bethlehem gewesen sein mochte, als das Kind um Mitternacht geboren war.

In früheren Zeiten war es ein ungeschriebenes, in vielen Gegenden auch geschriebenes Gesetz, daß kein Jagdaufseher am Tage des Heiligen Abends in den Wald zu gehen hatte – wie es in Büchern aus dem zwölften Jahrhundert festgehalten ist. Es sollte keiner die Waldfrevler sehen, die heimlich losgezogen waren, um Holz für eine warme Stube heimzubringen und damit das festliche Essen zu kochen.

Doch nicht nur das. Von der Asche des gestohlenen Holzes durfte ebensowenig verlorengehen wie von der Asche des Julblockes. In jedem Stäubchen wohnten nach altem Glauben die wundertätigsten Kräfte. Aufs Feld oder um die Obstbäume gestreut, war im kommenden Jahr eine gute Ernte zu erwarten. Den Tieren unter das Futter gemischt, würden sie gesund und fruchtbar sein. – Aber auch gegen Zahnschmerzen soll diese Asche immer geholfen haben!

Bevor in der germanischen Mittwinternacht die Sonnenräder angezündet und über die Hänge hinabgerollt wurden, an deren heiligen Flammen auch der eingegrabene Julblock zum Brennen gebracht werden mußte, war auf den Höfen viel geschehen.

Der Julbock, ein stattlicher, seit langem dafür vorgesehener Schafbock, hatte daran glauben müssen, auf ärmlicheren Höfen mochte es auch nur ein Ziegenbock gewesen sein. Wotan wollte sein Opfer. Deshalb war auch der Juleber geschlachtet worden.

Noch wirksamer sollte allerdings ein wilder Eber sein, der nach tagelanger Jagd erlegt und feierlich auf den Hof gebracht worden war.

Wenn auf diese Weise die Götter versöhnt und die brennenden Räder endlich davongerollt waren, wenn aus dem Julblock im Herd die Flammen schlugen und der Duft des brutzelnden Fleisches durch die Langhäuser zog, dann werden sich die Menschen ebenso der Freude hingegeben haben, wie wir es heute tun, wenn der Weihnachtsgottesdienst zu Ende ist und die Glocken die Heilige Nacht einläuten. Das unheimliche „Juul-Juhuul" in meinem Kamin, das mich jedes Jahr im November zusammenfahren läßt, erschreckt mich nicht wirklich, denn seit zweitausend Jahren ist aus Jul die Weihnacht geworden.

Marcellus, einen römischen Besatzungssoldaten in Germanien, läßt William Shakespeare von dieser Nacht erzählen:

Sie sagen, immer wenn die Jahrszeit naht,
Wo man des Heilands Ankunft feiert, singe
Die ganze Nacht durch dieser frühe Vogel
(der Hahn).

Dann darf kein Geist umhergehn, sagen sie,
Die Nächte sind gesund, dann trifft kein Stern,
Kein Elfe faht, noch mögen Hexen zaubern;
So gnadenvoll und heilig ist die Zeit.

Krippen

und Krippenberge, Krippenschauen und Krippensingen, Krippenspiele und Krippenschnitzer, das sind Begriffe, die vor allem in Süddeutschland ihr Zuhause haben. In Norddeutschland kennt man die Krippe als steinernen Futtertrog im Stall, als christliches Symbol aber, als der erste handfeste Gegenstand, der das Wundergeschehen in Bethlehem eingrenzt, von dieser Krippe ist zumeist erst beim Christnachtsgottesdienst die Rede, sobald die Weihnachtsgeschichte verlesen wird. In diesem Augenblick mag vielen Zuhörern deutlich werden, was es heißt, wenn eine Mutter ihr neugeborenes Kind in eine Futterkrippe legen muß. Aber das gesprochene Wort ist eilig, und daheim warten Christbaum und Einbescherung und keine Krippe, die noch einmal an das verlesene Wort erinnern würde. Das hängt

mit dem protestantischen Glauben zusammen, der die Marienverehrung nicht kennt. Kind, Krippe und Gottesmutter sind aber nicht voneinander zu trennen. Dieser fehlenden Krippe wird es zugeschrieben, daß in protestantischen Gegenden der kerzenbesteckte Tannenbaum schneller Fuß fassen konnte als in katholischen.

Die Verbreitung der Krippen hat der Atlas der deutschen Volkskunde „erfragt". Demnach sind Krippen im Rheinland und in Westfalen heimisch, besonders jedoch in Oberbayern und Tirol, wozu auch Südtirol gehört, und in Österreich. Sie werden aber auch in Hessen und Franken aufgestellt, in der Pfalz, in Sachsen und Schlesien. Darüber hinaus muß Neapel genannt werden und Sizilien. Stadt und Insel haben eine weltberühmte Krippenkunst. Auch Rom gehört dazu und nicht zuletzt Bethlehem, wo alle Krippenverehrung ihren Anfang genommen hat.

Wie es heißt, hat die Krippe von Bethlehem in einer Grotte gestanden. Das würde dem Bibeltext vom Stall widersprechen. Wer aber einmal an den Küsten des Mittelmeeres seinen Urlaub verbracht hat, der weiß, daß es landeinwärts Felsenhöhlen gibt, zum Beispiel auf Ischia, die als Ställe benutzt werden. Außerdem ist nicht sicher, ob mit dem hölzernen oder lehmgestampften Futtertrog nicht auch ein geflochtener Korb gemeint gewesen sein kann. Körbe wurden in vorchristlicher Zeit auch als Wiegen verwendet. Es sei nur an Moses erinnert, der in einem Binsenkorb ausgesetzt worden ist. Wie dem auch sei, die Mutter hat ihr göttliches Kind im Stall geboren und in eine Krippe gelegt, und über diesem Felsenstall wurde eine Kirche errichtet. Zuerst eine bescheidene, wie sich in der Zeit der verbotenen Religion denken läßt. Später, um das Jahr 325, nahm sich die Mutter Kaiser Konstantins dieser Grottenkirche an. Ein paar Jahre darauf der Kaiser selbst, als er Christ geworden war. Jetzt hatte das Christentum Zulauf, und die Pilger drängten nach Bethlehem. Vor allem waren es die Pilgerinnen, die Frauen der kaiserlichen Beamten, die zeigen wollten, daß ihnen für die neue Lehre kein Weg zu weit war. Nun hätte ihnen freilich eine Wallfahrt nach Bethlehem nur halb soviel Spaß gemacht, wenn es ihnen nicht möglich gewesen wäre, eine Spur zu hinterlassen: eine silberne Kette, ein goldenes Amulett. So ist im Laufe der Zeit eins zum anderen gekommen und hat die Geburtsgrotte reicher und kostbarer ausgestattet.

„Wie es die Heidenwelt liebt“, tadelte der Kirchenvater Hieronymus, der im Jahre 386 nach Bethlehem kam. „Oh, möchte es mir doch vergönnt sein, jene Krippe zu sehen, in der einst unser Herr lag“, hat er ausgerufen. Ob er die Krippe fand? Auf jeden Fall fand er das Geschehen von Bethlehem in Mosaiken und Bildern an den Kirchenwänden dargestellt. Eines dieser Mosaike sollte die Kirche später vor der Zerstörung bewahren. Als nämlich im Jahre 614 die Perser in Palästina einfielen, stürmten sie auch in die Geburtskirche hinein. Zu ihrem größten Erstaunen fanden sie die Heiligen Drei Könige in der Kleidung ihrer eigenen Väter abgebildet. Daraufhin sollen, wie es heißt, die Perser ehrfurchtsvoll auf die Knie gefallen sein, und die Kirche blieb verschont.

Bereits im Jahre 440 hatte das Christentum im Römischen Reich so festen Fuß gefaßt, daß Papst Sixtus nicht nur die Reste der hölzernen Krippe aus Bethlehem nach Rom bringen ließ, sondern gleich einige Felsenstücke der Grotte dazu. Sie wurden in einer Kapelle aufgestellt, die eigens dafür gebaut worden war. In dieser Kapelle diente die neu aufgestellte Krippe als Altar. In sie hinein wurde das geweihte Brot gelegt als Sinnbild für den Leib des Christuskindes. Inzwischen ist aus dieser Kapelle längst die berühmte Kirche Santa Maria Maggiore geworden.

In den folgenden Jahrhunderten nimmt in Rom Marienverehrung und Krippenverehrung immer mehr zu. Die Statuen und die Krippen werden kunstvoller und kostbarer, nur volkstümlich werden sie nicht. Eines Tages aber wird beim Papst der Bettelmönch Franz von Assisi vorstellig. Er bittet um Erlaubnis, unweit der Klause Greccio, im Wald von Rieti, einen Weihnachtsgottesdienst abhalten zu dürfen, mit einer hölzernen Futterkrippe, wie es den Bettelmönchen ansteht und wie es die Gebirgler und Bauern am besten verstehen. Als Franziskus die Einwilligung des Papstes erhält, geht er ins Dorf zurück. Er bittet den ersten Bauern um einen Esel, den zweiten um einen Ochsen, den dritten um Stroh für die Krippe und den vierten um ein wenig Heu, damit sich die beiden Tiere nicht langweilen. Neugierig, wie die Gebirgler nun werden, wollen sie natürlich diesen Gottesdienst nicht versäumen, und sie machen sich auf den Weg.

Als die Klosterbrüder um Mitternacht mit Fakkeln in den Wald ziehen, kommt über die einfachen Männer und Frauen eine eigentümliche Stimmung. Es ist kalt, und der Wind ist rauh, und sie müssen die Umhänge fest an Schultern und Leib pressen. Dann aber fängt dieser Mönch Franziskus zu predigen an. Sie wissen, daß er ein schlichter Mann ist, der es versteht, so zu reden wie sie selbst. Und hier, zur mitternächtlichen Stunde, im Fackelschein seiner Klosterbrüder, erzählt er von Bethlehem, von der Herbergssuche und der Not, in der sich diese Mutter befindet, die den göttlichen Sohn zur Welt bringen muß und die nicht weiß, wohin, als sie spürt, daß die Stunde gekommen ist. Und der zuletzt keine andere Herberge bleibt als ein Stall, in dem sie gebären kann, und für das Kind nur eine Futterkrippe, in die gerade noch Ochs und Esel ihre Mäuler gesteckt haben.

Und dann liegt dieses göttliche Kind vor seiner Mutter und vor dem Mann Joseph und vor Ochs

und Esel und vor sonst niemand auf der Welt. Im Augenblick seiner Geburt aber ist es hell geworden in diesem dunklen Stall, merkwürdig hell, und es dauert nicht lange, da drückt sich jemand zum Stall herein. Das ist nicht der Wirt, bei dem sich womöglich das schlechte Gewissen meldet, es ist ein Fremder, der ein Lämmlein im Arm hat. Hinter ihm her kommt noch einer, der trägt einen Krug Milch, und ein dritter bringt das Fell eines Widders, denn das Kind in der Krippe, das rosige, das überstrahlt ist von einem Licht, wie es noch niemand auf der Welt gesehen hat, dieses göttliche Kind soll nicht frieren.

Während der Bettelmönch Franziskus das alles erzählt, fallen nicht nur seine Klosterbrüder auf die Knie, sondern alle Männer und Frauen, die Bauern, die Hirten, die zu diesem nächtlichen Gottesdienst gekommen sind. Und jedem ist es, als ob er zu den Leuten gehörte, die sich nun in den Stall drängen, um das Kind zu sehen.

Franz von Assisi, so berichtet die Überlieferung, hat in dieser Nacht so herzbewegend gepredigt, daß einer seiner Mitbrüder das göttliche Kind leibhaftig in der Krippe gesehen haben will und wie dieses Kind seine Hände nach dem heiligen Franziskus ausgestreckt, er es aufgenommen und an sich gedrückt hat.

Das Anhören der Weihnachtsgeschichte ist schön, aber das Anschauen ist schöner. Das gesprochene Wort geht vorüber, das Anschauen dauert so lange, bis sich die Augen satt gesehen haben. Es wäre also an der Zeit zu vermerken, daß Franz von Assisi es gewesen ist, der die Weihnachtskrippe volkstümlich gemacht hat. Als hätten Holzschneider, Maler und Bildhauer auf dieses Zeichen gewartet, wurden ihre Darstellungen wärmer und menschlicher. Der neugeborene Gottessohn sah jetzt einem neugeborenen Kind ähnlich und thronte nicht mehr mit dem Zepter in der Hand auf

dem Schoß der Mutter. Je weiter die Zeit ging, desto ärmlicher wurde auch der Stall von Bethlehem dargestellt. Er war jetzt wirklich ein Stall, hatte ein zerlöchertes Dach, die Krippe war aus Holz, und auf einmal war der warme Atem von Ochs und Esel zu spüren. Vorher hatten die beiden wie leblos dagestanden. Auch Joseph nahm nun an dem Geschehen teil, dieser gottgehorsame Mann, der auf frühen Bildern fast immer gefehlt hatte.

Solche Darstellungen verstanden die Leute nicht nur, sie fanden sich selbst darauf wieder. Sie froren mit den Eltern in der Nacht, und sie zitterten um das kleine Kind. Sie gingen mit den Hirten zur Krippe, und das Wort „Fürchtet euch nicht" war allen zum Trost gesprochen. Die Gaben der Hirten waren Geschenke, die jeder von ihnen auch gegeben hätte, und die Heiligen Drei Könige waren mit all ihrem Prunk und ihrer Prächtigkeit für die Leute immer noch nicht prächtig genug.

Das göttliche Kind wuchs dem Volk zuallererst ans Herz, und deshalb lag es nahe, daß die Leute aus der Krippe schnell eine Wiege machten. Eine Wiege gab es in jedem Haus, und so bemächtigten sich die Gläubigen, die weder lesen noch schreiben konnten und erst recht kein Latein verstanden, auf ihre Weise des Weihnachtsgeschehens.

Der Brauch des Kindelwiegens kam auf. Zu diesem Zweck wurde an den Weihnachtsgottesdiensten eine hölzerne Wiege vor dem Altar aufgestellt, in die eine Holzpuppe gebettet war. Zuerst wurden diesem hölzernen Jesuskind Wiegenlieder gesungen, danach wurde es von den Gläubigen gewiegt und schließlich umtanzt und umsprungen. Damit aber auch alles die richtige Feierlichkeit bekäme, läuteten die Glocken dazu.

Dieses Kindelwiegen ist in Nord und Süd und Ost und West verbreitet gewesen, unter Protestanten ebenso wie unter Katholiken. Martin Luther hat dazu sein Lied „Vom Himmel hoch, da komm

ich her“ beigesteuert. Er gab ihm die Überschrift: „Ein Kinderlied auf die Weihnacht, vom Kindelein Jesu.“ In einem Vers dieses Liedes heißt es:

Davon ich allzeit fröhlich sei,
zu springen, singen immer frei,
das rechte Susaninne schon,
mit Herzenslust den süßen Ton.

Alle Kirchenlieder, in denen das eia, eia vorkommt oder susaninne, in denen der neugeborene Gottessohn das „liebe Jesulein“ genannt wird, sind Wiegenlieder aus jener Zeit, in der das Kindelwiegen im Schwange war. Im Laufe der Jahre geriet dieser Brauch zum Volksfest, artete in Maskenrummel aus und wurde schließlich verboten. Das Verbot erging einmütig in den Kirchen. Aber mancher Pfarrer hatte sich vor seiner Obrigkeit zu verantworten, weil er es den Frommen weiterhin gestattete.

Wie nicht anders zu erwarten, suchten diese Frommen einen Ausweg. Sie wandten sich Krippen zu, um die herum das ganze Geschehen von Bethlehem aufgebaut wurde mit Figuren, die lächelnde oder erstaunte Gesichter hatten, denen Freude, Angst und Frömmigkeit anzusehen war. Solche Krippen wurden nun in den Kirchen aufgebaut. Vor ihnen konnte man im Kerzenschein hinknien, beten und schauen. Als aber auch diese Krippen auf obrigkeitlichen Erlaß aus den Kirchen verbannt wurden, waren die Frommen nicht bereit, nachzugeben, wie seinerzeit beim Kindelwiegen. Aber Widerstand zu leisten hat für das Volk zu allen Zeiten nur schlimme Folgen gehabt, also mußte ein anderer Weg gefunden werden. Und die Frommen fanden ihn.

Die Krippen daheim aufzubauen, in der Wohnstube, im Hausflur oder im Herrgottswinkel, dagegen konnte keine Obrigkeit etwas einwenden, und so ist es zu den weitausladenden Landschaften und den hochaufragenden Krippenbergen gekommen,

die das Leben ringsum einbeziehen, als wäre Bethlehem der Nachbarort, zu dem der Weg an der Kirche vorbeiführt, wenn man über die Brücke gegangen ist. Hochberühmt sind die Krippenberge des Erzgebirges, wo sich die Stadt Jerusalem auf einem Berg erhebt, in dessen Tiefe die Bergknappen auf das Gestein hämmern, kleine Wägelchen hin- und herfahren und der Förderkorb auf- und niedergleitet.

Das Krippenschauen und Krippensingen ist ein Brauchtum, das im deutschsprachigen Süden bis heute zu Hause ist. Damit meine ich nicht die Krippen, die in den Kirchen aufgebaut sind und zu denen ein Schild schon an der Straße hinweist: Weihnachtskrippe. Nein, ich meine die liebevoll aufgebauten Krippenlandschaften in Häusern oder Bauernhöfen, die sich auch jeder Fremde ansehen kann. Von einem Fremden wird freilich nicht verlangt, daß er Krippenlieder anstimmt, wenn er davorsteht, wie es unter den Hausleuten üblich ist und von den Leuten der Nachbarschaft erwartet wird, die am Abend mitten durch den Schnee mit Kind und Kindeskind kommen, um die Krippe zu betrachten. „Vater, laß mi a mitgeh'n", bettelt der Jüngste der Familie, der Dreikäsehoch, der sich an Vaters Hose festhalten muß, damit er auf dem vereisten Weg nicht zurückbleibt. Er ist es, der nachher den Krippenliedern am aufmerksamsten zuhört, damit er sie lernt und mitsingen kann. Und dieser Jüngste an Vaters Hose ist im nächsten Jahr schon in der aufgebauten Krippenlandschaft zu finden, aus Holz geschnitzt oder aus Ton gebrannt, aus Gips oder aus Wachs, je nachdem, womit der Krippenvater am liebsten arbeitet.

Welche Freude mit diesem Krippenschauen in früherer Zeit verbunden war, ist in dem Bericht eines Pfarrers aus Oberösterreich festgehalten, der im Jahre 1850 aufgeschrieben worden ist.

„Ein kleines Haus barg den Schatz; wir traten

durch die Haustür an die Schwelle des Heiligtums, erlegten unsere Kreuzer und befanden uns im Krippel. Der Tür gegenüber, die Wand nach ganzer Breite und Höhe einnehmend, erhob sich ein zierlicher, entzückender Bau. Derselbe war in drei Terrassen oder große Stufen geschieden, auf jeder prangten andere charakteristische Dinge ... Die unterste Stufe, deren Ebene so hoch lag, daß unsere Köpflein eben ihre Herrlichkeit beschauen konnten (gegen die alles betastenden Kinderhände schützte sie ein solides Holzgitterchen), enthielt die Darstellung der Geburt Christi in vielen schön geschnitzten oder auch zierlich gekleideten Figuren. Zahllose Lämmer lagen und standen schauend und grasend auf der Wiese aus grüner, feingeschnittener Wolle. Ein frischer Spiegelbach wand sich durch die Flur, trieb Mühlen, schlüpfte unter Stegen und Brücklein durch und verdankte sein gläsernes Wasser einem kecken Wasserfall, der aus gleichem Stoff über flimmernde Felsen aus Baumrinde sprang. Gefährliche, fast unmögliche Pfade und Steige führten von der Mittelterrasse auf die Ebene herab, auf ihnen eilten Hirten und Hirtinnen herbei mit mancherlei Gaben. In der Mitte der Hinterwand dieser Terrasse stand in tiefer, schimmernder Felsenhöhle das Kripplein mit dem Jesukind, daneben Maria und Joseph, davor knieten schon die ersten Hirten; im Hintergrund wohnte der für uns höchst interessante Esel und Ochs. Am Giebelfeld der Höhle schwebte der ‚Glori-Engel' in silbernen Wolken mit Spruchband: Gloria in excelsis Deo."

Wenn von Krippen und Krippenbrauchtum die Rede ist, dürfen die Krippenspiele nicht vergessen werden. Krippenspiele sind in jener Zeit aufgekommen, in der die Figurenkrippen aufgestellt wurden und in der auch das Kindelwiegen stattgefunden hat. Im Anfang waren sie nichts anderes als ein Wechselgesang zwischen den Priestern und einigen Hirten, die vor den Altar kamen, nachdem ein

Knabe, als Engel verkleidet, Christi Geburt verkündet hatte. Die Hirten knieten vor der Krippe nieder, und nachdem sie gebetet hatten, fragte der Priester: „Was habt ihr gesehen, ihr Hirten?“ Und die Hirten antworteten: „Wir haben den Neugeborenen gesehen.“

So hat es angefangen im Mittelalter. Es ist fortgesetzt und erweitert worden. Zu den Gestalten der Hirten kamen die Gestalten von Maria und Joseph, die Gestalt des hartherzigen Wirtes, die Heiligen Drei Könige; der schreckliche König Herodes, das staunende Volk kam dazu und die Engelschar. Und wie sich die Krippen in den Familien vererbten, so blieben die Krippenspiele an bestimmte Orte gebunden. Es gibt „Das Weithofener Krippenspiel“, „Das Adventspiel aus Bruck an der Leitha“ oder „Das Sankt Pöltener Krippenspiel“. Zum Spiel kamen bestimmte Vorschriften, was die Aufführung, die Spieler und ihre Kleidung betraf. Besonders strengen Regeln mußte sich derjenige unterwerfen, der die Spiele einübte und leitete. Viele wurden an bestimmten Tagen während der Weihnachtszeit im eigenen Dorf und in der Umgebung aufgeführt.

Eines der schönsten Krippenspiele ist das „Oberuferer Christgeburtsspiel“. Das Paradeisspiel geht ihm voraus, das Dreikönigsspiel folgt ihm. Selbst wenn es heute am Ort seiner Entstehung nicht mehr aufgeführt wird, so ist die Ernsthaftigkeit und Spielfreude bei denen zu spüren, die es übernommen haben und sich an die Überlieferung halten.

In den Jahren 1858 bis 1862 hat Karl Julius Schröer diese Oberuferer Weihnachtsspiele aufgezeichnet. In seiner Einleitung schreibt er:

„In der Nähe von Preßburg, eine halbe Stunde Weg zu fahren, liegt auf einer Vorinsel zur Insel Schütt das Dörfchen Oberufer, dessen Grundherrschaft die Familie Palfi ist. Die katholische sowie die protestantische Gemeinde daselbst gehören als

Filialen zu Preßburg und haben ihren Gottesdienst in der Stadt . . . In Oberufer ist nun der Besitzer der Spiele seit 1827 ein Bauer: Er hatte schon als Knabe den Engel Gabriel gespielt, dann von seinem Vater, der damals ‚Lehrmeister' der Spiele war, die Kunst geerbt. Von ihm hatte er die Schriften, die auf Kosten der Spieler angeschafften und instandgehaltenen Kleidungen und anderen Apparat geerbt, und so ging auch auf ihn die Lehrmeisterwürde über . . . Er bestimmte auch, wenn die Zeit zum Einüben gekommen war, zum Abschreiben, Lernen und Singen . . . In dem Dorf wird keine Musik gelitten. Wenn die Spieler über Land gehen, um in einem benachbarten Ort zu spielen, und es ist Musik da, so ziehen sie weiter . . . Die Spiele dauern vom ersten Advent bis Heiligen Dreikönig. Alle Sonntag und Feiertag wird gespielt; jeden Mittwoch ist eine Aufführung zur Übung."

Zu diesen strengen Regeln gehörte es auch, daß die Burschen während der „Lehrzeit" einen Lebenswandel führen mußten, der dem Ernst der Sache angemessen war. Außerdem mußten sie sich in alles fügen, was ihr Lehrmeister anordnete.

Das Christgeburtspiel beginnt mit dem Auftritt der Companei. Das sind die Spieler, die in der Folge auftreten werden, wie: der Sternsinger, der Engel Gabriel, Maria und Joseph, der Wirt und die Hirten. Sie alle halten ihren Einzug und stellen sich vor mit dem Gesang:

Unsern eingang segne Gott,
Unsern ausgang gleichermaßen,
Segne unser täglich brot,
Segne unser tun und lassen.
Segne uns mit sel'gem sterben
Und mach' uns zu himmelserben.

Danach spricht der Sternsinger seinen Prolog:

Ir liabn meini singa samlet eng zsam
Gleiwia die kråpfen in der pfann.

Ir liabn meini singa trets zsam in a scheibn,
Ma wölln uns de wail mit singa vertreibn.
Ir liabn meini singa fangts tapfer ån.
Zu grüaß'n wölln ma's heben ån.
Grüaß'n ma God Voda im hechsten thron
Und grüaß'n ma a sein einiga Son;
Grüaß'n ma a dazua den haligen
Geist mit nama
Und grüaß'n ma's ålli drei zsamma.
Grüaß'n ma Joseph und Maria rein,
Und grüaß'n ma das kloane kindalein.
Grüaß'n ma a ochs und esulein,
Wölche stehn bei dem krippalein.
Grüaß'n ma sie durch sunn und monden-
schein,
Der leucht't übers meer und über den
Rhein.

Nach dem Sternsinger tritt der Engel Gabriel auf:

I tritt herein an ållen spot,
An schen guaten åbend geb eng God,
An schen guaten åbend, a glücksölige zeit,
Die uns der Herr vom himel geit.
Ersame, wolweise, großginstige herrn,
Wia a tugendsame fraun und jungfraun in
ållen ern,
Bitt, wellt's eng nit verdriaßn lan,
A kloane wail uns z'heren an.
Was ma eng iatzt wird bringa vur,
Is nit von uns erdichtet nur,
Is a von heiden nit erdåcht,
Sondern aus der haligen schrift vollbråcht:
Nemli von der geburt unsers Herrn Jesus
Christ,
Die uns zum trost gschechen ist.
Drum wann ir's wollt hern in guater rua,
Schweigt stüll und hert uns fleißi zua.

Jetzt erlebt die ganze Companei die Verkündigung an Maria.

Die Zeit bis zur Geburt in Bethlehem wird wiederum von der Companei singend überbrückt. Danach beginnt die Herbergssuche.

Joseph klopft dreimal mit seinem Stab auf und spricht den Wirt Rufinus an:

Grüaß God, Rufin, mei guata freind,
Kennt ihr uns nit beherbergn heint?
Ma sån ser matt von långer ras,
Wia a an jeder wåndersman wol waß.
Die luft uns heftig håt zuagsetzt,
Mit schärfen die gsichter abgwetzt.

WIRT RUFINUS: Mei freind, wo anders eng hiwendt,
B'setzt ist scho mei logament,
B'setzt åll zimmer und gemåch,
Sollichs glabt, wiar-i eng in woarheit såg.
I åls a wirt von meiner gstålt,
Håb in mein haus und logament gwålt.

JOSEPH: Nu ka mensch waiter mir is bekannt,
Der uns mecht reichen a hülfliche hand,
Do well'n ma nit an hilf verzågn
Und unser glück no waiter wågn.
Den nåchbarn grüaß'n üblicher måßen,
Ob er etwan uns mecht in sei haus einlåssen

Joseph klopft dreimal mit seinem Stab auf den Boden. Ein anderer Wirt, Servilus, kommt.

JOSEPH: Mei freind, håbt ihr kan raum im haus,
Daß ma a weng ruhen aus?

GROBER WIRT: Was hob i mit eng und engerm weib
zschåffa?
Wer waß, wo ihr seid hergeloffa?
I kan von andern laitn mehr han,
Als von dir, du loser bettelman!
Påckt's eng ohn verzug von meiner tür,
Machts waiter mir ka unruah hier.

Ab.

MARIA: Erbarmen wöll sich der hechste God,
Daß ma åbziehn müeßn mit solchem spot,
Vor költen und angst müeßn sterbn,
Kå herberg könne ma erwerbn.

Der dritte Wirt, Titus, kommt mit einer Laterne.

WIRT TITUS: Mei frau, was erhebt ihr für a klågn,
Wellt ihr allhier gänzli verzågn?
Ir seht zur zeit do selber wol,
Daß mai haus mit fremdlinga is vol.
Wellt ihr aber nema an stall für guat,
So wüll i eng schåffen guaten muat.

MARIA: Mei liaber wirt, es gült uns ålles gleich,
Wie ma liegn über nacht, hoart oder weich,
Daß nur uns dås åntlitz bestreich ka schnee,
Uns kan wind tetlichermåßen durchweh.

WIRT TITUS: So tretet ein in ållen fåll,
Bis leer mei haus wird, in den ståll.

Der Wirt führt Maria und Joseph vor die Krippe, Maria setzt sich auf einen Schemel.

JOSEPH *singt:* O Jungfrau rein,
Hier ist a kloanes krippalein,
Darin ma müeßn schlåfa
Mit God, der uns erschåffa.
O Jungfrau rein.

MARIA *singt:* Ach Joseph mein,
Ir müeßt allein der tröster sein,
Mei zeit ist herzu kumma,
Mit schmerzen werd i bekumma
Das kindalein, das Jesulein.

Als ihnen schließlich nichts weiter als der Stall zugewiesen wird, singt Maria:

Ach, Joseph mein!
Wie mag die wölt so untreu sein,
Mit schand uns auszuschliaßn,
Daß ma im ståll bleibn müaßn!

O Joseph mein, o Joseph mein!
O Joseph bring a büscherl heu,
Daß i dem kind a bettlein streu.

Die nächste Szene gehört den Hirten auf dem Feld. Sie sind noch ganz unter sich, sie beklagen sich über die Kälte, sie machen sich über die Herde Gedanken und über den Landpfleger des Kaisers, Cyrinius genannt, der eine Schätzung angeordnet hat, die nichts anderes bedeutet als hohe Steuern.
Nachdem sie alles durchgesprochen haben, sagt Gallus:

Nu hert, ir liabn brüader mein,
Wail ma nu ålli beisamma sein,
Itzt welln ma uns so kloas bißl niederlega
Und a kloane wail schlåfa daneba.

Kurz darauf erscheint der Engel und singt:

Gloria, gloria in excelsis! –
A große freud verkünd i euch
Und ållen völkern auf erdenreich.
O Christ, wach auf, steh auf und lauf
Zum kindalein, zum krippalein, zum Jesulein,
Lauf, lauf, lauf, lauf!
Laufet ir hirten, lauft ålle zugleich,
Nehmet schalmeien und pfeifen mit euch,
Laufet nach Bethlahem in den ståll,
Grüaßet das kindalein allezumål,
Allezumål, allezumål!
O ir hirten, o ir hirten,
Låßt dies eng nit verzågn,
A neue mär wüll i eng sågn.

Darauf erwachen die Hirten, und Gallus ruft:

Stichl, was is dös für a singa und jubiliera?
An gespenst wüll uns vexier'n,
unsern Schlof tuat es durchwirra.

Stichl spricht im Traum:

STICHL: I, wunder groß und wunder überaus,
I schau nur a weng für den huat 'naus,
Allbehend siach i a großes und a helles licht,
Was scheinet dort für a gsicht?

Witok spricht im Traum:

WITOK: A stimm i her so hell und kloar,
Schein ma, es wär an englische schoar.

Der Engel singt:

ENGEL: Vom himel hoch, da kum i her,
I bring eng guate neue mär,
Der guaten mär bring i so vül,
Davon i sing'n und sagen wüll.

Gallus steht auf und spricht zu Witok:

GALLUS: Gib obacht, 's håt glotteist.

WITOK: Ei dumper! spiegelkartenhal is,
's regnt, daß olls totschelt!
Mei bart is stoarr vor eis.

GALLUS: Stichl, steh auf, der himel kracht scho!

STICHL: Ei, laß 'n kracha, er is scho ålt gnua dazua.

GALLUS: Stichl, steh auf, die waldvegala piewa scho!

STICHL: Ei, laß s' nur piewn,
Ham kloane kepf, ham båld ausgschlofa.

GALLUS: Stichl, steh auf, dö fuhrleut kleschn scho auf der stroßn.

STICHL: Ei, läß s' nur kleschn, håbn noch goar wait z'foarn.

Dann fragen sie einander, was sie geträumt haben, und Gallus singt:

In anen ståll ging i hinein,
Darin a ochs und esulein
An einem kripplein fraßen:
O edler hort, o jungfrau zart,

Die klärli bei ihm saßen.
Iazt bin i glei vom schlåf erwacht,
Wollt God, der tram käm mir oll nåcht,
Wollt gern bis siebene schlåfn. –

Witok *singt:*
In weihnachttagen in der still,
A tiefer schlåf mi überfiel,
Mit freid ward ganz begossn;
Mei söl empfing vül süeßigkeit,
Vül honig und vül rosn.

Sie drehen sich wieder einander zu.

Gallus:
Ha, mei Stichl, wås hot denn dir trambt,
Daß di neben meiner so umakuglt und umagwolzt håst?
Wås hot denn dir trambt?

Stichl *singt:*
Mir trambt, als wenn a engel käm
Und führet uns gen Bethlahem
Ins jüdisch land so ferre:
A wunderding alldå geschehn,
Erfuhren neue märe.

Danach singen die Hirten gemeinsam und ziehen im Kreis hintereinander her:

Lustige hirten, freudige knåbn,
Die guate lust zum singen håbn:
Heja wol auf, und laßt uns singn
Guater dingn, lustig springn.
David, an tåpferer hirtenjung,
David erfreut uns herz und zung. –

Schließlich machen sie sich auf den Weg nach Bethlehem, um dem Kind ihre Gaben zu bringen. Gallus kniet nieder und singt dazu:

Sei gegrüaßt, du kindalein zoart!
Wia liagst du da so ölend und hoart.
A bett vo stroh, vo kana federn zoart,
Sondern vo spissign hei so hoart.
Dei geburtstag nit zur summerzeit,

Sondern zua des winters bitterkeit.
Für dei lieling und rosen weiß
Erwölst du großen frost und eis.
Dei wångalein weiß, dei nåsalein zoart,
Wia san sie dir so goar erstoarrt,
Und deine liabn gülden äugelein,
Die mit bittern tränen begossa sein.
Da bring i dir, o Jesulein, a weng woll,
Daß di dei muater fei dreilega soll.
Gib i dir a weng möl noch,
Daß dir dei muater mächt a koch,
Und wånn i öfter mecht zu dir kemma,
Wollt etwas meres mit mir nema.

Zuerst bedankt sich Joseph, danach Maria.

MARIA *singt:*
Es hirten, i sag eng fleißi dank
Vor enger werts opfer und gschank.
God laß enger narung wol gedeihn,
Und enger herd und schåf benedein.

Darauf erwidern die Hirten singend:

Laßt uns das kindalein wiagn
Und uns zum krippalein biagn.
Das Jesulein gebenedeien,
Das kindalein muß ja heien.
O Jesulein süeß, o Jesulein süeß!

Schließlich tritt die Companei wieder auf und verabschiedet sich mit einem Umgang. Zum Schluß spricht der Engel:

Ersame, wolweise, großginstige herrn,
Wia a tugendsame fraun und jungfraun
in ålln ern,
Bitt, wellts uns nit vor übel han,
Wail ir unser gspül hobt ghöret an,
Wellts uns zum oargen nit auslegn,
Sondern unserm unverstand die ursach gebn,
Wann ma etwas geföolet hier
Und nit gehalten die rechte zier;

Sondern a jedweder das beste betracht,
So wünschn ma von God, dem allmächtigen,
A recht guate nåcht.

Das ist in kurzen Auszügen das „Oberuferer Christgeburtsspiel“. Wer es einmal gesehen hat, wenn es mit großer Hingabe gespielt worden ist, wird alle Krippen mit anderen Augen ansehen, denn er hat die Figuren aus Holz, Ton oder Gips leibhaftig vor sich gehabt. Er hat eine Ahnung davon bekommen, wie es damals in Bethlehem gewesen sein kann.

Lübecker Marzipan

diese Woche im Angebot! Die Stimme aus dem Lautsprecher ist im letzten Winkel des Supermarktes zu verstehen. „Zweihundert Gramm für nur eine Mark achtundneunzig. Kein bunter Teller ohne Lübecker Marzipan!“

Danach werden Zwiebeln angesagt, Landleberwurst und Weizenkorn, und während ich meinen Drahtwagen an Windelpaketen vorbeischiebe, an Waschpulver und Katzenstreu, denke ich: du lieber Himmel, in welche Gesellschaft ist das vornehme Marzipan geraten. Mögen Zwiebeln gesünder, Leberwurst bekömmlicher, Weizenkorn bodenständiger sein, an Marzipan reichen sie alle nicht heran.

Allein die Unsicherheit, das Geschlecht betreffend: heißt es der Marzipan oder das Marzipan? Bei Zwiebeln, Leberwurst und Korn weiß das jeder.

Und dann das Alter, die Herkunft, und schon allein das Wort. Das alles ist zwar miteinander verknüpft, aber es ist keinesfalls so, daß dieses Marzipan in Lübeck erfunden worden wäre, auch wenn die Hansestadt die älteste Marzipanmetropole nördlich der Alpen ist. Das hängt mit Handel und Hafen zusammen und den Schiffen, die Mandeln und Zucker brachten. Beide Zutaten sind die wichtigsten Bestandteile des Marzipans. Gerieben, gewalzt und geknetet, werden Mandeln und Zucker zu einer festen Masse vermengt, der Rosenwasser hinzugesetzt wird, wegen des feinen Aromas. Alle drei Zutaten weisen die orientalische Herkunft des Marzipans aus, denn weder Mandelbäume noch Zuckerrohr sind jemals nördlich der Alpen gediehen. Auch würde unsere Rosenblüte nicht ausreichen, um Rosenöl daraus zu pressen, die Grundlage des Rosenwassers. Hundert Zentner Blüten der Damascenerrose werden gebraucht für ein einziges Kilo Rosenöl. Hinzu kommt, daß die Orientalen bis auf den heutigen Tag schweres, außerordentlich süßes, um nicht zu sagen duftendes Konfekt lieben. Gestützt auf ein aufgefundenes Rezept, ist in Persien die Heimat des Marzipans zu suchen.

In den Schriften eines Geheimbundes, der sich „Die treuen Brüder" nannte, sind die Zutaten für Marzipan aufgezeichnet: Mandeln, Zucker und Rosenöl. Diese Aufzeichnungen stammen aus dem 10. Jahrhundert. Das Rezept, von dem die Rede ist, muß aber keineswegs das allerälteste sein. Nachforschungen haben ergeben, daß die Menschen vor Jahrtausenden schon Marzipan gegessen haben. Damals wurde der Zucker durch Honig ersetzt.

Auch griechische Köche verstanden sich bereits um das Jahr 450 vor Christus darauf, Torten aus Marzipan zu backen. Das war zu Zeiten des athenischen Staatsmannes Perikles, der außer guten Köchen auch große Künstler nach Athen holte, die in der Baukunst ihr Bestes gaben. Die Köche lieferten ihm die Marzipantorten, die Architekten bauten für ihn und den Göttern zu Ehren in Athen die Akropolis.

Später, bei den Römern, wurde Marzipan den Göttern geopfert, im Monat Martius = März zu kleinen Panis = Broten geformt.

Zur Zeit der göttlichen Geburt in Bethlehem soll Honigmarzipan auf dem Markt in Venedig feilgeboten worden sein. Von dort ist es unter den Wagenplanen der Kaufleute mit nach Norden gelangt, wie es heißt. Anderen Chroniken zufolge haben es die Kreuzfahrer auf ihrem Heimweg aus Jerusalem mit nach Europa gebracht.

So verschieden die Wege des Marzipans gewesen sind, so verschieden wird sein Name gedeutet. Folgt man den Venezianern, die sich die Erfindung der Leckerei ohnehin unter den Nagel reißen wollen, dann heißt Marzipan nichts anderes als Markusbrote = Marci Panis. Eine andere Deutung leitet Marzipan von dem arabischen Wort Mautabān ab. Es gehört viel Phantasie dazu, um dieser Deutung zu folgen, denn Mautabān heißt „sitzender König“. Selbst wenn man erfährt, daß die Araber eine byzantinische Münze so benannten, auf der ein thronender Christus zu sehen war, ist immer noch keine Verbindung zu unserem Marzipan zu erkennen. Deshalb ist man schließlich auf ein Hohlmaß gekommen, und von diesem wieder auf das Wort Schachtel. Schachtel bot sich schon deshalb an, weil besonders feines Marzipan in runden Schachteln verkauft wurde, die mit Papierspitzen ausgelegt waren; was es übrigens heute noch gibt.

Uneinigkeit besteht auch darüber, wie und wann das Marzipan nach Lübeck gekommen ist. Die einen sagen auf dem Landweg, die anderen sagen auf dem Seeweg. Die einen sagen, daß es bereits im 15. Jahrhundert in Lübeck Marzipan gegeben hat, die anderen schwören darauf, daß sowohl in Lübeck wie im ostpreußischen Königsberg – einer ebenfalls

alten Marzipanstadt – erst zu Beginn des 19. Jahrhunderts Marzipan hergestellt worden ist.

Die Lübecker hätten es gar zu gerne erfunden, und sie haben auch gleich eine Geschichte zur Hand, mit einer Jahreszahl natürlich, wie es sich gehört. Im Jahre 1407 soll, nach der Überlieferung, eine große Mißernte gewesen sein, und da ein Unglück selten allein kommt, mußten die Lübecker auch noch eine Belagerung über sich ergehen lassen. Es dauerte nicht lange, und der Hunger ließ die braven Bürger nicht mehr in den Schlaf kommen, und es wurde Zeit für die Stadtväter, auf Abhilfe zu sinnen. Bei einem Kontrollgang durch die Speicher der Stadt fand sich zwar kein Körnlein Getreide mehr, dafür aber lagerten beträchtliche Mengen an Mandeln und Zucker darin. Mandeln und Zucker – Mandeln und Zucker! Irgend etwas mußte doch gegen den Hunger daraus zu machen sein. Den Männern, denen Recht und Gerechtigkeit anvertraut waren, wollte nichts einfallen. Deshalb erließen sie einen Aufruf, der sich besonders an alle Bäkker der Stadt richtete. Hochgeehrt und steuerfrei sollte derjenige werden, der es fertigbrächte, aus Mandeln und Zucker ein Brot herzustellen.

Wie lange es dauerte, bis dieses Brot erfunden war, weiß niemand mehr. Am Markustag aber, am 25. April des Jahres 1407, war es soweit: das Brot war fertig. Um es genau zu sagen, der Bäcker hatte nur kleine Brötchen gebacken, ganz kleine, aber satt machten sie, und dem heiligen Markus zu Ehren wurden sie in der Amtssprache der damaligen Zeit Marzipanes genannt. Weil sie aber gar so köstlich schmeckten, wollte niemand mehr darauf verzichten, als Hungersnot und Belagerung längst vorüber waren. Das nimmt man wenigstens an.

Zur Herstellung des Marzipans in Mengen kam es trotzdem nicht. Dazu bedurfte es erst eines Bäckergesellen aus Ulm, der sich einmal den Ostwind in die Haare fahren lassen wollte und deshalb auf

seiner Wanderschaft bis Lübeck kam. Er blieb in der Hansestadt hängen und fing an, die Herstellung von Marzipan im großen zu betreiben. Er ist zum Begründer einer weltweit bekannten Marzipanfirma geworden.

Weil es in den letzten Jahren wieder in Mode gekommen ist, in der Weihnachtszeit nach alten Rezepten zu backen, zu kneten und auszurollen, soll das Rezept für ein gutes Marzipan nicht fehlen.

Zu 500 Gramm süßen, abgezogenen Mandeln braucht man 500 Gramm Puderzucker und 3 Eßlöffel Rosenwasser, eine einzige abgezogene bittere Mandel kann nicht schaden.

Um Lübecker Marzipan handelt es sich in diesem Fall allerdings nicht, denn dem Lübecker Marzipan fehlt von alters her das Rosenwasser.

Die Mandeln müssen jetzt zweimal durch die Mandelmühle gedreht werden, und falls sie nicht klein genug gemahlen sind, sollte die Masse hinterher auf einem Brett noch tüchtig gerieben werden. Danach kommt Zucker und Rosenwasser hinzu, und dieser Teig wird unter ständigem Rühren auf sehr kleiner Flamme so lange erwärmt, bis er sich vom Topf löst. Danach wird er in ein feuchtes Tuch eingeschlagen und muß nun drei Tage kühl ruhen. Danach kann alles daraus geformt werden, was man gerne auf dem bunten Teller liegen hätte.

Da auch von Königsberg die Rede gewesen ist, soll gesagt sein, daß es die Eigenart des Königsberger Marzipans war, leicht überbacken zu werden. Dazu muß man den Teig etwa einen halben Zentimeter dick ausrollen, mit einer Form ausstechen, auf ein Backblech setzen, mit Eigelb bestreichen und im 220 Grad aufgeheizten Ofen goldbraun überbacken. Besonders hübsch ist es, wenn überbackenes Marzipan vorher in einem Model geprägt worden ist. Diesem liebevoll hergestellten Konfekt steht es zu, in einer Schachtel mit Papierspitze verpackt zu werden.

Einfacher herzustellen sind Marzipankartoffeln, zum Glück, denn sie werden ungezählt vom bunten Teller genascht. Für Marzipankartoffeln werden aus dem Teig daumendicke Rollen geformt und in kleine Stücke geschnitten. Diese kleinen Stücke müssen einzeln zwischen den Handflächen gedreht werden, danach kommt Kakaopulver in eine Schüssel, die runden Marzipankugeln werden hineingelegt und so lange gedreht und geschüttelt, bis sie von allen Seiten schön braun bestäubt sind. Sodann werden sie vorsichtig herausgenommen und mit dem Messerrücken eingekerbt, damit sie geplatzten Pellkartoffeln ähnlich sehen.

Mit Schokolade überzogene Marzipanbrote sollte man dagegen lieber kaufen, weil sie wirklich auf keinem bunten Teller fehlen dürfen.

Dieser bunte Teller! Es ist erstaunlich, wie hartnäckig er die Zeiten überdauert. Keine Warnung vor verdorbenem Magen, vor dem dick und dicker werden hat ihn vom Gabentisch vertreiben können. In der Nürnberger Gegend wird er Pack genannt, was sicher mit bepackt zusammenhängt, und je bepackter der bunte Teller ist, desto besser. Mit Papptellern ist dabei nicht viel auszurichten. Besser ist es, einen Porzellanteller dafür zu nehmen oder eine flache Schüssel. Es gibt auch eigens dafür hergestellte Weihnachtsteller aus Keramik, zumeist in Grün oder Braun, mit einem Christkind in der Mitte oder einem Weihnachtsbaum.

Diese Teller haben die richtige ausladende Form, um die blankpolierten Äpfel aufzunehmen, die als Grundlage auf den Teller kommen. Sie werden zumeist von Walnüssen, Haselnüssen, Krachmandeln und Paranüssen eingerahmt. Schließlich kommen die Köstlichkeiten aus den Blechbüchsen dazu, die in der Vorweihnachtszeit gebacken worden sind und ihr volles Aroma entwickelt haben, die großen und kleinen Pfefferkuchen, die Zimtsterne, die Springerle, die Vanillekipferl und Dominosteine,

Marzipan
für Anja

und dazwischen die Marzipankartoffeln und Schokoladenringe. Obendrauf dann das Allerfeinste: gefülltes Schokoladenkonfekt, kandierte Früchte, Meraner Nüsse, Nougat, Trüffelkonfekt; Feigen und Datteln nicht zu vergessen und die Marzipanbrote, die immer noch irgendwo dazwischengesteckt werden können, zur Hälfte wenigstens, damit sie auch leicht zu erkennen und herauszufischen sind.

Wichtig ist, daß jeder seinen eigenen bunten Teller hat, denn die Naschgewohnheiten sind nicht nur bei Kindern verschieden. Damit es keine Verwechslungen gibt, ist es gut, die bunten Teller namentlich zu kennzeichnen. Vielleicht mit einem Pfefferkuchenherz, mit dem aus Zuckerguß aufgespritzten Namen des Besitzers, Papi zum Beispiel, Omi oder Schnüpperle. Man kann sich auch mit einem selbstgebackenen Anfangsbuchstaben aus Pfefferkuchenteig behelfen.

Woher der bunte Teller stammt und wann er zum erstenmal aufgetischt worden ist, kann niemand mehr sagen. Fest steht aber, daß er lange Zeit die einzige Gabe für die Kinder war, als das weihnachtliche Schenken aufkam. Dabei darf nicht vergessen werden, daß die Familie früherer Jahrhunderte eine zahlreiche Kinderschar hatte, und deshalb läßt sich die Bescheidenheit der damaligen bunten Teller kaum vorstellen. Und so wird es seinerzeit nicht vorgekommen sein, daß auch nur ein einziger Pfefferkuchen weich geworden ist, das letzte Plätzchen zerkrümelt auf dem Teller liegenblieb und am letzten Zuckerkringel schon Tannennadeln klebten.

Mit einem alten Marzipanbrot, das vom Hin- und Herschieben auch schon unansehnlich geworden ist, läßt sich aber immer noch etwas anfangen. Man kann es, in dünne Scheiben geschnitten, sehr gut zusammen mit Apfelscheiben essen. Dann merkt man ihm nicht an, daß es schon reichlich trocken und fade ist, besonders dann nicht, wenn die Apfelscheiben von einem rotbackigen Boskop stammen.

Markt und Straßen

stehn verlassen, schrieb Joseph von Eichendorff in seinem Weihnachtsgedicht, das bis heute zu den schönsten gehört. Er hat nichts anderes gemeint als die plötzliche auffallende Stille nach dem vorangegangenen Einkaufstrubel am letzten Tag vor dem Heiligen Abend. Tage- und wochenlang hatten die Händler den Markt beherrscht, nachdem sie ihre Stände aufgestellt, ihre Buden rings um den steinernen Marktbrunnen aufgebaut hatten, der, vor Winterwind und Schnee geschützt, unter einem Holzgerüst dahinschlummerte. Eichendorff wußte, wovon er schrieb. In seiner oberschlesischen Heimat gab es in den Adventswochen keine Stadt, in der nicht ein Weihnachtsmarkt um das Rathaus herum stattgefunden hätte.

Über diese Weihnachtsmärkte, auch Christ-

kindlmärkte genannt, wird seit dem Mittelalter in Stadtchroniken berichtet. Wo hätten die Leute auch sonst ihre Weihnachtsgeschenke einkaufen sollen, seit es Mode geworden war, sich am Heiligen Abend gegenseitig einzubescheren. Jahrmärkte wurden auch in den zwölf Monaten regelmäßig in den Städten abgehalten, und immer war es aufregend, die Budenstraßen entlangzugehen, die Angebote zu prüfen und sich von der großen Auswahl verlocken zu lassen.

Ich besitze einen Kalender „auf das Jahr 1887“, in dem alle Märkte, die landauf und landab abgehalten wurden, verzeichnet sind. Ein solches Kalenderbuch war damals die einzige Lektüre, für die sich die Leute im Dorf und in den kleinen Städten Zeit nahmen und für die sie bereit waren, Geld auszugeben. Selbst wenn es sich um Pferde-, Vieh- oder Taubenmärkte handelte, es waren immer noch genug Stände aufgebaut, die dafür sorgten, daß die Abwechslung nicht zu kurz kam und für die Daheimgebliebenen ein Tuch, ein Topf oder eine Schürze einzukaufen war.

Der wichtigste und am meisten ersehnte Markt war aber stets der Weihnachtsmarkt. Keiner war duftender, farbiger und zauberhafter, nicht zuletzt deshalb, weil die bunten Glaskugeln des Christbaumschmuckes und der Christbaumspitzen, die roten Blechtrompeten, silbernen Flöten, Engelshaar und Lametta nicht selten durch einen Schneeflokkenvorhang betrachtet werden konnten. Zum Duft der schokoladenüberzogenen Pfefferkuchen und der Pflastersteine, der Bratwürste, Honigkuchenherzen und gebrannten Mandeln kommt bei Weihnachtsmärkten noch der Duft nach Tannengrün und Harz, weil Christbäume ebenfalls zum Verkauf bereitstehen.

Überaus schön werden die Weihnachtsmärkte durch die früh einsetzende Dunkelheit. Damit ist verbunden, daß unter den Budendächern die Lampen angezündet werden müssen, deren Licht die angebotenen Waren in märchenhaftes Hell und Dunkel rückt. Die Dezembertemperaturen lassen den Atem wie eine Rauchfahne vor dem Mund herwehen, Bratwurstroste und Glühweinkessel werden in dampfende Wolken gehüllt. Nicht vergessen sollen auch Giebel und Türme sein, die ehrwürdig und altersschön den Weihnachtsmärkten den besonderen Rahmen geben und im Abendlicht die Grenze aufheben zwischen Gestern und Heute: in Goslar, in Lemgo, in Deidesheim, in Passau, in Dinkelsbühl, in Miltenberg.

Unvergessen sollen aber auch die anderen Städte sein, von denen der Zweite Weltkrieg mehr als den Zehnten gefordert hat, die als Weihnachtsmärkte ebenfalls eine lange Tradition haben.

Berlin, die Stadt mit dem besonderen Schicksal, soll zuerst genannt werden. Zweihundert Jahre lang trafen sich die Berliner auf ihrem Weihnachtsmarkt im Lustgarten, vor dem Dom, so, wie es der blauweiße Weihnachtsteller der Berliner Porzellanmanufaktur abbildet. Sogar zwischen den Ruinen der Nachkriegszeit gab es diesen Weihnachtsmarkt noch ein paar Jahre lang an derselben Stelle. Es war ein dünnes Band zwischen hüben und drüben in dieser geteilten Stadt, aber ein weihnachtliches. Inzwischen gibt es dieses Band nicht mehr, dafür zwei Weihnachtsmärkte. Der eine wird auf dem Gelände am Funkturm aufgebaut, und es gibt alles wieder zu kaufen, wie eh und je: die Christbaumkugeln, die duftenden Kerzen aus Bienenwachs, Naschereien, zu denen Türkischer Honig, Zuckerwatte, Liebesäpfel und natürlich Pfefferkuchen gehören. Es gibt auch die hölzernen Knarren wieder und die Waldteufel und die dünnen Holzschäfchen, die auf einem grüngestrichenen kleinen Block stehen; und die dicken Wollschafe mit ihren vier Beinen, die keinen Holzblock mehr brauchen, um das Gleichgewicht zu halten, die gibt es auch wieder.

Der andere Weihnachtsmarkt findet „drüben" statt, wie wir uns zu sagen angewöhnt haben, in Ost-Berlin in der Karl-Marx-Allee. Für diesen Weihnachtsmarkt hat nicht das Christkind die Schirmherrschaft übernommen, wie über den am Funkturm, dort tritt „Väterchen Frost" an seine Stelle.

Ein anderer unvergessener Markt war der Striezelmarkt in Dresden. Er wurde schon zu einer Zeit abgehalten, als der Dresdner Stollen noch nicht der Höhepunkt aller weihnachtlichen Kuchenfeinbäckerei war und noch ganz ordinär Striezel hieß. Selbstverständlich gab es auf dem Striezelmarkt auch alles andere zu kaufen, wie auf jedem Weihnachtsmarkt. Neben den Striezeln wurden vor allem die Feuerrüpel angeboten. Feuerrüpel sind das, was man in anderen Gegenden Essenkehrer, Schornsteinfeger oder einfach den schwarzen Mann nennt. In Dresden, auf dem Weihnachtsmarkt angeboten, waren sie aus Dörrpflaumen zusammengesteckt, und es gibt kein schöneres Bild vom Verkauf dieser Feuerrüpel auf dem Striezelmarkt als das von Ludwig Richter.

Ein anderer Augenzeuge ist Wilhelm von Kügelgen. Er beschreibt den Dresdner Striezelmarkt im Jahre 1809 auf folgende Weise:

„Wo nun die eigene Kunstfertigkeit nicht ausreichte oder es an Material fehlte, kauften wir das fehlende auf dem Weihnachtsmarkt, der in Dresden nach einem eigentümlichen Backwerke der ‚Striezelmarkt' genannt wird. Acht Tage vor dem Feste pflegte sich der Dresdener Altmarkt mit einem ganzen Gewimmel höchst interessanter Buden zu bedecken, die abends erleuchtet waren und große Augenlust gewährten. Das Glitzern der mit Rauschgold, mit bunten Papierschnitzeln und goldenen Früchten dekorierten Weihnachtsbäume, die hell erleuchteten kleinen Krippen mit dem Christuskinde, die gespenstischen Knecht Ruprechte, die Schornsteinfeger aus gebackenen Pflaumen, die eigentümlich weihnachtlichen Wachsstockpyramiden in allen Größen ... das Gewühl der Käufer und höfliche Locken der Verkäufer, das alles regte festlich auf."

Vom Weihnachtsmarkt in Frankfurt am Main, der in dieser Stadt Messe genannt wurde wie alle Märkte bis auf den heutigen Tag, erzählt Johann Wolfgang von Goethe seinem Freund Kestner in einem Brief, den er am 25. Dezember 1772 geschrieben hat:

„Christtag früh. Es ist noch Nacht, lieber Kestner, ich bin aufgestanden, um bei Lichte morgens wieder zu schreiben, das mir angenehme Erinnerungen voriger Zeiten zurückruft; ich habe mir Kaffee machen lassen den Festtag zu ehren und will Euch schreiben, bis es Tag ist. Der Türmer hat sein Lied schon geblasen, ich wachte darüber auf ... Als ich über den Markt ging und die vielen Lichter und Spielsachen sah, dacht ich an Euch ..."

Diese Weihnachtsmesse in Frankfurt am Main fand auf dem Römerberg statt. In dem Bilderbuch „König Nußknacker und der arme Reinhold" ist ein Bild von diesem Weihnachtsmarkt zu finden. Das Bilderbuch stammt von einem Mann, der eines Tages über den Weihnachtsmarkt in Frankfurt ging, um Geschenke einzukaufen. Sonst hatte das seine Frau besorgt, doch die brauchte in den Tagen dieses Jahres noch ein wenig Ruhe, denn sie hatte am 11. Dezember eine Tochter geboren. Also mußte der Vater gehen. Er suchte nach einem Bilderbuch, das sich sein Sohn zu Weihnachten wünschte. Auf dem ganzen Markt aber fand der Vater nicht, was er sich vorgestellt hatte. Deshalb beschloß er, selber ein Bilderbuch für seinen Sohn zu machen, und am Heiligen Abend hatte er es fertig.

Der Mann, von dem die Rede ist, war Doktor Heinrich Hoffmann, und das Bilderbuch, das aus einer gewissen Notlage heraus entstand, ist der in der ganzen Welt bekannte „Struwwelpeter".

Weihnachtsmärkte, Weihnachtsmessen und auch Christkindlmärkte werden sie also genannt, die Verkaufstage, die sich zwischen Buden aus Holz und Leinwand auf offener Straße abspielen und die ihren Zauber aus Jahrhunderten herübergerettet haben bis in unsere Zeit, obwohl jeder jeden Tag in jedem Geschäft um die nächste Ecke alles einkaufen kann, was er zum Weihnachtsfest verschenken möchte. Zweieinhalb Millionen Menschen finden sich, Berichten zufolge, allein in Nürnberg ein. Dort heißt es nicht Weihnachtsmarkt, Messe oder Christkindlmarkt, in Nürnberg heißt es Christkindlesmarkt und in früheren Zeiten nur Kindleins Markt.

Das Christkindlein hat sich aber auch in besonderer Weise dieses Marktes angenommen. Jedes Jahr tritt es nämlich höchstpersönlich auf zur Eröffnung dieses weihnachtlichen Spektakels, bei dem sogar die Budengassen eigene Namen haben. Dockengäßle zum Beispiel, was Puppen- und Spielzeuggasse bedeutet, oder Sternlasweg. In jedem Jahr beginnt dieser Christkindlesmarkt, zu dem alle Buden zwischen Frauenkirche und Schönem Brunnen aufgebaut sind, damit, daß bei einsetzender Dämmerung die Lampen ausgeschaltet bleiben, der Platz sich mehr und mehr in Dunkelheit hüllt und die Menschen sich dichter zusammendrängen. Schlag halb sechs ist die Empore der Frauenkirche plötzlich angestrahlt: Das Christkind steht da, ganz in Weiß und Gold. Es zeigt auf die Budengassen und spricht seinen alten Prolog, der so beginnt:

Dies Städtlein in der Stadt
aus Holz und Tuch gemacht,
so flüchtig, wie es scheint,
in seiner großen Pracht,
ist doch von Ewigkeit,
mein Markt bleibt immer jung,
so lang es Nürnberg gibt
und die Erinnerung . . .

Was das Christkind auf seiner Empore sagt, geht noch eine Weile weiter, und wenn von der Ewigkeit geredet wird, habe ich immer meine Bedenken. Aber den Christkindlesmarkt in Nürnberg hat es nachweislich schon im Jahre 1565 gegeben, und er soll, zusammen mit dem Münchner Markt, einer der ältesten sein.

Obwohl bereits im 14. Jahrhundert die Handwerker in diesen Städten darauf gekommen waren, in der Vorweihnachtszeit Verkaufstische aufzustellen und ihre Waren anzubieten, die Wachszieher mit ihren Kerzen, die Dockenmacher mit ihrem Spielzeug, die Alabasterer mit ihrem Kindergeschirr, die Holzschnitzer mit ihren Krippenfiguren, fehlten natürlich auch jene Handwerker nicht, die Praktisches zu verkaufen hatten. Geflochtene Körbe wurden immer gebraucht, Backtröge und hölzerne Schüsseln ebenfalls. Auch nahmen die Töpfer einen beachtlichen Platz ein, die ihr Geschirr auf das Kopfsteinpflaster stellten oder körbeweise, in Stroh verpackt, vor sich stehen hatten. Selbstverständlich gab es auch zu allem Anfang schon eine gebratene Wurst und eine knusprige Semmel, und im süddeutschen Raum fehlten schon damals die gerösteten Kastanien nicht.

Dieses Feilbieten kann gewiß noch nicht als Weihnachtsmarkt angesehen werden. Im Jahre 1565 aber führt der Ratsherr Paulus Behaim in seinem Hauptbuch die Kosten für ein Evangeli-Büchlein auf, das seinem Sohn vom „Kindlein" beschert worden ist.

Ein Jahr später sind in demselben Hauptbuch als Ausgaben zum Weihnachtsfest verzeichnet: „Ein Gulden, fünf Schilling und sechzehn Pfennige für zwei Schlitten", mit denen seine beiden Söhne beschenkt worden waren. „Für Haarband, Messer, Docken, Spiegel und anderes."

Im Laufe der nächsten Jahre muß der Nürnberger Christkindlesmarkt immer mehr Händler angezo

gen haben, wodurch gleich wieder Sitte und Moral „in Gefahr" gerieten.

Im Jahre 1610 hatte nämlich ein Drechsler namens Jobst Friedrich Entner plötzlich großen Zulauf, was weder den scheelen Blicken der anderen Aussteller noch den Aufsichtspersonen des Stadtrates verborgen blieb. Dieser Drechsler bot „Kästchen und Büchslein" an, aus denen, wie berichtet wird, „beim Öffnen schockierende Dinge" sprangen, „schandbare, bemalte Schnitzwerke", wie es im Stadtarchiv heißt, die der Rat der Stadt Nürnberg sofort beschlagnahmen ließ. Diese schandbaren, bemalten Schnitzwerke waren „kleine nackte Weiber", nichts weiter – aber immerhin!

Vollkommen zu unterdrücken muß die Nachfrage nach solch pikanter Ware aber nicht gewesen sein. Zwanzig Jahre später findet sich nämlich schon wieder eine Notiz in der Stadtchronik:

„. . . daß unter den Kindleinskrämern allerhand unzüchtige, schandbare Sachen wohl nicht öffentlich, jedoch heimlich verkauft und den Leuten zugeschoben werden . . ."

Trotz des Dreißigjährigen Krieges, in dem der schwedische König Gustav Adolf zweimal in Nürnberg einzog, ging der Kindleinsmarkt weiter. Sollten aber nach den vorangegangenen Berichten noch Zweifel aufkommen, ob es sich wirklich schon um einen großangelegten Markt gehandelt hat, so ist auf eine im 16. Jahrhundert angefertigte Ratsurkunde hinzuweisen, in der festgehalten ist, daß an den Nürnberger Stadttoren nicht weniger als 1012 Fuhrwerke und Karren gezählt worden sind. Die letzte Ungewißheit wird dann durch den hochgelehrten Herrn Professor Christoph Wagenseil ausgeräumt, der in seinem Bericht aus dem Jahre 1697 schreibt:

„Einige Tage vor dem Feste, an dem die protestantischen Kirchen fromm die Menschwerdung des Herrn Christus feiern, wird auf dem hiesigen

Marktplatz ein Markt gehalten, der des Kindleins Markt oder vollständiger der Christkindleinsmarkt gewöhnlich genannt wird. Da ist beinahe der ganze Platz mit Holzbuden bedeckt, die auf kurze Zeit errichtet sind. Die kleinen Kinder von Nürnberg, die noch nicht für Geld baden, sind überzeugt, das Christkind kaufe hier die Sachen ein, die es nachher, in der Nacht zum Weihnachtsabend unter sie austeilen wolle."

Mit den genannten Kindern sind alle die gemeint, die noch nicht vier Jahre alt waren und deshalb ohne Eintrittsgeld die öffentlichen Bäder benutzen durften. Die kleinen Nürnberger unserer Tage aber sind von den Einkäufen des Christkindes auf ihrem Markt genauso überzeugt, denn sie haben es ja leibhaftig auf der Kirchenempore stehen sehen.

Obwohl sich das Angebot der Waren auf dem Nürnberger Christkindlesmarkt immer mehr verfeinerte – zu den genannten Handwerkern waren die Lebküchner gekommen, Buchbinder und Goldschmiede, Porzellanhändler und Haubenmacher, Spiegler und Wachspossierer –, ist auf dem Kindleinsmarkt immer mehr gesungen worden. In früheren Zeiten traten die schwarzgemäntelten Singeknaben nicht nur an den vier Adventssonntagen auf, sie hatten darüber hinaus an dreizehn weiteren Abenden für die Ältesten des Stadtrates und für die Bürgerschaft zu singen. Heute singen Nürnberger Schulchöre zur Eröffnung des Marktes, und Gastarbeiterchöre singen die Weihnachtszeit über weihnachtliche Lieder ihrer Heimat. Außerdem ziehen an einem bestimmten Markttag bei Eintritt der Dämmerung einige tausend Kinder mit selbstgebastelten Laternen durch die Stadt zur hochgelegenen Burg hinauf und singen auf ihrem Weg die alten Weihnachtslieder.

Ganz und gar unmöglich wäre es, von diesem Christkindlesmarkt zu berichten, ohne die anrührende Geschichte des Rauschgoldengels zu erzählen, der von Nürnberg aus seinen Zug um die Welt angetreten hat. Gewiß sollen auch die Nürnberger Zwetschgermännler nicht vergessen sein, die ebenso wie die Feuerrüpel des Striezelmarktes in Dresden aus aufgesteckten Backpflaumen bestehen. Allerdings treten sie in Nürnberg nicht nur als Männler auf, sondern ebenso häufig als Weibsleute und vertreten einzeln oder paarweise Gestalten, die aus dem Leben gegriffen sind.

Der Nürnberger Rauschgoldengel, dessen Entstehungsgeschichte sich wie eine Legende anhört, ist zum Ende des Jahres 1700 entstanden. Damals lebte in Nürnberg ein Handwerksmeister namens Hauser. Dem war sein einziges Kind, eine kleine Tochter, nach einer schweren Krankheit gestorben. Ohnehin schon Witwer, lebte der Mann fortan allein in seinem Haus, und der Schmerz über den Tod seines Kindes überwältigte ihn so, daß er nicht mehr in seine Werkstatt ging, seine Freunde nicht mehr aufsuchte und erst recht jeden Zunftabend mied. Stundenlang saß er neben dem Bett, in dem das Kind gestorben war und aus dem sie es fortgetragen hatten. Er starrte auf die Kissen, strich darüber und konnte sich nicht in den göttlichen Ratschluß finden. Er entließ seinen Gesellen, denn wozu, sagte er sich, soll es noch einen Sinn haben, an Schraubstock und Hobelbank zu stehen. Am Tage, wenn die Fensterläden offenstanden, schmerzte ihn das Sonnenlicht, sobald aber die Dunkelheit kam, fürchtete er sich vor der Nacht, in der ihn die Traurigkeit immer von neuem überwältigte.

Darüber ging die Zeit hin. Eines Nachts nun, als er schließlich nach langem Grübeln in einen leichten Schlaf gefunden hatte, ging plötzlich die Tür auf, und von einem hellen Schimmer umgeben sah er eine Gestalt hereinkommen, ganz in ein goldenes Gewand gehüllt. Als der Mann genauer hinsah, bemerkte er, daß es das Nürnberger Gewand war und

daß die Gestalt auf ihrem Kopf auch die Gockeleshaube trug. Außerdem sah er, daß das Wesen weder Arme noch Hände, dafür aber zwei mächtige goldene Flügel hatte – ein Engel! Jetzt kam dieser Engel auf ihn zu, blieb an seinem Bett stehen, setzte sich dann und neigte den Kopf zu ihm herunter. Da erkannte der Mann, daß er seine verstorbene Tochter vor sich hatte. Sie lächelte und erzählte ihm, wie gut es ihr ginge, und sie bat ihn, nie mehr um sie zu weinen.

Der einsame Mann versprach es, aber davon erwachte er, fuhr im Bett hoch und war allein, wie immer. Doch es kam ihm vor, als ob ein goldener Glanz in der Stube zurückgeblieben wäre, auch die Tür stand noch offen. Da wurde ihm das Herz leicht, und er fand keinen Schlaf mehr, bis der Morgen kam, und immer sah er das Gesicht des Engels vor sich.

Als das erste Tageslicht durch die Ritzen der Fensterläden fiel, stand er auf, zog sich an, ging in seine Werkstatt und suchte sich ein Klötzchen aus Lindenholz. Das weiche Holz der Linde verarbeitete er selten, deshalb dauerte es eine Zeit, bis er das richtige gefunden hatte. Aber noch während er suchte, kehrte ihm immer mehr Lebensmut zurück. Plötzlich sah er wieder eine Aufgabe vor sich: er wollte versuchen, das Gesicht seines verstorbenen Kindes aus dem Lindenholz zu schneiden. Und nicht nur das, er wollte es so schnitzen, wie er es in der Nacht vor sich gesehen hatte, sein Töchterchen, das ein Engel geworden war.

Was er in den nächsten Tagen empfand, war für ihn wie eine Erlösung. Er schnitzte, grub und stichelte, und je deutlicher ihn aus dem Holz das Gesicht seines Kindes ansah, desto zufriedener wurde er, desto fieberhafter arbeitete er auch, denn mit dem Gesicht allein war es ja nicht getan. Rauschgold mußte beschafft werden, für die mächtigen Flügel. Außerdem hatte der Engel einen plissierten

goldenen Rock getragen. Also machte er sich auf den Weg, das feine, dünn ausgewalzte Messingblech zu beschaffen, das Rauschgold, aus dem er auch das Schultertuch fälteln mußte.

In den nächsten Tagen war er so in seine Arbeit vertieft, daß er nicht hörte, wie an seine Tür geklopft wurde. Es waren seine Freunde, denen es keine Ruhe mehr ließ, nachdem sie ihn tagelang nicht mehr gesehen hatten. Da er nicht öffnete und die Haustür verschlossen war, gingen die Männer in den Hof und versuchten, durch die Spalten der Fensterläden in die Werkstatt zu sehen, denn die Läden waren verriegelt geblieben, seit er wieder angefangen hatte zu arbeiten.

Den Meister selbst sahen die Freunde nicht, nur das Glänzen und Blitzen des Goldes war deutlich durch die schmalen Ritzen zu erkennen. Also riefen und klopften sie lauter, und diesmal hörte er es. Er ließ sie eintreten.

Die Schönheit des Engels, der vor ihnen stand und der sie dazu mit den Augen des verstorbenen Kindes ansah, machte sie sprachlos. Es mag sein, daß sie ihm nicht recht folgen konnten, als er ihnen von der Erscheinung erzählte, die er im Traum oder im Halbschlaf gehabt hatte. Ihnen genügte es, daß er wieder ins Leben zurückgefunden hatte.

Nicht an diesem Tag, gewiß aber an einem der folgenden haben sie ihm dann geraten, diesen Engel noch einmal zu schnitzen, nicht nur einmal, noch viele Male, weil er gar so schön und gar so freundlich anzusehen war. Der einsame Mann mag sich das hin und her überlegt haben. Schließlich aber wurde ihm klar, daß er bei dieser Arbeit fortwährend mit seinem verstorbenen Kind verbunden sein würde, und so fing er an, Rauschgoldengel herzustellen.

Endlich rückte der Kindleinsmarkt heran. Er hatte so viele fertiggebracht, daß er es wagen konnte, einen Stand zu mieten und sie auszustellen. Wie es

nun immer mit etwas Neuem geht, die Käufer drängten sich, sie rissen sich um diese Rauschgoldengel. Niemand feilschte, alle waren bereit, für jedes einzelne dieser Kunstwerke gutes Geld zu zahlen.

Rauschgoldengel gibt es bis auf den heutigen Tag, auch wenn sie nicht alle einen Rock aus Rauschgold haben. Sie haben die Gloriole und die mächtigen goldenen Flügel, und sie haben ein lächelndes Kindergesicht. Deshalb ist es kein Wunder, wenn sie den Kindern wie das Christkind selber vorkommen.

Jeder Weihnachtsmarkt, der nicht zum großen Rummel werden soll, zum Jahrmarkt, der auch zu jedem anderen Zeitpunkt stattfinden könnte, sollte eine Besonderheit haben.

In München zum Beispiel findet der Christkindlmarkt auf dem Marienplatz vor dem Rathaus statt. Hier gibt es neben all dem anderen vor allem Krippen zu kaufen, Krippenfiguren und alles, was dazu gehört, um daheim einen großen Krippenberg aufzubauen. Außerdem kommen als Besonderheit Sängergruppen in die Münchner Stadt, vor allem aus dem Oberland. Sie bringen den Leuten die schönen alten Hirten- und Krippenlieder dar. Das ist bewegend schön, besonders dann, wenn in der Dämmerung der riesige Christbaum, mit unzähligen Kerzen besteckt, das ganze Geschehen überstrahlt und den Schnee aufblitzen läßt.

Auf den Weihnachtsmärkten meiner schlesischen Heimat war immer auch ein Glasbläser zu finden, aus dem Böhmischen, wie wir sagten, und das war die Besonderheit dortiger Weihnachtsmärkte. Was hätte zaubrischer sein können als zuzusehen, wie eine Weihnachtskugel entstand oder eine Christbaumspitze oder ein Tier aus Glas. Bis auf den heutigen Tag sehe ich die blaugeränderte gelbe Flamme, höre ich sie vor sich hinfauchen und habe dazu den Geruch des Brennstoffes in der Nase. Das alles

aber war nur Beiwerk. Was mir den Atem nahm, war, wenn der Glasbläser anfing, das Rohr vor dem Mund hin und her zu bewegen, wenn er es über der Flamme stillhielt, wenn sich plötzlich an seinem Ende etwas zu runden anfing, größer wurde, noch größer und – auf einmal eine Christbaumkugel war. Das alles ging so schnell vor sich, daß der Mann, der dies fertigbrachte, nichts anderes als ein Zauberer sein konnte. Sobald ich mir diese Kugel aus der Nähe betrachtete, verzerrte sich mein Gesicht zu einer Fratze, und ich konnte erst darüber lachen, wenn ich ein wenig zurückging und den breitgezogenen Adventskranz aus der Bude gegenüber darin sah.

Die Weihnachtsmärkte beginnen unterschiedlich, sie dauern auch unterschiedlich lange. Die meisten enden in der Mittagsstunde des Heiligen Abends, und so viele Leute es auf die Märkte zieht, so gerne sie sich einfangen lassen vom weihnachtlichen Zauber zwischen den Buden und den Giebeln rundherum, niemand vermißt den Weihnachtsmarkt, wenn er zu Ende ist. Niemand kann mehr sagen, wo der Bratwurststand gewesen ist, die Bude mit den gebrannten Mandeln, wo es die dicken Kerzen zu kaufen gab. Und zu welchem Stand das Einwickelpapier mit den aufgedruckten Weihnachtssternen gehört hat, das der Wind um die Ecke treibt, weiß auch niemand mehr.

Nikolaus

Nikolaus, der gute Mann,
klopft an alle Türen an . . .

so singen die Kinder in Bremen, wenn sie in kleinen Trupps von Haus zu Haus ziehen. Sie klopfen dabei mit einem Stock auf die Erde, damit sich ihre Stimmen ein wenig ehrfurchtgebietender anhören. Nur, im Gegensatz zu dem heiligen Nikolaus, den sie vertreten und der als Gabenbringer bekannt ist, bringen sie nichts, sie möchten vielmehr etwas haben. Deshalb ist dieser Vers, mit dem die festlich gekleideten Kinder umherziehen, nichts weiter als ein Heischegesang. Der heilige Nikolaus aber würde auch das mit dem Mantel seiner Liebe bedekken, denn Güte und Liebe sind ja die Kilometersteine seines Lebensweges gewesen, und darauf mag

zurückzuführen sein, daß er von allen Heiligen der Weihnachtszeit der bekannteste und der beliebteste ist. Wodurch wieder einmal bewiesen wäre, daß Strenge und Strafe bisweilen nötig sein mögen, aber Liebe und Güte den größeren Eindruck hinterlassen.

Er hat ja für beides herhalten müssen, seit er am sechsten Dezember oder bereits am Abend vorher, immer wieder persönlich auftritt im kostbaren, pelzbesetzten Mantel, bärtig, mit großer Bischofsmütze, den Krummstab in der Hand, oder einfach nur in Pelzmantel und Zipfelmütze und von den verschiedensten verwegenen Gestalten begleitet, von den Kindern freudig erhofft und ängstlich erwartet. Das war zu allen Zeiten so, wenn es in der Weihnachtszeit plötzlich abends an die Tür pochte. Dann schmolz die Sicherheit dahin, die das gutgelernte Gebet „Ich bin klein, mein Herz ist rein“ gegeben hatte.

Bei uns daheim benützten ihn weder Vater noch Mutter als Miterzieher, sondern immer wieder als gütigen Heiligen, dem wir eine Freude machen sollten mit einem Lied oder einem Gedicht, und deshalb hat mich immer nur sein plötzliches Auftreten und seine fremde, erhabene Gestalt beeindruckt und in Ehrfurcht versetzt. Und da Vater und Mutter, die älteren Geschwister oder unsere Kinderfrau immer dabei waren, wenn er kam, konnte mir überhaupt nichts passieren.

Dieses Vertrauen, das aus der Geborgenheit kommt, würde den heiligen Nikolaus am meisten gefreut haben, davon bin ich überzeugt. Es war das Anliegen seines Lebens.

Vom Bettler angefangen, über Bürger, Handwerker bis hin zu den Gelehrten gibt es kaum einen Stand, der ihn in der Not nicht anruft und um Beistand bittet. Das Besondere an diesem Nikolaus ist ja, daß er wegen seiner Güte heiliggesprochen worden ist und nicht, weil er als Zeuge des christlichen

Glaubens verfolgt worden und den Märtyrertod gestorben ist.

Bereits seine Eltern waren überzeugte Christen und wohlhabend dazu, reiche Leute, denen es an nichts sonst fehlte als an einem Erben, einem Sohn, der die Geschäfte seines Vaters eines Tages würde weiterführen können. Nach langer Zeit des Betens und Fastens mag es gewesen sein, daß seinem Vater und seiner Mutter ein Engel die Botschaft brachte, sie würden mit einem Sohn beschenkt werden.

Zuerst konnten sie das Glück, das mit dieser Botschaft verbunden war, nicht fassen. Nach neun Monaten wurde ihnen wirklich ein Sohn geboren. Sie gaben ihm den Namen Nikolaus und alle Liebe und Güte, die für mehr als ein einziges Kind gereicht hätte. Dazu gehörte es auch, daß sie ihn vorzüglich ausbilden ließen, denn alle Wege sollten ihm offenstehen: der Weg des Kaufmanns, wie es der Vater gern gesehen hätte, ebenso der Weg des Theologen, was der Mutter am liebsten gewesen wäre, denn ihr Bruder war Bischof in Myra.

Ihr Einfluß mag es gewesen sein, durch den sich der junge Nikolaus immer mehr in die christliche Lehre vertiefte. Es ist überliefert, daß er schon als Kind Gebote und Fasten genau einhielt und sich auch bald entschloß, Priester zu werden. Wie sein Vater das aufnahm, steht nirgends geschrieben. Sicher wäre es dem alt gewordenen Mann lieber gewesen, wenn Nikolaus sich den Geschäften zugewendet hätte.

Doch allen Gedanken machte die Pest ein Ende, die sich eines Nachts mit fremden Seeleuten von Bord eines Schiffes schlich und über Patras herfiel. Sie warf auch die Eltern des jungen Nikolaus mit auf den Karren, der täglich durch die Straßen rattern mußte, um die Toten einzusammeln.

In Trauer und Verlassenheit verteilte Nikolaus das Vermögen seiner Eltern an die Armen, die übriggeblieben waren und unten im Hafen der Stadt

in Höhlen hausten. Er selbst aber machte sich auf den Weg zu seinem Onkel, dem Bischof von Myra.

Mein Großvater, wenn er uns die Geschichten der Heiligen in der Weihnachtszeit vorlas, hatte es an sich, eine Pause einzulegen und uns all das ausführlich zu schildern, was nicht in den Geschichten stand. Deshalb kannten wir Kleinasien schon, bevor wir in die Schule gingen, und wenn wir auch nicht begriffen, wie alles zusammenhing, soviel wußten wir, daß die Römer dieses Land damals begehrten, daß sie an Götter glaubten und von den Christen nichts wissen wollten.

Und so sahen wir auch die Stadt Myra vor uns, wo gerade der Bischof gestorben und beerdigt worden war, zu dem Nikolaus wollte. Wir hörten den Streit der Kirchenältesten, die nun einen neuen Bischof wählen mußten und sich nicht einig werden konnten. Dieser Streit war für uns nicht so viel anders, als wenn der Großvater vom Gemeinderat zurückkam und erzählte, was es für eine Zankerei gegeben hätte, ob das Spritzenhaus für die Feuerwehr nun gebaut werden sollte oder nicht.

Ja, so war das damals, und ich glaube, deshalb sind für mich die Heiligen nicht Entrückte gewesen, sondern Menschen, die in ihrer Zeit als Menschen gelebt haben.

Bis auf den heutigen Tag kann ich mich daran erinnern, wie es mich gefreut hat, wenn mein Großvater weiter vorlas und wir hörten, daß die streitenden Kirchenmänner, von denen gewiß jeder selbst gern die Bischofsmütze getragen hätte, sich schließlich darauf einigten, daß derjenige ihr neuer Bischof sein sollte, der am folgenden Morgen als erster die Kirche betreten würde.

Im Hafen von Myra angekommen, führte der Weg des jungen Nikolaus in der ersten Morgenstunde, in der das Licht des frühen Tages über die Hafenmauern und die Hausdächer fiel, in die Kirche. Und gerade als er sich ins Gebet versenken

wollte, kam ein alter Priester auf ihn zu und sprach: „Du sollst unser neuer Bischof sein."

Das war unfaßbar für den jungen Mann. Er sträubte sich, ein so schweres Amt auf die Schultern gelegt zu bekommen. Doch im frommen Gehorsam gegen Gott willigte er schließlich ein und wurde ein guter Bischof, ein Bischof, dem sein Glaube die Kraft gab, Wunder zu tun.

Von allen Wundern aber, die berichtet werden, scheint mir das größte Wunder zu sein, daß er Jahr für Jahr am sechsten Dezember, seinem Todestag, zu den Kindern kommt, um sie zu beschenken. Ganz gleich, ob er ihnen den aufgestellten Teller, den Stiefel oder den Strumpf in der Nacht füllt, oder ob er selber kommt: die Bürde, die er mitführen muß, um kein Kind zu vergessen, ist diesem Heiligen noch niemals zu schwer geworden.

Heiliger Nikolaus, leg mir ein,
was dein guter Will' mag sein,
denn Äpfel, Birnen, Nuß und Kern,
essen alle Kinder gern.

Das ist so ein Spruch, mit dem er gebeten wird, ja nicht vorüberzugehen, ohne haltgemacht zu haben. Nun hat er zum Glück verschiedene Möglichkeiten, genügend von allem bei sich zu haben, was sich die Kinder wünschen. Was wiederum mit seinem wundertätigen Leben zu tun hat. In Amsterdam und Antwerpen legt er zum Beispiel mit dem Schiff an. Sowie es gesichtet wird, fangen in diesen Städten die Glocken zu läuten an, um ihn festlich zu begrüßen.

Die Schiffsleute in aller Welt sind nämlich bereit, ihm zu helfen und sein Schiff zu führen, denn er war ja Bischof und kein Seemann. Und doch hat er einmal ein Schiff aus schlimmster Seenot gerettet, das weit draußen vor Myra mit gebrochenem Mast und zerrissenen Segeln im Sturm trieb. In ihrer schrecklichen Not wußten sich die Schiffsleute keinen anderen Rat mehr, als den heiligen Nikolaus um Hilfe anzurufen, obwohl sie sonst nicht viel von allen diesen Christen hielten und sich lieber auf ihre eigene Kraft verließen.

Plötzlich aber war ein Mann unter ihnen, den sie vorher noch nie gesehen hatten. Es ging eine große Ruhe von ihm aus. Er knotete die Taue wieder zusammen, machte das übriggebliebene Segeltuch am Mast fest, nahm das Ruder in die Hand und brachte das Schiff wahrhaftig in den Hafen. In dem Augenblick aber, als Besatzung und Schiff gerettet waren, konnten die Seeleute den Fremden nicht mehr entdecken. Da hatten einige von ihnen den Wunsch, in die Kirche zu gehen, um dem heiligen Nikolaus zu danken, denn der Schrecken saß ihnen noch in den Knochen. Es war gerade Gottesdienst, als sie die Tür öffneten. Derjenige aber, der da stand und predigte, war kein anderer als der Fremde, der auf dem Schiff bei ihnen gewesen war und der sie selbst und das Meer beruhigt hatte.

Weil Schiffsleute aber von Hafen zu Hafen fahren und von Land zu Land, sprach sich die Sache schnell herum, und nicht nur die paar Seeleute, die Nikolaus mitsamt ihrem Schiff gerettet hatte, schworen, ihm jederzeit behilflich zu sein, sondern alle anderen, die davon hörten, schworen es auch. Wer nämlich auf einem Schiff sein Brot verdient, für den ist es gut, einen verläßlichen Steuermann im Hintergrund zu haben.

So ist der heilige Nikolaus zum Schutzpatron der Seeleute geworden, und jedes Jahr sind einige Seeleute bereit, sein Schiff sicher nach Amsterdam und Antwerpen zu bringen oder den Rhein hinauf. Aber auch die Flößer auf der Isar warten nur auf einen Wink und bringen den heiligen Mann sicher an Land, damit er den Kindern in Tölz und rund um den Tegernsee die kleinen Papierschiffe beladen kann, die sie ihm hinstellen.

Schifflein hin, Schifflein her,
lieber Niklas, belad es schwer.

Ein paar Jahre nach dem ersten Wunder, das der Heilige getan hatte, kam über das Land eine große Hungersnot.

„Wie schrecklich Hunger ist", sagte mein Großvater immer, „das kann man niemandem erzählen, aber wer es erlebt hat, der weiß, was das heißt. Eine Hungersnot bricht ja auch nicht plötzlich aus. Da ist zuerst eine schlechte Ernte, weil es zuviel oder zuwenig regnet. Dann dauert der Winter zu lange, oder er kommt noch einmal zurück, das Vieh wird krank und fällt um, und die Menschen haben keine Kraft mehr, sich gegen Krankheiten zu wehren. Dann weiß niemand, wie es weitergehen soll. Damals in Myra hat es natürlich nahegelegen, daß sich alle Leute vom heiligen Nikolaus Hilfe erhofft haben. Aber woher sollte er Mehl nehmen für das Fladenbrot, woher Rosinen, wenn die Trauben an den Weinstöcken erfroren waren, woher Fleisch, wenn die Schafe krepierten?"

Eines Tages aber machten plötzlich Schiffe aus Ägypten in Myra fest, Schiffe, die vollgeladen waren mit Getreide. Die Seeleute brauchten ein paar Stunden Ruhe, weil sie Tag und Nacht an Tauen und Segeln gestanden hatten, und frisches Wasser brauchten sie auch.

Nun sprach es sich unter den Bewohnern von Myra schnell herum, was die Schiffe geladen hatten und daß sie in Konstantinopel mit ihrer Fracht schon längst erwartet wurden.

Als der heilige Nikolaus von den beladenen Schiffen hörte, ging er zum Hafen hinunter und bat die Seeleute, ihm einen Teil des Getreides zu verkaufen. Doch dazu waren sie nicht so ohne weiteres bereit. Sie hatten immerhin ihre Listen, in denen verzeichnet war, wieviel Getreide sie in Konstantinopel zu verkaufen hätten.

Da sprach der heilige Nikolaus zu ihnen: „Ich bitte euch, in Christi Namen, gebt mir Getreide, damit in Myra niemand mehr verhungern muß. Ich verspreche euch, daß ihr keinen Schaden davontragen werdet.“

Jetzt brachten es die Schiffsleute nicht fertig, die Leinen loszumachen, ohne dem Heiligen seine Bitte zu erfüllen. Und Nikolaus verteilte das Getreide unter die Einwohner von Myra, und sie wurden zwei Jahre lang satt davon, und es reichte sogar noch aus, im dritten Jahr eine neue Saat auf die Felder zu bringen.

Den Schiffsleuten aber fehlte in Konstantinopel nicht ein einziges Korn, und sie konnten, was sie geladen hatten, sogar mit großem Gewinn verkaufen.

„Ja“, sagte mein Großvater, „der heilige Nikolaus hat immer alles verschenkt, und jetzt sollt ihr auch noch erfahren, warum er der Kinderheilige geworden ist.“

Auf diese Geschichte war ich am allerbegierigsten, denn unsere Kinderfrau erzählte sie nicht, weil sie ihr zu grausam war. Wir konnten uns nämlich keinen Reim darauf machen, warum auf den Bildern, die den heiligen Nikolaus zeigten, meist ein Faß zu sehen war, aus dem drei Kindergesichter hervorguckten. Wir vermuteten immer, in dem Faß hätte der heilige Nikolaus vielleicht drei Kinder gesundgebadet, denn dieses Faß sah unserer hölzernen Badewanne sehr ähnlich.

Wie sich herausstellte, handelte es sich aber um ein Pökelfaß, in das drei Schüler von einem habgierigen Wirt gesteckt worden waren, der sie vorher umgebracht hatte.

Unter solchen Schülern, sagte der Großvater, hätten wir uns nicht etwa Kinder vorzustellen, denn zu des Heiligen Zeiten gab es die Schulpflicht noch nicht. Diese drei Schüler waren junge Leute gewesen, Studenten, die in den Ferien hin und wieder ein

paar Wochen über Land zogen und sich mit Singen, Musizieren und kleinen Theaterstücken in angesehenen Häusern eine gute Zeit machen und ein bißchen Geld verdienen wollten. Natürlich hatten sie auch geistliche Lieder im Programm, und wo es sich ergab, machten sie sich als Ministranten nützlich. Auf jeden Fall hatten sie Geld in ihren Taschen, und auf dem Rückweg nach Myra kehrten sie in einer Schenke ein, aßen gut und tranken Wein dazu. Vielleicht ein Glas mehr, als sie vertragen konnten. Das aber muß den Wirt auf den fürchterlichen Gedanken gebracht haben, die paar Geldstücke, die sie in den Taschen hatten, an sich zu bringen.

Ich weiß noch genau, daß ich vor Angst und Grausen am liebsten unter den Tisch gekrochen wäre, als der Großvater es erzählt hat. Doch das ging nicht, weil mir sonst womöglich entgangen wäre, wie der heilige Nikolaus die ermordeten Schüler gefunden und wieder ins Leben zurückgebracht hat.

Kurz nach der furchtbaren Tat kehrte er nämlich auf dem Rückweg von einer Taufe bei demselben Wirt ein. Und es blieb dem Heiligen nicht verborgen, daß ihn der Mann nicht ansehen konnte, daß er den Wein verschüttete, den er auf den Tisch stellen wollte, so sehr zitterten ihm die Hände. Da faßte ihn der heilige Nikolaus am Arm, sah ihn an und fragte: „Warum ist soviel Angst und Unruhe in dir?“

Nun konnte der Wirt nicht anders, er mußte gestehen, was er getan hatte.

Der heilige Nikolaus eilte sofort zu dem Faß, fuhr mit beiden Händen hinein und hob einen Schüler nach dem anderen heraus. Und jedesmal, wenn er einen in den Armen hielt, kehrte das Leben in ihn zurück, und die drei wußten nicht mehr, daß an ihnen ein Mord geschehen war.

Der erste sagte: „Ich schlief so schön."
Der zweite: „Das ist auch mir geschehen."
Der dritte aber, der sprach dies: „Ich wähnte mich im Paradies."

Nun ließ es der heilige Nikolaus aber nicht dabei, sie wieder zum Leben erweckt zu haben. Er redete ihnen ins Gewissen, mahnte sie, in ihre Schule zurückzukehren, fleißige Schüler zu werden und keinen leichtfertigen Lebenswandel zu führen. Und das mögen sie auch getan haben, denn es ist nichts Nachteiliges mehr von ihnen zu berichten gewesen.

Der heilige Nikolaus aber hat sich von diesem Tage an ganz besonders um alle Schüler gekümmert, überhaupt um alle Kinder. Und die kleinsten sind ihm immer besonders lieb.

Holler, boller, Rumpelsack,
Niklaus trug sie huckepack,
Weihnachtsnüsse gelb und braun,
runzlig, punzlig anzuschaun.
Knackt die Schale, springt der Kern,
Weihnachtsnüsse eß ich gern.
Komm bald wieder in dies Haus,
guter, alter Nikolaus.

Zu allen Zeiten war der bevorstehende Besuch des heiligen Nikolaus aufregend. Bereits im Jahre 1700 schreibt Abraham a Santa Clara über einen Nikolausbesuch:

„Es ist eine uralte Gewohnheit,
daß heuntiges Tags der Nicola einleget,
kommet aber eine Nacht vorhero,
die Kinder zu probiren und zu examiniren,
ob sie auch durch ihre Herren Lehrmeister,
Hofmeister, Schulmeister, Rechenmeister,
  Sprachmeister
und andere Informations-Räth

wohl unterwiesen in Glaubens-Sachen,
in Buchstabiren, Sylben theilen,
Lesen und Schreiben,
in Rechnen, in Sprachen etc.
Item fragt der Nicola:
Wie sich die Kinder das gantze Jahr hindurch verhalten haben?
Ob sie gern beten?
Denen Eltern und Praeceptoribus gehorsam seyn?
Ob zum Exempel der Hänserl und der Paul nicht zu faul?
Ob der Fräntzerl und Ignazerl kein schlimmes Frazerl?
Ob der Michel und der Six vielleicht gelernet nix?
Ob die Cätherl gern bey dem Räderl?
Ob die Sabindl gern bey der Spindl?
Ob die Liserl und Thereserl nicht etwan zwey junge Eserl?
Diss alles fragt der Nicola."

Ob der Nikolaus mit dem Schiff kommt, ob er auf einem Schimmel reitet oder, wie es in meiner Heimat hieß, über eine goldene Leiter aus dem Himmel herabsteigt, das ist gleich, die Hauptsache ist, er kommt. Selbst wenn er mit noch so viel Herzklopfen erwartet wird, es wäre die größte Enttäuschung für ein Kind, wenn er es ausließe. Der Adventskranz, die Lichter und Lieder gehören allen, der Nikolaus aber, der gehört jedem Kind ganz allein.

Im Laufe der vielen Jahre, die er kommt, hat sich an ihm manches verändert. Seinen seidenen Bischofsmantel kann er nicht tragen, wo Eis und Schnee liegt, deshalb zieht er auf seiner Reise in die nördlichen Länder einen dicken Pelz an. Die Bischofsmütze ist in diesen Gegenden auch nicht das richtige, denn oben an der Nordseeküste muß er in Wind und Wetter über das Watt reiten, wenn er zu den Ostfriesischen Inseln kommen will. Das ist mit mancher Gefahr verbunden, und deshalb nimmt er sich den Knecht Ruprecht mit, der Bescheid weiß, wann die Flut zurückkommt, und der ihm hilft, die Gaben zu verteilen.

Auch in den Bergen kennt der heilige Nikolaus nicht jeden Weg und Steg, weiß nicht, wo gut voranzukommen ist oder wo eine Lawine niedergehen könnte. Deshalb hat er auch hier den bärbeißigen Ruprecht bei sich, diesen pelzvermummten Kerl, der vor allem mit der Rute herumfuchtelt und es dem guten heiligen Mann abnimmt, den „bösen" Kindern eins überzuziehen, und davon soll es heutzutage hin und wieder eins geben, wie zu allen Zeiten. Und das Sprüchlein:

Lieber, heiliger Nikolaus,
was willst du denn von mir,
ich nehm dich bei der Zipfelkapp'
und werf dich vor die Tür,

das ist ja nur dem überstandenen Schrecken zuzuschreiben, sobald die Luft wieder rein ist und der Nikolaus bereits im übernächsten Haus seinen Besuch macht.

Durch viele Jahre hindurch war immer nur der heilige Nikolaus der Gabenbringer, nicht das Christkind oder der Weihnachtsmann. Der sechste Dezember war der wichtigste Tag der Geschenke, nicht der vierundzwanzigste wie heute. Nikolaus, der Kinderheilige, verlangt ja nichts weiter als ein bißchen Fleiß in der Schule und Gehorsam daheim, und das hat sich bis auf den heutigen Tag, bei einmaliger Befragung, immer hinkriegen lassen.

St. Niklas

Vater:
Es wird aus den Zeitungen vernommen,
Daß der heilige Sanct Niklas werde kommen
Aus Moskau, wo er gehalten wert
Und als ein Heiliger wird geehrt;

Er ist bereits schon auf der Fahrt,
Zu besuchen die Schuljugend zart,
Zu sehn, was die kleinen Mägdlein und Knaben
In diesem Jahre gelernet haben
In Beten, Schreiben, Singen und Lesen,
Auch ob sie sind hübsch fromm gewesen,
Er hat auch in seinem Sack verschlossen,
Schöne Puppen aus Zucker gegossen,
Den Kindern, welche hübsch fromm wären,
Will er solche schöne Sachen verehren.

Kind:

Ich bitte dich, Sanct Niklas sehr,
In unserm Hause auch einkehr,
Bring Bücher, Kleider und auch Schuh
Und noch viel schöne gute Sachen dazu,
So will ich lernen wohl
Und fromm sein wie ich soll. Amen.

Sanct Niklas:

Gott grüß euch, lieben Kinderlein,
Ihr sollt Vater und Mutter gehorsam sein,
So soll euch was Schönes bescheret sein.
Wenn ihr aber dasselbige nicht tut,
So bring' ich euch den Stecken und die Rut'! Amen

Aus Arnim-Brentano, Des Knaben Wunderhorn

Seiner Beliebtheit wegen sollte der Nikolaus unter den Heiligen der Weihnachtszeit den Anfang machen, obwohl nach dem Kalender zuerst die heilige Barbara dran gewesen wäre.

In den letzten Jahren ist der Name Barbara sehr in Mode gekommen. Damals, als ihn meine Eltern für mich ausgewählt haben, war er so selten, daß der Standesbeamte, bei dem die Geburt anzumelden war, meinen Vater noch einmal ansah, ungewiß, ob er auch richtig gehört hätte. Danach sagte er jeden Buchstaben vor sich hin, damit ihm die Bs, As und Rs nicht durcheinander gerieten. Ich habe diesen

Vornamen nicht bekommen, weil ich am vierten Dezember, dem Gedenktag der Heiligen, geboren bin, auch nicht deshalb, weil der wichtigste Pate vielleicht ein Bergmann gewesen wäre oder ein Feuerwerker oder ein Artillerist, deren Nothelferin die heilige Barbara ist. Nein, ich habe diesen Namen bekommen, weil er meinen Eltern gefiel.

Eines Tages wollte ich dann aber doch wissen, wie diese Heilige gelebt hat und wie sie gestorben ist, und ich konnte nachlesen, daß sie in Nikomedien am Marmara-Meer zuhause und die schöne Tochter eines wohlhabenden, einflußreichen Mannes war. Was kann in einem solchen Fall näherliegen, als daß der Vater sie mit dem besten, reichsten und angesehensten Mann verheiraten wollte. Und es wurde ihm auch nicht schwer, einen entsprechenden Schwiegersohn ausfindig zu machen. Wie es üblich war in den Familien der damaligen Zeit – die schöne Barbara ist im Jahre dreihundertundvier nach Christi Geburt zu Tode gekommen –, wurde sie nach ihrer Meinung gar nicht gefragt. Deshalb wird es für ihren Vater ein schwerer Schlag gewesen sein, als ihm seine Tochter erklärte, daß sie gar nicht heiraten wolle. Sie hatte sich in aller Heimlichkeit längst zum Christentum bekannt und wollte weiter nichts als ein frommes Leben führen. Nun traf es sich, daß ihr Vater auf Geschäftsreisen gehen mußte, und er bot ihr eine Bedenkzeit bis zu seiner Rückkehr an, die sie, das war seine Bedingung, abgeschieden von aller Welt, in einem Turm verbringen sollte.

Die Tochter war sofort einverstanden. Sie ließ jedoch ein dreigeteiltes Fenster in den Turm brechen, zum Zeichen der Heiligen Dreifaltigkeit, dem Fenster gegenüber ließ sie ein Kreuz in den Stein meißeln, zum Gedenken an den Tod, den Jesus am Kreuz erlitten hatte.

Voller Hoffnung kam der Vater zurück. Seine Tochter aber war fester entschlossen, bei ihrem

Glauben zu bleiben, als vor seiner Reise. Alle Drohungen nützten ihm nichts, und selbst als er schrie, er würde sie eigenhändig den Folterknechten übergeben, blieb sie bei ihrem Entschluß.

Da packte sie der Vater und schleppte sie in seinem Jähzorn wahrhaftig vor den Richter. Dieser Richter wollte das schöne Mädchen retten, er sprach auf sie ein, aber sie war nicht zu bewegen, ihrem Glauben abzuschwören. Deshalb blieb dem Richter nichts anderes über, als sie zu verurteilen. Zuerst wurde sie auf grausame Weise gefoltert. Weil sie aber an den Folterqualen nicht starb, sollte ihr der Kopf abgeschlagen werden. Wie es heißt, ist es ihr eigener Vater gewesen, der es in ohnmächtiger Wut getan hat.

Dafür traf ihn jedoch Augenblicke später ein Blitzstrahl, schmetterte ihn nieder und tötete ihn.

„Das gönn' ich dem", sagte meine Schwester jedesmal, sobald wir auf dieses Geschehen zu sprechen kamen. Und das war meistens der Fall, wenn wir am vierten Dezember, nachmittags, sobald die Dämmerung kam, in den Garten gingen, um Barbarazweige zu schneiden. Das waren Kirschzweige und Forsythien. Im Haus wurden sie in lauwarmes Wasser gestellt und ans Fenster gerückt. Es war jedes Jahr ein großer Strauß, denn für jeden von uns hatten wir einen Zweig abgeschnitten. Wie es heißt, soll es für das ganze kommende Jahr Glück bringen, wenn die Barbarazweige am Heiligen Abend blühen.

Ich frage mich allerdings oft, wie denn das mit dem traurigen Schicksal jener Barbara zusammenpaßt, die immer mit einem dreifenstrigen Turm im Arm gemalt oder geschnitzt wird.

Die Bärbel mit dem Turm,
die Margarethe mit dem Wurm,
die Katharina mit dem Radl,
das seien die drei heiligen Madl.

„An Sankta Lucia ist der Abend dem Morgen nah", heißt es in einem alten Spruch. Heutigentags weiß kaum noch jemand etwas damit anzufangen, weil ja seit langem feststeht, daß der kürzeste Tag des Jahres der einundzwanzigste Dezember ist, und nicht der dreizehnte, an dem das Luciafest gefeiert wird. Es sei denn, es wüßte einer in Kalenderdingen gut Bescheid. Dann freilich wird er die Sache mit Papst Gregor aus dem Ärmel schütteln, der im Jahre 1582 unsere Wochen und Monate neu geordnet hat, wodurch das Jahr seine dreihundertfünfundsechzig Tage bekam, mitsamt der Ordnung für die Feiertage und dem einen Tag, der alle vier Jahre eingeschaltet werden muß, damit das Jahr seine Ordnung behält. Bis zum Jahre 1582 galt aber der dreizehnte Dezember als der kürzeste Tag, an dem der Abend dem Morgen am nächsten ist. Deshalb ist es gut zu verstehen, daß man diesen dunklen Tag hoffnungsvoll mit der strahlenden Lucia in Verbindung brachte, denn Lucia bedeutet die Leuchtende.

Auch sie war eine standhafte junge Christin, die lieber den Tod auf sich genommen hat, als einen Mann zu heiraten, der sich nicht zum Christentum bekennen wollte. Er selbst ist es gewesen, der sie, enttäuscht wie er war, an die Verfolger verraten hat. Sie war in der Stadt Syrakus auf der schönen Insel Sizilien zu Hause, und schon bald nach ihrem Tod muß alljährlich mit einem großen Fest ihrer gedacht worden sein. In den Katakomben von Syrakus, in diesen unterirdischen Begräbnisstätten der ersten Christen, ist eine Inschrift zu finden, die schon vierhundert Jahre nach Christi Geburt das Gedenken an die leuchtende Lucia erwähnt.

Diese Feier wird damals gewiß nicht am dreizehnten Dezember stattgefunden haben, aber den verfolgten Christen war es wichtig, daß Lucias Tod nicht in Vergessenheit geriet. Trotzdem ist eine Verbindung zu erkennen.

Die heilige Lucia wurde zur Schutzpatronin des

Augenlichtes, zu ihr bitten und beten alle Blinden und alle, die in der Finsternis des Geistes und der Seele leben.

Wer nun aber in einem Land daheim ist, in dem es im Sommer kaum Nacht und dafür im Winter kaum Tag wird, der wird sich einer Heiligen zuwenden, die das Licht beschützt, und er wird ihr jenen Tag zum Gedenken widmen, an dem das neue Licht wiederkehrt. Aus diesem Grund erklärt sich, daß im protestantischen Schweden die heilige Lucia sich der größten Verehrung erfreut.

Etwa zur gleichen Zeit, zu der auf unseren Adventskränzen das zweite Licht angezündet wird, binden die Schweden kleine Kränze aus dem Laub der Kronsbeeren, die woanders Preiselbeeren heißen. Aus dem einfachen grünen Kranz aber wird in Schweden die Krone der Lucia. Auf die Luciabraut warten in den frühen Morgenstunden des dreizehnten Dezember alle Familienmitglieder. Es ist feierlich und herzbewegend, wenn in der Dunkelheit die Tür aufgeht und ein weißgewandetes Wesen auf weißbestrumpften Füßen mit der grünen brennenden Lichterkrone auf dem Kopf erscheint. Wie vom Himmel selbst gekommen geht die Luciabraut zu jedem einzelnen und bringt ihm singend das Frühstück ans Bett. Dieses Frühstück besteht aus Safranbrot und den ersten Proben der vorangegangenen Weihnachtsbäckerei. Stets ist die Luciabraut die älteste Tochter oder das älteste Mädchen einer Familie.

Aber mit dem Erscheinen der Lucia in den Familien ist es nicht getan. Jede Stadt will ihre eigene Luciabraut haben, und es soll möglichst das schönste Mädchen der Stadt sein, das die Einbescherungen an den verschiedensten Weihnachtsfeiern übernimmt. Selbstverständlich hat auch jede Schule ihre Luciabraut, und Lucia erscheint auch in Büros und Betrieben. Umzüge werden veranstaltet, und immer ist es diese Lichterkrone, von einem Mädchen in

einem langen, weißen Kleid getragen, die über allen anderen und allen anderen voran durch die Straße schwebt, Sinnbild und Gewißheit zugleich, daß auch in die Natur das Licht zurückkehren wird.

Zwei Heilige der Weihnachtszeit sollen noch genannt werden, nicht zuletzt deshalb, weil in den letzten Jahren viele Neugeborene ihren Namen nach ihnen erhalten haben. Die Namenstage ganz in der Nähe des Weihnachtsfestes sind dem heiligen Thomas und dem heiligen Stephan gewidmet.

Der Thomastag ist am 21. Dezember, und dieser Tag ist nun wahrhaftig der kürzeste im Jahr. Mit der Nacht aber, die an keinem Tag schneller kommt als an diesem, fängt nach altem Glauben und Aberglauben die Zeit der Rauhnächte an.

Das Geschehen dieser Nächte, die bis zum Dreikönigstag andauern, hat nun wirklich nichts mit dem Heiligen zu tun, der einer der anhänglichsten unter den Aposteln des Herrn Jesu gewesen ist und doch der Ungläubige genannt wird. Seine Geschichte zu erzählen, heißt der Zeit weit vorauseilen. Noch ist Jesus nicht geboren, noch liegt er nicht in der Krippe zu Bethlehem. Die Ungläubigkeit des heiligen Thomas aber hat bereits mit dem Tode des Herrn zu tun. Thomas war der einzige von allen Aposteln, der an Jesu Auferstehung erst glauben wollte, wenn er seine Finger in die Wunden gelegt hatte, die Jesus von seiner Kreuzigung zurückgeblieben waren. Und als Jesus seinen Jüngern drei Tage nach der Auferstehung aus dem Grab erschien, bot er dem Ungläubigen seine Hände und Füße dar, und so ist Thomas der einzige unter den Jüngern, der die Wunden nicht nur gesehen, sondern sie mit eigenen Händen berührt hat.

Von diesem Tage an ist er als Zeuge für Christus aufgetreten, er ist bis nach Indien gewandert, hat gepredigt und die Menschen zum Christentum bekehrt. Er ist ein Baumeister geworden und hat Kirchen gebaut. Und schließlich ist er für seinen Glauben verfolgt und von Ungläubigen vor einem Felsen umstellt mit dem Schwert durchbohrt worden.

Der andere Heilige ist Sankt Stephan. Sein Gedenktag ist der 26. Dezember, der zweite Weihnachtsfeiertag. Sein Leben und das Leben des heiligen Thomas haben viel Gemeinsames. Beide waren sie Apostel, beide haben sie kaum etwas mit dem weihnachtlichen Geschehen selbst zu tun, beide treten sie erst in das Licht der Öffentlichkeit, als das Geschehen auf den Karfreitag zutreibt, auf Jesus am Kreuz und die Zeit danach, in der jeder bezeugen muß, wie ernst es ihm mit der Gefolgschaft Jesu ist.

Der heilige Stephan ist der erste gewesen, der zum Märtyrer wurde. Von Stephan heißt es, er sei ein gewaltiger Redner gewesen, der es verstanden hat, die Menschen durch seine Worte derart mitzureißen, daß sich nach jeder Predigt viele taufen ließen. Doch nicht nur das. Selbst die Priester im Tempel sind in ihrem Götzenglauben unsicher geworden, wenn sie den heiligen Stephan predigen hörten. Sie wußten sich deshalb nicht anders zu helfen, als das Volk gegen den Heiligen aufzuhetzen. Und das Volk hat Stephan vor die Tore Jerusalems getrieben und ihn mit Steinen totgeschlagen. So ist der heilige Stephan der erste Jünger gewesen, der seinem Glauben treu bis in den Tod geblieben ist.

In den südlichen deutschsprachigen Ländern wird zu seinem Andenken der Stephanitag mit allerlei Feiern neben dem Gottesdienst begangen. Wie nun aber dieser Heilige zum Schutzpatron der Pferde geworden ist, das ist ein verschlungener Weg. Auf jeden Fall werden an seinem Gedenktag Stephaniumritte abgehalten, und wie es heißt, wird an diesem Tag den Pferden besonders viel Heil und Segen zuteil. Mir aber will das alles nicht so recht zu den anderen Heiligen der Weihnachtszeit passen, und so werde ich später noch einmal auf den heiligen Stephan und auf den heiligen Thomas zurückkommen.

O Tannenbaum

O Tannenbaum, o Tannenbaum,
wie treu sind deine Blätter,
du grünst nicht nur zur Sommerszeit,
nein, auch im Winter, wenn es schneit,
o Tannenbaum, o Tannenbaum,
wie treu sind deine Blätter.

In diesem Jahr hatten wir mit unserem Tannenbaum eine wirkliche Rarität erwischt. Nicht etwa, daß er wahrhaftig Blätter gehabt hätte, wie es in dem Jahr für Jahr gesungenen Weihnachtslied heißt, nein, er hatte Nadeln und war sogar eine echte Tanne. Und als ihn der Familienvater aus dem Kofferraum zog und wir das weiße Netz aufgeschnitten hatten, in dem heutzutage die Weihnachtsbäume verpackt und transportiert werden, als wären es Schweinerollbraten, war ich entzückt. Wir waren alle entzückt und konnten es kaum erwarten, dieses Prachtstück ins Haus, in die Stube zu holen. Lange zu warten brauchten wir auch nicht, denn der Baum war erst am Tag vor Weihnachten, mittags, gekauft worden. Aufgrund einer gemeinsamen Überlegung halten wir seit Jahren daran fest, weil die Verkaufschancen der bis zu diesem Tag übriggebliebenen Weihnachtsbäume von Stunde zu Stunde geringer werden, was sich stets in den Preisen niederschlägt.

Unsere Rechnung ging auch in diesem Jahr auf. Der Nachlaß war zwar nicht üppig, aber Kleinvieh macht, wie das Sprichwort sagt, auch Mist. Dazu war der Baum ja wirklich schön und nichts an ihm auszusetzen, wenn ihn der Familienvater am Stamm faßte und vor uns hinstellte.

Es war schon dunkel, als Mann und Sohn mit Fuchsschwanz und Axt in den Händen durch die Hintertür gingen, um den Baum in den Christbaumständer zu setzen. Und dann dauerte es und dauerte – schließlich riefen sie.

Das Licht draußen war nicht besonders gut, aber selbst wenn es stockdunkel gewesen wäre, soviel konnte ich sehen: die Tanne stand schief, sehr schief sogar. Als ich darauf zeigte, nickten Mann und Sohn.

„Es läßt sich leider nicht ändern", sagten sie, „er ist so gewachsen."

In Sekundenschnelle versuchte ich mir vorzustellen, wie wir diesen Baum mit Kugeln und, was noch schlimmer war, mit Kerzen schmücken sollten, ohne daß sie tropften. Ich holte die Taschenlampe und sah, daß er unten am Stamm einen regelrechten Knick hatte, er mußte im Wald geradezu gekniet haben.

Jetzt gab es zwei Möglichkeiten: Absägen oder die Weihnachtsfeiertage über in schräger Haltung in den Stühlen zu sitzen. Irgendwie mußte schließlich

die Perspektive zu diesem Prachtstück wieder hergestellt werden. Durch Absägen aber hätte sich seine Länge um die Hälfte verkürzt, und ich habe noch immer auf einem stattlichen Christbaum bestanden. Ich dachte an die sage und schreibe ersparten vier Deutschen Mark und war dem Heulen nahe. Da ich gewiß sein konnte, daß ich damit nichts verändern würde, sagte ich schließlich: „Der Baum muß gerade stehen, egal wie. Ich habe ihn schließlich nicht gekauft.“

Dann ging ich ins Haus zurück und fragte mich, wie wir bei Tageslicht diesen Knick hatten übersehen können, wir alle drei, und dann fragte ich mich, wie dieser Prachtbaum zu seinem Knick gekommen sein mochte.

Auf einmal sah ich ihn vor mir, winzigklein noch, in der Schonung stehen, einer hinter dem anderen und einer neben dem anderen. Und jeder hatte seine liebe Not mit dem Wachsen und dem Durchkommen gegen das Unkraut, das viel schneller hochkam und den kleinen Tannen die Luft und die Sonne wegnehmen wollte. Also reckte und streckte der Baum sein dünnes Stämmchen, damit er wenigstens ein bißchen davon abbekam. Neben ihm machte sich nämlich ein Farn immer höher und breiter, und der wurde der kleinen Tanne auch zum Verhängnis. Eines Tages gingen Pilzsucher durch die Schonung und haben auf das Bäumchen getreten, weil es unter den Farnblättern nicht zu sehen war.

Daran gestorben ist die kleine Tanne zwar nicht, aber sie hat drei Jahre gebraucht, bis sie mit dem Knick im Rücken fertig geworden ist. Und dann wuchs sie, gleichmäßig und breit, mit einem tadellosen, schimmernden Astkarussell höher und höher und schöner als alle anderen Bäume in ihrer Nähe – nur der Knick, das Knie blieb.

Und damit hatten Mann und Sohn draußen fertig zu werden. Nach einer guten Stunde waren sie so mürbe, daß sie den Baum am anderen Tag umtau-

schen wollten. Jetzt wollte ich das aber nicht mehr, und deshalb erzählte ich ihnen die Geschichte, die mir durch den Kopf gegangen war. Kurz und gut, sie brachten die Tanne samt Ständer schließlich ins Haus, die Hosen dreckig, die Hände zerstochen, die Haare zerzaust, aber sie haben das Kunststück fertiggebracht: der Baum stand gerade da und blauschimmernd, und nur wer ihm unter die Zweige guckte, konnte sehen, daß er bloß mit dem halben Stamm im Ständer steckte.

Unser Christbaum konnte geschmückt werden. Als ich die hauchdünnen gläsernen Kugeln auspackte, die so behutsam behandelt sein wollen, ging mir durch den Kopf, wie alt oder wie jung dieser Brauch ist, zum Weihnachtsfest eine Tanne ins Haus zu holen, zu schmücken und mit Lichtern zu bestecken. Bis auf den heutigen Tag kann niemand sicher sagen, wann zum erstenmal ein Weihnachtsbaum aufgestellt worden ist. Nur soviel ist gewiß, Martin Luther hat mit seiner Familie noch nicht unter dem Christbaum gesessen, wie es das Bild zeigt, das der Maler C. A. Schwertgeburdt dreihundert Jahre nach Luthers Tod gemalt hat. Die erste deutschsprachige Meldung von einem geputzten Baum am Weihnachtsabend stammt aus Reval. In der alten Hansestadt gab es eine Vereinigung unverheirateter Kaufleute, die am Abend nach dem Weihnachtstrunk zwei Bäume auf den Marktplatz trugen, die zuvor in ihrem Vereinshaus gestanden hatten. Die beiden geputzten Tannen wurden auf dem Marktplatz aufgestellt, von den Junggesellen umtanzt und umsprungen und dann verbrannt.

Obwohl der Stadtchronist diese Sitte bereits aus dem Jahre 1514 meldet, hatten diese Bäume nichts mit den späteren Christbäumen zu tun, mit den lichtergeschmückten Gabenbäumen, wie sie etwa hundert Jahre später im Elsaß Wurzeln schlugen. Ein geschmückter Baum gehörte auch zum Nürnberger Metzgertanz, und bis auf den heutigen Tag

ist ohne einen bändergeschmückten Baum nicht an ein zünftiges Richtfest zu denken.

Der erste Bericht von einem wirklichen weihnachtlichen Gabenbaum stammt aus der Reichsstadt Türkheim im Oberelsaß. Auch dort war es eine Vereinigung wohlhabender Kaufleute, Wein- und Ackerbauern, die sich anläßlich ihrer Weihnachtsfeiern einen grünen Baum aufstellten und ihn „reich mit Äpfeln, Oblaten, buntem Papier und Faden" schmückten. Aber auch hier, im Jahre 1597, war er noch nicht der Familienbaum, der Mittelpunkt des Weihnachtsabends, ganz sicher aber mehr als eine schöne, erhebende Dekoration inmitten einer weihnachtlichen Zusammenkunft.

Gewiß stellte er für die Menschen damals noch das Abbild des paradiesischen Lebensbaumes dar, an dem Äpfel hingen, die dem ersten Menschenpaar zum Verhängnis geworden sind, wodurch Schuld und Tod in die Welt gekommen ist. Der Rosenschmuck dieses elsässischen Weihnachtsbaumes weist aber auch auf die Erlösung hin, denn Schuld und Tod sind in der Heiligen Nacht überwunden worden, in der den Menschen Gottes Sohn als „Ros' entprang".

In genau diesen Jahren entstand nämlich auch das Weihnachtslied, das bis heutigentags gesungen wird:

Es ist ein Ros entsprungen aus einer Wurzel zart,
wie uns die Alten sungen, von Jesse kam die Art
und hat ein Blümlein bracht'
mitten im kalten Winter,
wohl zu der halben Nacht.

Das Röslein, das ich meine, davon Jesaja sagt,
hat uns gebracht alleine, Marie, die reine Magd;
aus Gottes ew'gem Rat hat sie ein Kind geboren,
wohl zu der halben Nacht.

Es ist die Weissagung des Propheten Jesaja gewesen, von der die Menschen an der Wende zum 17. Jahrhundert tief bewegt wurden und für die sie nach einem Ausdruck suchten:

Es wird eine Rute aufgehen von dem Stamm Isais und ein Zweig aus seiner Wurzel Frucht bringen, auf welchem wird ruhen der Geist des Herrn, der Geist der Weisheit und des Verstandes, der Geist des Rats und der Stärke, der Geist der Erkenntnis und der Furcht des Herrn.

Jesaja 11, 1.2

So also sind Apfel und Rose an den Weihnachtsbaum gekommen, und wie es sich schon so oft gefügt hat, fügte es sich auch diesmal wieder. Das Grün aller Bäume und Sträucher, das in der dunkelsten Jahreszeit nicht welkt, bedeutete in vorchristlicher Zeit eine große heilbringende Kraft. Deshalb wurden von Fichten und Tannen schon damals grüne Zweige aus dem Wald in die Häuser, Gehöfte und Ställe geholt. Weihnachtsmaien wurden sie genannt, denn Symbol für Wachsen, Grünen und Blühen war der Monat Mai, in dem Hoffnung und Lebensmut wiederkehrten. Daß diese Weihnachtsmaien aufgestellt oder an Tore und Wände genagelt auch alle bösen Geister abwehren würden, die sich in den stürmischen Nächten einnisten wollten, um Krankheit und Siechtum, Zwietracht und Verderben zu bringen, erhoffte man ebenfalls.

Endlich aber wäre nun zu jenem Bericht zu kommen, in dem von dem ersten in einer Familie aufgestellten Weihnachtsbaum die Rede ist. Er wurde einem Reisebericht entnommen, und niemand weiß, wer dieser Reisende im Jahre 1604 gewesen ist.

„Auf Weihnachten richtet man Dannenbäum' zu Straßburg in den Stuben auf, daran hänket man Rosen aus vielfarbigen Papier geschnitten, Äpfel, Oblaten, Zischgold, Zucker etc. Man pflegt darum ein viereckend Rahmen zu machen . . ."

Nun soll aber niemand denken, daß von diesem Jahr an der Weihnachtsbaum mit offenen Armen allüberall aufgenommen worden wäre. Ganz und gar nicht. Er kam nur schrittweise vorwärts und hauptsächlich dort, wo Protestanten ansässig waren, nordöstlich des Elsaß vor allem. Im Süden und Südosten dagegen, wo sich alljährlich das ganze weihnachtliche Geschehen von Advent bis Mariä Lichtmeß auf die Krippe ausrichtete, dort hatte es der Weihnachtsbaum schwer, genauso wie später der Adventskranz.

Der Adventskranz mag noch durch einen grünen Strauß zu ersetzen sein, der Tannenbaum, der Christbaum ist und bleibt der Mittelpunkt des Weihnachtsfestes. Niemand würde sich heutigentags mit einer Lichterpyramide zufriedengeben, möchten die Messingsterne hinter den Kerzen auch noch so golden aufstrahlen und die aufgehängten Geschenke noch so vorteilhaft zur Geltung bringen. Selbst die schönen Pyramiden aus dem Erzgebirge, diese kinderfrommen Kunsthandwerke, deren große Flügelräder von der Kerzenwärme in Gang gesetzt werden, können in keiner Familie den Christbaum ersetzen, wenn auch auf ihren Stockwerken das weihnachtliche Geschehen des fernen Bethlehem gemeinsam mit dem vertrauten heimatlichen Alltag zu sehen ist und in lautlose Bewegung gerät.

Nichts kann dem geschmückten Tannenbaum seinen Platz streitig machen, selbst wenn er längst nicht mehr als Gabenbaum benützt wird, was soviel heißt, daß es Zeiten gegeben hat, in denen die Geschenke in seine Zweige gehängt wurden. Das müssen auf alle Fälle bescheidene Zeiten gewesen sein.

In den Stuben der „kleinen Leute“ behaupteten selbstgefertigte Weihnachtgestecke lange ihren Platz. Das waren im Norden sogenannte Bügelbäume aus Tannenzweigen, oder Reifenbäume, bei denen in mehreren Etagen grünumwundene Reifen

an einem Holzstock befestigt wurden. Im Süden waren es die Klausenbäume, die aus Äpfeln und dünnen Holzstäben angefertigt und mit grünen Sträußen geschmückt waren. In der Mitte stand nicht selten ein lebkuchener Nikolaus im Bischofsornat, von dem ein solcher Klausenbaum letztlich seinen Namen hatte. All diese weihnachtlichen Gebinde mögen in manchen Häusern wieder aufgestellt werden, ersetzen können sie den Christbaum nicht, und bestimmt wird niemand mehr auf den Gedanken kommen, seinen Weihnachtsbaum wieder an die Stubendecke zu hängen, wie es in vielen Gegenden bis zur Wende unseres Jahrhunderts üblich war, im Erzgebirge zum Beispiel, in Thüringen und auch in der Pfalz. Für unsere eigene diesjährige schiefgewachsene Tanne wäre das freilich die beste Lösung gewesen, letztendlich aber ein gar zu ungewöhnlicher Anblick.

Ob aufgehängt oder aufgestellt, soviel steht fest, um 1850 herum hatte sich der Christbaum durchgesetzt. Er war aus den Städten hinaus in die ländlichen Häuser gewandert, und hoffähig war er auch geworden. Der Brief, den die Herzogin von Orleans, bekannter unter dem Namen Liselotte von der Pfalz, im Jahre 1708 schrieb, um ihrer Tochter die eigenen Kindheitserinnerungen an den Weihnachtsbaum zu erzählen, ist eine Ausnahme. Er hielt erst hundert Jahre später in königlichen und kaiserlichen Höfen Einzug.

1816 brachte ihn die Prinzessin von Nassau-Weilburg mit an den Wiener Kaiserhof, als sie den Erzherzog Karl heiratete. Die Gemahlin Ludwigs I. brachte ihn 1830 mit an den bayerischen Hof, und die Königin Viktoria von England stellte ihn 1840 als Gabenbaum auf, nachdem sie den Prinzen Albert von Sachsen-Coburg zum Mann genommen hatte.

Reisende, Besucher und Künstler sind es vor allem gewesen, die, mit der Postkutsche unterwegs, anderen Ortes von den geschmückten Christbäumen erzählten und die Neugierde weckten. Es sind auch nicht immer nur Fichten und Tannen gewesen, die ins Haus geholt wurden. In vielen Gegenden waren es die Stechpalme oder der Buchsbaum, und im Brandenburgischen waren es die märkischen Kiefern. Das hatte seinen Grund nicht zuletzt in den hohen Preisen, die für die „kleinen Leute" unerschwinglich waren, denn Tanne und Fichte kamen aus gutsherrschaftlichem oder staatlichem Wald. Erst als durch die Nachfrage genügend Fichtenschonungen angelegt und die Bäume herangewachsen waren, kamen keine Buchsbäume oder Stechpalmen mehr in die Stuben.

So vielfältiger Art im Anfang die weihnachtlichen Bäume, so vielfältig war ihr Schmuck. Keineswegs aber waren sie von jeher mit brennenden Kerzen besteckt, dazu war das Wachs zu teuer. Weil es aber gerade das Licht in der dunklen Jahreszeit war, von dem die Menschen besonders festlich und zuversichtlich gestimmt wurden, gab es kleine Öllämpchen, denen an der unteren Rundung eine Nadel angeschmolzen war, mit der sie auf die Zweige gesteckt wurden. Wachskerzen waren damit nicht zu ersetzen, und über dem Begehren, „richtige Lichter" auf dem Weihnachtsbaum zu haben, ist mancher andere Weihnachtswunsch zurückgestellt worden.

So gehört es für mich zu den weihnachtlichen Unbegreiflichkeiten, daß in unserer Zeit, in der Kerzen für jeden erschwinglich sind, der Christbaum nun mit elektrischen Kerzen besteckt wird.

Was den Christbaumschmuck betrifft, könnte man ein ganzes Buch allein damit füllen, so viel ist im Laufe der Jahrzehnte ersonnen und hergestellt worden. Die schon erwähnten Äpfel, Papierrosen und bunten Fäden hat anderer Schmuck schnell verdrängt, und manchmal könnte man neidisch werden, daß auf unseren Weihnachtsbäumen außer

Kugeln und Lichtern fast nur noch Lametta zu finden ist und allenfalls ein paar Süßigkeiten, für die sich „das Abblümen“ am Dreikönigstag, wie es der Priester Dannhauser aus dem 1642 berichtet, nicht mehr lohnt.

Vielleicht kommt auch für den Weihnachtsbaum wieder einmal anderer Schmuck in Mode, denn die Mode hat vor ihm keineswegs haltgemacht. Wieviel Zauber verbirgt sich nicht hinter Berichten, in denen die Rede davon ist, daß er mit Flittergold und Zischgold geschmückt war, mit leonischen Drähten und goldkaschierten Sternen, vergoldeten Nüssen und Äpfeln, und ob man es glaubt oder nicht, mit vergoldeten Kartoffeln. Christbaumlokken lagen auf seinen Zweigen, und Vögel aus schimmerndem Glas mit richtigen Federschwänzen saßen auf seinen Ästen. Eiszapfen aus Glasdraht gab es und silberunterlegte gläserne Glöckchen.

Der gläserne Schmuck vor allem ist es, der bis auf den heutigen Tag die Blicke auf sich zieht, sobald er in den Geschäften ausliegt. All diese vielfältige Herrlichkeit hat ihren Ausgang in Thüringen genommen, in einem Ort, der uns weiter entrückt ist als Paris oder Rom. Wer hat schon einmal etwas von Lauscha gehört, wo das Rohmaterial für eine Glasindustrie vorhanden war, die zuerst Butzenscheiben formte, Reagenzgläser und künstliche Augen. Die dann zu Perlenketten überging und schließlich, als es von Jahr zu Jahr mehr Weihnachtsbäume gab, zu gläsernem Obst, Nüssen, Tannenzapfen und Kugeln, die Christbaumspitzen nicht zu vergessen. Es ist nicht einfach, sich angesichts der Pracht vorzustellen, daß diese Erzeugnisse Stück für Stück mit dem Mund geblasen wurden, in Heimarbeit. Das ist für jede Familie, die Kinder eingeschlossen, ein hartes Brot gewesen.

Fertiggestellt und verpackt, wurde dieser Christbaumschmuck auf dem Rücken kilometerweit in die Handelshäuser getragen. Das besorgten noch

bis vor fünfzig Jahren hauptsächlich Frauen, und bevor sich die Händler in Lauscha selbst niederließen, sind diese Frauen nicht selten bis Nürnberg gegangen.

In Nürnberg wiederum wurde aus Messingblech das Zischgold geschlagen, das Rauschgold und die leonischen Drähte, auch das Lametta ist darunter zu zählen. Es entwickelte sich in Nürnberg und Fürth eine ganze Industrie, und die Lamettasterne, die wie Schneekristalle glitzern oder in ihrer Mitte als Oblate einen Engelskopf haben, sind aus diesen Städten gekommen. Aber wer besitzt noch diese seidenschimmernden Kugeln, von hauchdünnen leonischen Drähten überzogen, oder die Blüten, von Lamettabürstenkränzen eingerahmt? Sie sind, wie gesagt, aus der Mode gekommen, aber Hoffnung besteht. Die winzigen hölzernen Schaukelpferdchen, die aus dem Erzgebirge stammen, die gibt es schon wieder, genauso wie die pausbäckigen Engelchen, die als Hemdenmätze auf einer Mondsichel sitzen oder sich mitten in einem Stern schaukeln. Warum sollten nicht auch wieder einmal die filigranhaften Zinn- oder Bleisterne als Christbaumschmuck in Mode kommen oder die zierlich-schönen Schlittengespanne aus silberkaschiertem Karton?

Mit den Nikoläusen aus Watte oder Papiermaché ist das anders, die gab und gibt es jedes Jahr, nur hängt man sie nicht mehr als Christbaumschmuck auf. Dieser Verlust erscheint mir nicht allzu groß, obwohl es auch aus diesem Material entzückende Figuren gegeben hat: Äpfel, Kirschen, Mohrrüben und Apfelsinen. Auch müßte man das alles nicht unbedingt in den Weihnachtsbaum hängen. Die grünen Zweige, die während der Adventszeit aufgestellt werden, eignen sich für diesen Schmuck besonders gut.

Nach all dem bunten, schimmernden, flitternden, glitzernden Weihnachtskram gab es dann eine Gegenbewegung. Es wurde Mode, den Christbaum

nur in Weiß zu schmücken. Weiße Blüten oder Schleifen aus Silberlametta waren das Gebot. Die Zweige wurden mit Watte belegt, und es durften nur noch weiße Kerzen aufgesteckt werden. Das Gegenstück dazu war nun wieder ein Baum mit bunten Bändern und kleinen Strohblumenkränzen. Solche Vorschläge fanden sich in den Frauenzeitschriften der damaligen Zeit, und viele sind auf fruchtbaren Boden gefallen.

Daneben aber haben andere ihre Bäume so geschmückt, wie es ihnen am besten gefiel. Das finde ich gut so, und das sollte auch immer so sein, denn kein Baum ist wichtiger als der kerzenbesteckte Weihnachtsbaum.

In jedem Jahr, wenn ich die ersten mit Tannen beladenen Lastwagen durch die Straßen fahren sehe, geht es mir durch den Kopf, welch schöne Zeit mir bevorsteht, und es kommt mir so vor, als ob jedem eine Chance gegeben wäre, etwas Gutes daraus zu machen. Es muß etwas Bestimmtes damit verbunden sein, sich diesen grünen Baum nach Hause zu holen und mit Kerzen zu bestecken.

Alljährlich, wenn Norddeich-Radio deutschen Seeleuten auf allen Meeren den Weihnachtsgruß aus der Heimat zufunkt, ist immer wieder die Rede davon, daß diese Seeleute ihre Weihnachtstannen eingekauft haben, bevor sie auf große Fahrt gegangen sind und daß sie die Bäume in den Kühlräumen ihrer Schiffe verwahren bis zum 24. Dezember. Dann sind Baum und Kerzenlicht für jeden einzelnen mächtig genug, die Verbindung mit den Angehörigen daheim herzustellen. Auch die Auswanderer der früheren Zeiten haben es so empfunden und alle Soldaten, die Kriegsweihnachten in fremden Ländern begehen mußten. Waffenruhe und brüderlicher Händedruck hat, wie Augenzeugen berichten, stattgefunden in der Heiligen Nacht beim Kerzenschimmer eines Weihnachtsbaumes, im Osten und Westen, im Norden und Süden. Unfaßbar ist freilich, daß der Krieg am nächsten Tag weitergegangen ist. Warum, so frage ich mich, ist in diesen Nächten des 24. Dezember, in diesen Kriegsweihnachtsnächten, kein Wunder solcher Art geschehen, wie es aus früheren Zeiten berichtet wird. Es sollen in der Nürnberger Gegend zum Beispiel Apfelbäume plötzlich zu blühen angefangen haben, und nicht nur das, sie sollen am anderen Morgen voller Früchte gewesen sein. Und warum hat nicht wenigstens das Holz des Weihnachtsbaumes die Menschen daran gemahnt, daß jenes Kreuz, an das Christus geschlagen wurde, auch aus Holz war? Es soll, wie es heißt, das Holz einer Fichte gewesen sein. Aber darauf sollte sich niemand versteifen. Auch die Krippe in Bethlehem war ja aus dem Holz eines Baumes gezimmert gewesen. Könnte es deshalb nicht sein, daß unser Weihnachtsbaum aus diesen beiden Gründen eine so zu Herzen gehende Wirkung hat?

Punsch, Glühwein und Grog!

Ach, es soll niemand über den Winter klagen im Bewußtsein solcher Genüsse. Gewiß, auch ein sommerlicher Eiskaffee ist nicht zu verachten, aber eins steht fest, duften tut er nicht. Das aber ist bei den genannten dreien schon die erste Verheißung für jeden, der die klammen Finger nach dem Glas ausstreckt und die rotgefrorene Nase darüberhält. Dieser Duft nach Nelken, Zimt, Zitrone, der Duft nach herben Trauben, der Duft nach Rum ist es, der einem unter die Haarwurzeln fährt. Danach das erste Nippen und Kosten mit dem heißen Glas in der Hand und schließlich der erste Schluck, der durch den Hals bis in die große Zehe hinunterrinnt. Ob Grog, Glühwein oder Punsch, sie müssen heiß getrunken werden, auch wenn man sich am ersten Schluck die Zunge verbrennt. Lauwarm sind sie fade wie abgestandenes Bier. Allerdings ist mit den heißen Getränken eine gewisse Tücke verbunden. Nicht nur, weil ein schnell geleertes Glas wieder nachgefüllt wird, sondern weil warmer Alkohol schneller ins Blut geht. Andererseits ist gerade das der Sinn bei durchgefrorenen Gliedern.

Was das Brauen eines Punsches betrifft, so sollten Sorgfalt und gute Zutaten dafür verwendet werden. Ein billiger Rotwein kann keinen guten Punsch ergeben und abgestandener Tee auch nicht. Das heißt wiederum nicht, daß für Punsch oder Glühwein ein auserlesener Bordeaux gebraucht würde, aber ein guter Wein der Mittelklasse sollte es sein. Das gleiche gilt für den Grog, der durchaus nicht nur mit Rum ordentlich einheizt, sondern ebenso mit Arrak oder mit Weizenkorn.

Um sich an einem zünftigen Grog aufzuwärmen, ist es wichtig, daß die Gläser angewärmt sind und das Wasser kochend heiß ist. Dazu sollten Rum, Arrak oder Weizenkorn wenigstens Stubentemperatur haben. Was dann kommt, muß schnell vor sich gehen: Zucker und heißes Wasser in den Gläsern verrühren und zum Schluß, je nach Geschmack oder Frost, den Rum hineingießen, den Arrak oder den Weizenkorn. Was einem dann in die Nase steigt, wärmt schon beim Einatmen.

Ich weiß nicht, wo die geographische Grenze verläuft zwischen Grog und Glühwein, aber ich bin sicher, daß nördlich von Hamburg und um Hamburg herum gegen die Kälte vor allem Rumgrog getrunken wird, und diese Kälte wird ja höchstens im Mai und August einige Male von heißen Tagen unterbrochen. Die übrige Zeit bläst der Wind entweder von der Nordsee oder von der Ostsee her, einer ist immer zur Stelle. Aus diesem Grund wird nördlich von Hamburg und um Hamburg herum das ganze Jahr über Grog getrunken. Es ist deshalb auch

nicht verwunderlich, daß entlang der Flensburger Bucht in jedem zweiten Haus Rum hergestellt wird. Der Wind weht den salzigen Ostseegischt ja zu Türen und Fenstern hinein, und wer zwischen Eisschollen auf der Elbe oder an der Küste dahinschippern muß, der sorgt für eine volle Buddel Rum. Daraus ergibt sich, daß die Kälte zwischen Nord und Süd anders ist und daß auch die Menschen zwischen Nord und Süd unterschiedlich sind.

„Glühwein", steht es schwarz auf weißer Pappe in den bayerischen Gaststätten zwischen November bis März. „Wir empfehlen Glühwein." Grog kann man auch bekommen, empfohlen wird er nicht. Man lebt anders und trinkt anders. Wer vom Eisschießen kommt, und mag es noch so kalt gewesen sein, der hat unterm dicken Winterloden geschwitzt, deshalb braucht er ein Bier. Die Skifahrer brauchen nach Abfahrt oder Langlauf ihr Skiwasser, einen Grog brauchen sie nicht. Vielleicht sind einige dabei, die den Glühwein trinken, der angepriesen wird, aber auch das ist nicht sicher, sicher ist die Maß, das Bier oder das Hefebier mit der Zitronenscheibe darin. Bleibt also das Land übrig zwischen der norddeutschen Tiefebene und dem Alpengebiet und das Land zwischen Westen und Osten.

Was den Osten angeht, weiß ich Bescheid. In meinen Kindheitserinnerungen sehe ich die Langholzfuhrleute haltmachen und den Pferden die Futtersäcke vor die bereiften Nüstern binden. Ich höre sie die Schneeklötze von den Stiefeln schlagen, und ich sehe sie, wie in Dampf gehüllt, in die Gaststube treten. Die Augenbrauen ebenso bereift wie den Bart unter der Nase. „An'n worm'n Kurn", wollten sie und blieben an der Theke stehen. Sie waren noch viel zu sehr im Gange, als daß sie sich hätten gleich hinsetzen können. Das ergab sich erst im Gespräch und beim Warten, bis dieser warme Korn, der Grog aus Weizenkorn, vor ihnen stand. Ein Bier zu trinken wäre diesen Männern, denen der

Bart langsam auftaute, nicht in den Sinn gekommen. Und während sie den einen warmen Korn tranken und den zweiten bestellten, ließen sie das langgestreckte Fuhrwerk draußen, auf dem die Fichtenstämme kein Ende nehmen wollten, nicht aus den Augen.

Genausowenig wie diese Langholzfuhrleute kein Bier tranken, würden auch jene Männer kein Bier bestellt haben, die sich daranmachten, die Karpfenteiche abzufischen. Wer den ganzen Tag nichts anderes gesehen hat als silbernschimmernde, um sich schlagende Leiber und aufgerissene Fischmäuler, der braucht etwas anderes, der braucht etwas, das durch und durch geht. Und wieder war warmer Korn an der Reihe, oder, je nachdem wie spendabel der Teichbesitzer war, ein starker Rumgrog.

Außer Langholzfuhrleuten und Fischteichmännern klopften sich vor der Tür auch die Jäger den Schnee von den Stiefeln. Eine richtige, große Treibjagd war schon tagelang vorher in aller Munde. Denn zu den Jägern kamen die Treiber, und Treiber sein heißt bis heute, neben ein paar Mark Verdienst auch immer ein bißchen Abenteuer, und was das Essen und Trinken betrifft, „lebeschön" zu machen. Bier wäre nach einem Jagdtag undenkbar gewesen. Sobald vor der Dämmerung die Strecke gelegt und das Halali geblasen war, konnte es nichts anderes geben als einen richtigen heißen Grog, um die Kälte aus den Gliedern zu vertreiben.

Was wäre aber der ganze Winter ohne eine Schlittenfahrt! Bei festem Schnee und anhaltender Kälte wird sie auf den Dörfern gelegentlich auch in Norddeutschland veranstaltet. Dabei führt ein bespannter Schlitten eine Karawane aus Rodelschlitten an. In meiner Erinnerung steht für Schlittenfahrt die Sonntagsnachmittagsausfahrt bei blitzender Kälte und strahlendem Sonnenschein im geräumigen Viersitzer, den der große Hannoveraner, angeschirrt mit dem schönen Geläut, durch die Winterland-

schaft zog. „Einmal umschmeißen", hieß es immer, „das muß sein." Wenn es nicht dazu kam, war es das Verdienst des guten Kutschers. Was die vier Sitze anging, so waren sie meistens mit sechs Personen besetzt. Je enger, desto mehr Wärme, und je dicker die Fußsäcke und die Pelze, desto besser. Zum Höhepunkt wurde immer das Aufwärmen nach stundenlanger Fahrt. Das Glühweintrinken bei meinem Patenonkel gegenüber dem Schloß, das einem schlesischen Fürsten gehörte, bei dem der Kaiser oft zu Besuch war. Meinen Patenonkel hat das nie beeindruckt, aber er erzählte es so schön, und es paßte so gut zu Winter und Glühwein – es war wie ein Märchen.

Es war auch ein Märchen, wenn wir unter einem klaren Abendhimmel über den Schnee nach Hause fuhren und wenn wir schließlich in den Hof einbogen, der Vater uns entgegenkam und wir nicht „umgeschmissen" hatten. Wobei nicht verschwiegen werden soll, daß dem Vater die gesundgebliebenen Beine des Pferdes im ersten Augenblick wichtiger waren als unsere eigenen.

Solche Gedanken gehen mir durch den Kopf, wenn ich alljährlich in der Adventszeit zum erstenmal einen Punsch ansetze, den ersten Glühwein braue oder reihum frage, ob ein Grog das richtige wäre. Es müssen diese aromatischen Dünste sein, die solche Erinnerungen heraufbeschwören.

An den Adventsabenden, wenn zu Punsch oder Glühwein ein paar Freunde gekommen sind, ist das etwas anderes. Dann habe ich zu tun gehabt mit Pfannkuchen- oder Krapfenbäckerei, und erst, wenn sich der Duft von Tannenzweigen und Punsch mit dem Duft von Schmalzgebackenem zusammenfindet, stellt sich die richtige Behaglichkeit ein. Es hat Gäste gegeben, die sich so gütlich daran getan haben, daß sie zwei Tage brauchten, um mit Magen und Geist wieder ins Gleichgewicht zu kommen. Aber das nur nebenbei.

Zu einigen Rezepten soll Friedrich von Schillers Punschlied den Auftakt abgeben.

Vier Elemente innig gesellt,
bilden das Leben, bauen die Welt.
Preßt der Zitrone saftigen Stern!
Herb ist des Lebens innerster Kern.
Jetzt mit des Zuckers linderndem Saft
zähmet die herbe brennende Kraft!
Gießet des Wassers sprudelnden Schwall!
Wasser umfänget ruhig das All.
Tropfen des Geistes gießet hinein!
Leben dem Leben gibt er allein.
Eh' es verdüftet, schöpfet es schnell!
Nur wenn er glühet, labet der Quell.

Weihnachtspunsch

Vor dem Rezept ist zu bemerken, daß dieser Punsch genausogut vor und nach Weihnachten getrunken werden kann und daß am Silvesterabend dazu frische Berliner Pfannkuchen hervorragend schmekken.

Als Zutaten werden gebraucht: 1 Liter starker Tee, eine Ostfriesenmischung eignet sich besonders gut, 250 Gramm Zucker, es kann auch Würfelzucker sein, der Saft von 3 Zitronen und 4 Orangen, dazu 8 Gewürznelken und 1 Stück Zimtrinde, 2 Flaschen Rotwein und ¼ Liter Rum, es darf auch Weinbrand sein.

Der frisch aufgebrühte, kochendheiße Tee wird über den Zucker gegossen, der als erstes in den Punschtopf kommt, hinzugegeben werden der Zitronen- und Orangensaft, die Gewürznelken und die Zimtrinde. Das alles wird gut verrührt, bis sich der Zucker gelöst hat, danach kommt der Rotwein hinein. Alles zusammen wird jetzt erhitzt, bis – Achtung, Achtung – kurz vor den Siedepunkt. In einem kleineren Topf ist währenddessen schon der Rum erwärmt worden. Er wird in den Punschtopf gegossen, das Ganze einmal umgerührt und durch ein Sieb in vorgewärmte Gläser gefüllt.

Winterpunsch

100 Gramm brauner Zucker, ½ Liter frisch gebrühter, starker schwarzer Tee, 1 Literflasche Rotwein, Blauburgunder oder Grauvernatsch aus Südtirol vielleicht, ½ Liter Weißwein, der ebenfalls kräftig sein sollte, der Saft von 4 Zitronen, ein Stückchen Zimtrinde und ein reichlicher Viertelliter Arrak.

Der Tee wird mit dem Zucker, dem Wein und dem Zitronensaft so lange kalt gestellt und gelegentlich einmal umgerührt, bis sich der Zucker aufgelöst hat. Danach kommt der Arrak hinein und der Topf auf die heiße Platte. Alles zusammen wird wieder bis kurz vor den Siedepunkt gebracht und

danach durch ein Sieb mit einer Kelle schnell in heiße Gläser geschöpft. Wer dem Winterpunsch noch einen besonderen Pfiff geben will, der kann vor dem Ausschenken zwei Likörgläser voll Cointreau dazugeben. Wer aber einen schweren Kopf befürchtet, läßt den Likör weg und serviert ihn mit der dünnen Scheibe einer ungespritzten Zitrone.

Übrigens soll das Wort Punsch aus dem Indischen kommen, wo es Pansch heißt und fünf bedeutet. Fünferlei Zutaten zum Punsch? Engländer sollen das Wort und das Rezept nach Europa gebracht haben, natürlich auch den Tee, eine wichtige Grundlage des Punsches. Die andere ist der Wein, aber den hat es hierzulande schon gegeben, bevor in jedem Haus Tee getrunken wurde.

Glühwein

Eine Flasche guter Rotwein, ¼ Liter Wasser, den Saft einer Zitrone, ein paar Gewürznelken und ein kräftiges Stück Zimtstange, zum Schluß eine ungespritzte Zitrone, in dünne Scheiben geschnitten.

Der Rotwein und das Wasser werden mit den Gewürzen und dem Zitronensaft in einem Topf bis kurz vor den Siedepunkt gebracht. Vor dem Servieren werden Zimtstange und Nelken herausgefischt, danach kommt der Glühwein sehr schnell in vorgewärmte Gläser. Die Zitronenscheibe wird bis zur Hälfte eingeschnitten und auf den Glasrand gesteckt. Der zum Glühwein gehörige Zucker steht in einer schönen Zuckerdose auf dem Tisch, und jeder bedient sich nach eigenem Geschmack.

Rumgrog

Man braucht für einen *Rumgrog* 2 Teelöffel Zucker und 4 cl Rum, kochendheißes Wasser, ein Glas mit einem Glasstöpsel darin. Zucker und kochendheißes Wasser werden so lange umgerührt, bis sich der Zucker aufgelöst hat, dann kommt der Rum hinein, 4 cl, wie gesagt, aber das ist nicht festgelegt und

kann beliebig abgewandelt werden. Dieses Getränk ist in Norddeutschland das ganze Jahr über beliebt. Etwas Besonderes ist der

Eiergrog

Dazu gehören 1 Eigelb, 1 Eßlöffel Zucker und 8 cl Rum für jede Person. Das Eigelb wird mit dem Zucker gut schaumig gerührt und danach in ein vorgewärmtes Grogglas gegeben. Zu den 8 cl Rum kommt jetzt die gleiche Menge Wasser, beides wird zusammen erhitzt und danach zum Eiercreme in das Glas gegossen.

Den guten Schluß abgeben soll der

Pharisäergrog

2 Teelöffel Zucker, 1 Tasse starker schwarzer Kaffee, 1 cl Rum und 2 gehäufte Eßlöffel Schlagsahne. Der Zucker, der Kaffee und der Rum werden erhitzt und bis kurz vors Kochen gebracht, danach gut umgerührt, in ein Grogglas gefüllt und mit nicht zu fest geschlagener Schlagsahne bedeckt.

An der Nordseeküste, wo der Pharisäergrog erfunden worden ist, füllt man ihn allerdings nicht in ein Glas, sondern trinkt ihn aus einer Kaffeetasse. Als ich in Husum zum erstenmal Pharisäer getrunken habe, ist mir die dazugehörende Geschichte so erzählt worden:

In einem Sprengel, unweit von Husum, hatte ein neuer Pfarrer sein Amt bezogen, der, wie sich herausstellte, außerordentlich stark im Glauben war und gegen alle Art von Sünde wortreich zu Felde zog. Besonderen Kummer machte es ihm, daß seine Schutzbefohlenen keine Gelegenheit vorübergehen ließen, um tüchtig „to supen". Begräbnisse, Hochzeiten, Kindtaufen und alle Feiertage zusammen waren den Männern nicht Anlässe genug, um ordentlich Schnaps zu trinken. „Gesupt" wurde auch, wenn die Kuh gekalbt und die Gans gut gebrütet hatte.

Nun war der neue Pfarrer nicht bloß ein gläubiger Mann, er war auch wortgewaltig. Er donnerte nicht nur von der Kanzel herab auf die dicken Schädel ein, er redete auch jedem einzelnen ins Gewissen, und so brachte er es nach einer gewissen Zeit zum Erfolg. Die Männer fingen an, vom Alkohol auf Kaffee überzugehen. Nicht alle zur gleichen Zeit, aber zur Freude des Pfarrers waren immer mehr bereit, mit ihm zusammen Kaffee zu trinken.

An dem einen Wintertag nun, von der Nordsee her pfiff es, daß jeder Mühe hatte, auf den Beinen zu bleiben, an so einem Wintertag mußten sie Momme Mommsen zu Grabe tragen. Der alte Momme war ein wohlhabender Mann gewesen, und dementsprechend fiel nach der Feier am Grab die Tafelei im Hause aus. Durchgeblasen, wie sie vom Friedhof kamen, wurde jedem erst einmal eine große Tasse heißer Kaffee vorgesetzt, wobei sich auf des Herrn Pfarrers Tasse eine besonders hohe Sahnehaube wölbte.

Im nächsten Augenblick war nur noch Schlürfen und Schlucken zu hören, und dann ging ein gutgelauntes Nicken zu Mommes Witwe hinüber. Plötzlich aber sprang der Pfarrer auf, er hatte seine Tasse noch in der Hand. „Ihr Pharisäer", rief er, „ihr Pharisäer, ihr! Jetzt weiß ich, warum ihr plötzlich so gerne Kaffee trinkt. Rum ist drin, Rum, und damit man's nicht riecht, habt ihr die Sahne darauf gekleckst. Diesmal habe ich die falsche Tasse erwischt. Oh, ihr Pharisäer!"

Daß Mommes Witwe händeringend in die Küche lief und der lütten Deern, die das Unheil angerichtet hatte, eins hinter die Ohren gab, versteht sich. Aber herausgekommen war die scheinheilige Gefügigkeit damit doch.

Nun ist nicht überliefert, ob sich der Pfarrer im Laufe der Jahre seiner Gemeinde angepaßt hat oder umgekehrt. Geblieben ist das Getränk, das Pharisäergrog genannt wird.

Quem pastores laudavere

Quem pastores laudavere
Quibus angeli dixere:
Absit vobis iam timere,
Natus est rex gloriae.

Nach dem Anfang dieses Liedes wurden die Knaben, die in der Adventszeit singend von Haus zu Haus zogen, Quempassänger genannt. Es waren Schüler, die den lateinischen Text im Unterricht gelernt hatten. „Quem pastores“ ist ein Hirtenlied, und der erste Vers heißt auf deutsch:

Den die Hirten lobten sehre
Und die Engel noch viel mehre:
Fürcht' euch fürbaß nimmermehr,
Euch ist geboren ein König in Ehr.

Es waren also Lateinschüler und arme Schlucker dazu, die nichts von daheim zum Zusetzen bekamen und die sich die magere Internatskost singend aufbessern wollten. Geld saß den Leuten früher nicht sehr locker in der Tasche, und die Schüler mit den schwarzen Umhängen und den schwarzen Hüten waren zufrieden, wenn ihnen Äpfel in die Hände gelegt wurden, ein Stück frisches Brot, ein Stück Weihnachtsstollen, womöglich sogar eine Wurst. Ein Geldstück war das höchste, das man sich mit diesen Quempasliedern ersingen konnte, aber nur in den allerbegütertsten Häusern zu erwarten war.

Ein großer Stern, auf einer hohen Stange getragen, war das Zeichen der Quempassänger, und der Sternträger ging den anderen mit einer Laterne voran. Die war auch nötig in den schlecht beleuchteten Gassen, obwohl sie nur spärlich Licht gab, wenn die Knaben durch den Schnee stapften. Oft blies ihnen ein eisiger Wind einfach ihre dampfenden Lieder vom Mund weg, und es wird manchmal ein mühsames Dagegenansingen gewesen sein, das auch noch fröhlich klingen sollte, trotz der eiskalten Füße und der erstarrten Hände, die kaum noch imstande waren, die Notenbücher zu halten und den Stern zu drehen.

Aber wie satt sie es auch manchmal gehabt haben, wie sehr ihnen die roten Nasen auch gelaufen sein mögen, es war immer der Beutel am Handgelenk, der sie nicht verzagen ließ und der von Haus zu Haus ein wenig schwerer wurde. Heute würde man das als unzumutbar bezeichnen, aber die Zeiten waren damals härter, auch die Weihnachtszeiten.

Das Quempassingen ist vor allem in protestantischen Gegenden üblich gewesen, in Brandenburg, Pommern, Mecklenburg, im Erzgebirge und in Thüringen. Und an manchen Orten ist es in ziemlichen Unfug ausgeartet, denn diese Schüler, zwischen zwölf und sechzehn Jahren, zogen auf sich allein gestellt los. Gegen knöcheltiefen Schnee und

verschlossene Türen wird manchmal nur Übermut geholfen haben.

Das mag auf Straßen und Höfen noch hinzunehmen gewesen sein, das Quempassingen fand aber auch in der Kirche statt. Es war eine Frühandacht, am Morgen des ersten Feiertages abgehalten, die schon um fünf Uhr begann. Dabei hatte dann der Unfug natürlich aufzuhören. Besonders bei einem preußischen König, wie Friedrich Wilhelm I. einer gewesen ist, der seine Untertanen mit Strenge und Zucht regierte. Er verbot das Quempassingen kurzerhand. Sein Sohn Friedrich, der Große genannt, nahm die Sache nicht so schwer. Er hob das Verbot wieder auf, und das Quempassingen konnte fröhliche Urständ feiern.

Die Quempasmessen mit ihren oftmals stundenlangen Weihnachtsgesängen wurden daraufhin zum Spiel einer ganzen Kirchengemeinde entwickelt. Augenzeugen haben darüber geschrieben. Im „Lukkauer Volksblatt für Stadt und Land" schreibt zum Beispiel ein einheimischer Reporter in seinem Bericht:

„Die Andacht beginnt um fünf Uhr in der Frühe. Nach einem gemeinsamen Morgenlied steht eine Kirchenmusik auf dem Programm, dann folgt das Kanzellied, und darauf hört die Gemeinde die Predigt. Danach folgt das Hauptstück der ganzen Feier, es ist das ‚Quem pastores', das nun Vers für Vers von vier Chören gesungen wird. Die Chöre haben sich an den vier Seiten des Kirchenschiffes aufgestellt. Während des Gesanges drehen sich an der Orgel Sonne, Mond und Sterne, der König David greift in die Harfe, und die Posaunenengel drehen sich im Kreis. Und was das Schönste ist, über allem erklingt ein wunderbarer Vogelgesang. Dies alles mögen gewiß alte Spielereien sein, die durch die Orgel ausgelöst werden, wie andernorts die Glokkenspiele. Aber es ist nicht zu verkennen, daß die ganze Feier einen gewaltigen Eindruck ausübt auf

QUEM
QUEM

die Gemüter der Versammelten und daß jeder, der es erlebt, weihnachtsfroh gestimmt wird."

Der Berichterstatter nimmt sich davon nicht aus, obwohl er sich wünschte, daß es etwas weniger geräuschvoll dabei zuginge. Aber:

„Das Ereignis stellt einen solchen Mittelpunkt in der Heiligen Nacht dar, daß aus der ganzen Umgebung die Leute den stundenweiten Weg nicht scheuen, um an dieser Luckauer Quempasmesse teilnehmen zu können."

Von den Quempasmessen in den brandenburgischen Kirchen wird etwas besonders Hübsches berichtet. Dort waren die Texte der Quempaslieder, die in den Kirchenbänken auslagen, nicht gedruckt, sondern von den Quempassängern lange vorher aus den alten Büchern abgeschrieben worden. Außerdem waren sie mit kleinen Bildern verziert, mit Blumenranken, Vögeln und Tannenzweigen. Vor allem aber ganz kindliche Darstellungen der Herbergssuche waren darunter, die Krippe oder die Flucht der Heiligen Familie aus Bethlehem.

Von einer Quempasfeier in der Nikolaikirche von Berlin, die weniger als fünfzig Jahre zurückliegt, wird folgendes berichtet:

„Nach dem Lied ‚Vom Himmel kam der Engel Schar' wird das ‚Resonet in laudibus' angestimmt. Dabei wechseln sich die Gemeinde und der Jugendchor im Gesang ab. Der Jugendchor schreitet dabei in drei Abteilungen vom Turm her auf den Altar zu. Die ersten Teile des Liedes singen die Knaben, den letzten stimmen die Mädchen oben auf dem Orgelchor an.

In früheren Zeiten war es Brauch, daß sich die Gruppen der Knabensänger zu bestimmten Chören hinbewegten, dorthin nämlich, wo jene Männer standen, die früher zu den Schülerchören gehörten und die jetzt mit ihren kräftigen Stimmen in den Gesang einfielen. So waren es nicht weniger als zweihundert Knaben, die im Wechselchor die alten

Lieder aus den schön verzierten Heften absangen. In der einen Hand hielten sie dazu selbstgefertigte Laternen oder Kerzenträger. Die Anführer der drei großen Züge trugen Adventskrone, Christbaum und ein Transparent mit der Weihnachtsszene. Der ganze Vorgang war so feierlich und zu Herzen gehend, daß niemand die frühe Stunde scheute und daß jeder, der nicht dabei sein konnte, es als einen Verlust empfand für das ganze Weihnachtsfest."

In den drei Donnerstagnächten vor dem Heiligen Abend sind in Südtirol die Klöckler unterwegs. Das sind vermummte Gestalten, die ihre Gesichter mit Ruß einschmieren, damit die bösen Geister sie nicht erkennen. Heutzutage haben sie sogar Musikinstrumente bei sich, wenn sie von Haus zu Haus ziehen.

Auch beim Klöckeln ist früher viel Unfug getrieben worden, so daß die Obrigkeit das Klöckeln zeitweise ebenso verboten hat wie seinerzeit Friedrich Wilhelm I. das Quempassingen. Fensterscheiben, Fensterläden und Türen sind beim Klöckeln oder Anklöpfeln, wie es in Bayern heißt, in die Brüche gegangen. Und wenn die Hausbewohner genug in Angst und Schrecken versetzt worden waren, mußten sie sich mit guten Gaben auch noch von dieser wilden Gesellschaft loskaufen.

Klöckel an, klöckel an,
der Bauer ist ein braver Mann . . .

sangen die Klöckler, und dann forderten sie:

Krapfen raus, Krapfen raus,
oder ich stech ein Loch ins Haus.

Und zu allem sollte das Klöckeln auch noch Glück in Häuser und Höfe bringen!

Von Hof zu Hof ziehen, das heißt in Südtirol oft,

weite Wege zurückzulegen, denn auch die Berghöfe wollen heute wieder beklöckelt sein, die erst nach stundenlangem Aufstieg zu erreichen sind. Und plötzlich prasseln in der Dunkelheit dann Erbsen, Sand und Schottersteine gegen Fenster und Türen, bevor sich die Klöckler zum Gesang aufstellen. Vornean steht das Klöckelweibele in einem strohgeflochtenen Kittel, ihm zur Seite baut sich das Klökkelmandl auf, schließlich fangen sie an, ihr Lied zu singen, und es ist ein großes Glück, daß sie in ihrem Gefolge einen haben, der die Trompete blasen kann, und einen anderen, der es versteht, mit der Ziehharmonika umzugehen. Großartige Sänger sind die Klöckler alle zusammen nicht.

Das Ganze ist heut auch nicht mehr als ein Spaß und eine gute Gelegenheit, an wohlschmeckende Dinge zu kommen, denn ein Heischebrauch ist es geblieben. Die Gaben sind meistens Würste oder ein Stück geselchtes Fleisch, die der Lottersackträger einheimst und die später gemeinsam verzehrt werden.

In den ersten Anfängen war das freilich anders. Damals klopften oder klöpfelten die Armen an die Türen und Fenster der Wohlhabenden.

„Die armen Leute klopfen an“, hieß es, und jeder, der ein Christenmensch sein wollte, war bereit, den Anklopfern durch Fenster oder Tür eine Gabe zu reichen, damit ihre Not wenigstens in der Weihnachtszeit erträglich wurde.

In vielen Gegenden hat sich heute das eine mit dem anderen verbunden. Es gibt Klöckler, die aus Freude an der guten Sache zu Anklopfern werden und die das eingesammelte Geld dann weitergeben, denn es gibt auch in diesen Tagen noch Menschen, denen zu Weihnachten sonst niemand eine Freude macht.

Rauhreif

Rauhreif zum Vollmond kündet an,
daß bald viel Kälte kommen kann.

Mit dieser uralten Wetterregel ist jener Vollmond gemeint, der, in jedem Jahr unterschiedlich, in die Zeit zwischen Ende Oktober bis Mitte November fällt. Und ob man auf die alten Sprüche etwas gibt oder nicht, in diese Zeit fallen die ersten empfindlich kalten Nächte. Angekündigt hat sich der Winter freilich schon lange. Wer aber will etwas darauf geben, wenn die Mittagssonne noch warm ist wie an Sommertagen, wenn die Mücken in ganzen Schwärmen spielen, die Herbstastern noch Knospen treiben. Da werden die schwarzen Köpfe der Dahlien gern übersehen, die ihnen der erste Nachtfrost gebracht hat.

Sitzen noch Drosseln im Waldgehege,
hat's mit der Kälte noch gute Wege.

Na, also! So zeitig kommt der Winter noch nicht, aber wie es auch sei, die Schwalben auf Dachfirsten und Telefonleitungen sind nicht zu übersehen. Sie sitzen aufgereiht wie Perlen.

Rüsten sich Schwalben und Störch zur Reis',
dauert's nicht lang mehr, und es wird weiß.

Und außerdem:

Sieht man die Zugvögel zeitig ziehn,
bedeutet's, daß sie vor Kälte fliehn.

Wie war denn das beim Sonntagsspaziergang mit den auffallend vielen Krähen auf dem Feld?

Halten die Krähen Konzilium,
sieh nach Feuerholz dich um.

Das Feuerholz ist heute durch Öl, Gas und Strom ersetzt, aber das Krähenkonzilium deutet noch immer das gleiche an: der Winter steht vor der Tür, es wird kalt. Die Tage sind empfindlich kürzer geworden. In der Nacht fegt nicht selten ein heftiger Wind ums Haus, und am frühen Abend, gestern oder vorgestern, sind Wildgänse zu hören gewesen.

Treffen die Wildgänse zeitig ein,
wird früh und streng der Winter sein.
Ziehn die Wildgänse bald,
so kommt der Winter schnell und kalt.

Aber die Bäume sitzen noch voller Laub, und bunt sind die Blätter auch noch nicht, es kann alles ganz anders kommen. Heißt es nicht:

Läßt der Baum sein Laub nicht gern,
ist der Winter meilenfern.

Na, bitte, also doch kein früher Winter. Dann allerdings ein kalter, denn:

Sitzt das Laub noch fest am Ast,
wird der Winter ein schlimmer Gast.

Wenn er nicht allzu früh kommt und nicht zu lange dauert, soll's recht sein. Schließlich hat der Winter auch seine guten Tage, den Advent, Weihnachten, Silvester, die Fastnacht und außerdem, was ist eigentlich gegen so ein richtiges winterliches Grünkohlessen zu sagen, mit Kohlwurst und Kasseler? Aber der Grünkohl muß zuerst einen ordentlichen Frost gehabt haben, dann schmeckt er gut.

Merkwürdigerweise macht es niemand etwas aus, daß diese Wetterregeln, wie schon gesagt, uralt sind. Von Bauern und anderen „einfältigen Leuten", wie Landpfarrern, Küstern und vor allem Schäfern wurden sie aufgestellt, aufgeschrieben und weitergesagt in einer Zeit, in der Wetternachrichten weder aus dem Radio noch aus dem Fernsehen zu erfahren waren. Die damaligen Wettervoraussagen stützten sich auf Beobachtung und Erfahrung. Sie waren die einzige Möglichkeit, sich auf das Wetter des nächsten Vierteljahres oder sogar des nächsten Jahres einzustellen.

Wer nicht geht mit dem Rechen,
wenn die Bremsen und Mücken stechen,
der muß im Winter gehn mit dem Strohseil
und fragen, hat jemand Heu feil?

Diese alten Sprüche, besonders wenn sie sich um den Winter drehen, bekommen auf einmal eine neue Bedeutung. Nicht, weil alles Alte wieder geschätzt wird, sondern weil unsere warmen Stuben von Winter zu Winter teurer werden. Wie wichtig aber müssen diese Wetterregeln in einer Zeit gewesen sein, als es nicht allein um einen warmen Ofen ging, sondern vor allem um einen satten Magen für Mensch und Vieh. Deshalb wurden die letzten Sommerwochen und der Herbst besonders aufmerksam beobachtet, um sich rechtzeitig auf den Winter einzustellen. Rückte der bärbeißige Kerl schließlich heran, war es wieder geboten, ihn zu beobachten. Auch er hatte seine Notwendigkeit: „Der Schnee muß die Zaunpfähle einschneien, sonst gibt es kein Heu", hieß es, und:

Eine gute Decke Schnee
bringt das Winterkorn in die Höh'.

Ja, Schnee mußte fallen, bevor strenge Kälte kam.

Nichts fürchten die Bauern bis auf den heutigen Tag mehr, als daß der Frost über die Felder kommt, ohne daß der Schnee die Saaten schützt.

Dem Korn unterm Schnee
tut die Kälte nicht weh.

Und noch eine bittere Wetterregel:

Viel Schnee ist des armen Mannes Dünger.
Denn:
So hoch der Schnee, so hoch das Gras.

Diese Bauernweisheit verheißt dem armen Mann eine gute Weide für Ziege und Schaf. Trotz dieser Hoffnung wird er vor dem Winter den Kopf zwischen die Schulter gezogen haben, und wenn er sich seine Fuhre Klaubholz im Wald zusammengesucht hat, wird ihm so leicht kein Zeichen für die kommende Winterzeit entgangen sein. Verläßlich ist zu allen Zeiten das Verhalten des Eichhörnchens gewesen. Turnte es im Herbst noch fleißig herum? Oder ließ es sich kaum blicken?

Zieht's Eichhorn still ins Winternest,
gibt es Kälte hart und fest.

Ebenso sichere Auskunft konnten auch die Hasen geben:

Je näher die Hasen dem Dorfe rücken,
desto ärger werden des Winters Tücken.
Sind aber die Drosseln noch da,
ist der Winter noch nicht so nah.

Das alles hieß horchen und die Augen offenhalten, und vielleicht wird manche Schlinge nur gelegt worden sein, um sich zu vergewissern, wie es mit dem Fell des Hasen bestellt war:

Kommt der Hase mit langem Gelock,
schau nach deinem Winterrock.

Das war eine fürsorgliche Mahnung an alle, den Winterrock, Pelz, Muff und Fußsack vom Boden zu holen. Aber nicht jeder war ein so reicher Mann, nicht jeder konnte rechtzeitig Holz schlagen lassen, um aller Kälte gelassen entgegenzusehen. Mit dem Gekreisch der Säge und dem Axtschlag der Holzfäller im Ohr ließ sich eine Wetterweisheit wie diese gut ertragen:

Je fetter Dachs und Sperling sind,
desto kälter kommt das Christuskind.

Ja, sollte es vielleicht nicht kalt kommen? Gab es etwas Schöneres als den Weg zum Weihnachtsgottesdienst durch den Schnee? Womöglich durch ein richtiges Schneegestöber, in dem die erleuchteten Kirchenfenster eine feierliche Zuflucht vor der Krippe verhießen? Weihnachten, soviel steht fest, Weihnachten muß weiß sein, wenn es ein richtiges Weihnachten sein soll. Und außerdem: „Grüne Weihnachten – weiße Ostern". Schnee zu Ostern aber ist immer fehl am Platze, und meistens gerät daraufhin das Wetter des ganzen Jahres aus den Fugen.

Um noch einmal auf den Rauhreif zurückzukommen, auf diese wunderbaren Schneekristalle, die sich nach einem diesigen Tag und einer eiskalten Nacht an Sträuchern und Zweigen festsetzen und jede abgestorbene Blütendolde zum Blühen bringen, soll wieder eine Bauernregel das Wort haben:

Rauhreif an den Bäumen deutet vor Weihnacht
Brot – nach Weihnacht Tod.

Heutzutage mag Rauhreif vor oder nach Weihnachten kommen, er beschert allen den gleichen kristallenen Zauber, und außer unseren Ältesten, die noch von gutem und schlechtem Wetter betroffen waren, weiß diese Bauernregel niemand zu deuten, die nichts anderes als einen kurzen oder einen langen Winter voraussagt.

Auch heutigentags folgt dem ersten Rauhreif stets die graue Nebelzeit, in die das Totengedenken fällt mit Totensonntag, Allerheiligen und Allerseelen. Das sind die Tage, vor denen die Grabhügel mit frischem Tannenreisig eingedeckt werden, die Tage, an denen die roten Seelenlichter vor den Gedenksteinen glühen.

Wer den Gottesdienst auf dem Friedhof mitgefeiert hat und den Gräberumgang an Allerseelen, der weiß, daß nun die bedachtsamen Tage gekommen sind. November – Nebelmonat. Es wird nicht viele Male geschehen, daß sich eine gelbe, verschwommene Sonne durch die grauen Schleier drängt. November ist der Monat, in dem der Nebel von den Bäumen tropft, morgens, mittags und abends. November ist wie ein kalter Schal, der sich jedem um den Hals legt, der draußen sein muß.

November war auch jene nasse Kälte, der in früheren Zeiten nur der Kachelofen etwas entgegenzusetzen hatte, mit seiner grün- oder braunglasierten Wärme und mit der hölzernen Ofenbank davor. Je härter der Winter zupackte, von dem es hieß, daß er kernfest und von Dauer wäre, desto begehrter war diese Ofenbank, auf der sich jeder den Rücken aufwärmen konnte, die Katze mit ihrer schnurrenden Behaglichkeit nicht zu vergessen. Wie dieser Kachelofen nur so aus der Mode kommen konnte! Sollte sich in unserer Zeit das Blatt wieder zu seinen Gunsten wenden? Vielleicht, weil er nicht wählerisch ist, weil er jedes Stück Holz frißt und jedes Stück Kohle und weil er auf der Asche auch noch den Butterkuchen garmacht oder ein flaches Brot? Ein Hinweisschild an der Straße wie dieses läßt hoffen: „Zum Kachelofenbauer".

Aus der Mode gekommen wie der Kachelofen sind auch Bettpfanne, Bettwärmer und Doppelfenster. Die blanken, kupfernen Bettpfannen, ehemals

mit verglühter Holzkohle gefüllt und an langem Stiel an das Fußende eines Alkovenbettes gestellt, sind heute nur noch für viel Geld im Antiquitätengeschäft zu kaufen. Bettwärmer mit Schraubverschluß, verkupfert oder verzinkt, gehören auch in diesen Bereich, sind aber weniger kostspielig. Dagegen ist so ein tönerner Bettwärmer, der mit heißem Wasser gefüllt und mit einem Korken verstopft wurde, schon wieder eine Rarität.

Das hätten wir beide, meine Schwester und ich, uns niemals träumen lassen, wenn wir im Winter in unserer kalten Schlafstube lagen, nur noch mit der Nasenspitze aus einem dickgeschwollenen Federbett hervorguckten und mit den Zehen versuchten, den Korken aus unseren Bettwärmern zu ziehen. Er ist uns manchmal dabei umgefallen, und wir mußten, der nassen Fußenden wegen, zusammen in einem Bett schlafen.

Nach den Doppelfenstern allerdings, die den Sommer über auf dem Dachboden ihr Dasein fristeten, kräht bis zum heutigen Tag kein Hahn. Die sind inzwischen von besseren Doppelglasscheiben ersetzt worden, an denen aber leider keine Eisblumen mehr aufblühen. Die Zaubergärten dieser Fensterscheiben waren von märchenhafter Pracht. Mag am dünnen Glas der alten Fensterscheiben auch viel Wärme verlorengegangen sein, die Freude an Blumen und Blättern, an Farnen und Palmwedeln, aber auch die Freude daran, ein Loch in diesen weißen Garten zu hauchen, war schon ein paar Grad Wärme wert. Es stimmt, daß man in sehr kalten Wintern manchmal wochenlang nicht aus den Fenstern sehen konnte, allenfalls zur Mittagszeit, wenn die Stubenwärme von innen und die Januarsonne von draußen den Palmen die Wedel abgetaut hatten.

Wenn der Tag fängt an zu langen,
kommt die Kälte auch gegangen.

An den zufrierenden Fensterscheiben war zu beobachten, wie schnell sie gegangen kam. In solchen eiskalten Tagen hieß es dann:

Gestrenge Herren regieren nicht lange,
drum sei bei strengem Frost nicht bange.

In meiner Erinnerung haben die gestrengen Herren meist sehr lange regiert, und nur wenn es schneite, wurden die Temperaturen für kurze Zeit milder. Aber: „Neuer Schnee, neue Kälte", das galt auch wieder.

Und wenn das alles nun monatelang gedauert und sich abgelöst hatte, Rauhreif und Nebel, offene Kälte und dichte Schneedecke, wenn das alles überhaupt nicht mehr aufhören wollte, dann hieß es zum Trost: „Dickes Eis vergeht auch" – oder – „Auch festes Eis macht die Sonne zu Wasser". Auf die Sonne wurde zu allen Zeiten die Hoffnung gesetzt.

Je höher sie täglich steigt, desto sicherer ist es, daß der Frühling kommt. Das beste Zeichen dafür sind die Eiszapfen, von denen es in der Mittagszeit rinnt, als ob es regnen würde, und die schließlich, nach einer milden Nacht, vom Dachrand gefallen sind. Ende Februar läßt sich niemand mehr bange machen. Jetzt kann es nicht mehr lange dauern, und die Wildgänse werden zu hören sein. Selbst wenn der Nebel ihr Flugbild verdecken mag, sie ziehen nordwärts, und das ist ein gutes Zeichen.

Kommt die Wildgans gezogen,
ist der Winter verflogen.

So heißt es in einer Bauernregel. Um diese Zeit fragt dann keiner mehr, ob alle diese Wintervoraussagen gestimmt haben oder nicht. Schon gar nicht angesichts der ersten Schneeglöckchen im Garten. „Kommt Zeit, kommt Rat", heißt es jetzt.

Erst wenn Frühling und Sommer vergangen sind und Michaeli vor der Tür steht, besinnt man sich wieder. Michaeli, der 29. September, aber ist ein sehr wichtiger Lostag, an dem sich das Wetter des ganzen nächsten Jahres kundtut:

Willst du aufs Wetter im Jahre achten,
mußt im Herbstmond die Eichäpfel betrachten:
Haben sie Maden,
wird's Jahr wohl geraten;
haben sie Fliegen,
wirst ein Mitteljahr kriegen;
haben sie Spinnen,
wird ein schlecht Jahr beginnen;
sind sie innerlich schön und trocken,
wächst im Sommer viel Weizen und Roggen;
aber wenn sie naß befunden,
tun sie auch nassen Sommer erkunden;
sind die Eichäpfel viel und früh,
bringt der Winter groß Kält, Schnee und Müh.

In diesem Jahr verpaß' ich Michaeli nicht, das habe ich mir fest vorgenommen.

Silvester

Der letzte Tag des Jahres – wobei schon immer viel mehr an den Abend und die lange Nacht gedacht wird – hat seinen Namen von einem stillen, beinahe unauffälligen Papst erhalten. Die ausgelassenen, lauten Feste, die Silvesterfeiern, stehen deshalb im krassen Gegensatz zum Wesen dieses Kirchenfürsten, der ihnen seinen Namen nur deshalb leiht, weil dieser heiliggesprochene Mann am 31. Dezember im Jahre 335 gestorben ist. Wie bei allen Heiligen wird der Todestag zum Gedenktag erhoben, denn er ist ihr Geburtstag in das ewige Leben.

Von daher gesehen ist der 31. Dezember allerdings ein Grund zum Freuen, selbst wenn es nicht jedermanns Sache ist, um Mitternacht einen Kanonenschlag nach dem anderen abzufeuern, eine Rakete nach der anderen in den Himmel zu schicken.

Papst Silvester würde, zurückhaltend, wie er war, darüber bedenklich den Kopf gewiegt haben, obwohl er in Rom geboren wurde, in der Hauptstadt des Römischen Reiches, in der Kaiserstadt. In Rom aber war weiß Gott niemand zimperlich, wenn es darum ging, Feste zu feiern. Gerade in den letzten Dezembertagen feierten die Römer tagelang ihre Saturnalien: laut, ausschweifend, maßlos. Die harmloseste Ausgelassenheit war dabei, daß die Herren ihren Dienern Speise und Trank servierten.

Von Silvester wird berichtet, er sei schon in jungen Jahren ein Christ geworden, aus dem turbulenten Leben in Rom in die Berge gegangen und habe seine Tage entweder im Gebet verbracht oder die Bergbauern aufgesucht, um sie zum Christentum zu bekehren. Das war jedoch mit großen Gefahren verbunden. Noch hieß der Kaiser in Rom Diokletian, und es gab für ihn neben den Gladiatorenkämpfen nichts Unterhaltenderes, als Christen zu verfolgen und sie zu Tode zu bringen; auf die grausamste Weise, wie berichtet wird.

Berichtet wird auch, daß sich Silvester mit einem Bergbauern angefreundet hatte, der bereit war, ihm Unterschlupf zu gewähren, wenn die Not es erfordern sollte. Halbwegs war dieser Bauer schon bekehrt, er konnte sich aber nicht entschließen, zum Christentum überzutreten. Das Dorf war nun einmal ein Dorf, alle anderen Familien hingen dem alten Glauben an, und es war schwer für einen einzelnen, zum Außenseiter zu werden.

Nun kam es so, daß um die Weihnachtszeit herum, zur Zeit der Saturnalien, die Kuh des Bauern ein Kalb zur Welt brachte, wie es sich schöner und wohlgezeichneter nicht denken ließ. Ein Kalb um die Weihnachtszeit war ungewöhnlich, gekalbt wurde im Frühjahr, wie es sich gehörte. Weil nun dieses Stierkalb der Kälte wegen nicht auf die Weide konnte, gewöhnte sich der Bauer an das Tier und hütete es wie seinen Augapfel. Das Kalb wie-

derum hing an ihm wie ein Hund. Es folgte ihm aus dem Stall in die Stube, legte sich neben ihn, wenn er sich vor das Kaminfeuer setzte, und war bei allem an seiner Seite, was der Mann auch unternehmen mochte. Solange es noch das Euter der Kuh brauchte, ging es hin und wieder zurück in den Stall, als aber das Frühjahr kam, lernte es Gras rupfen, und der Mann sparte nicht mit Leckerbissen. Jeden Abend rührte er ihm eine Schrotsuppe an, mit viel Milch darin, und die Salzlecksteine lagen immer für das Stierlein bereit. Wenn er durchs Dorf ging, lief es neben ihm her, wenn er mit jemandem sprach, hielt es an und nickte zu allem, was der Mann sagte.

Als der Sommer kam und der Mann auf der Bank vor seinem Haus saß, lag der kleine Stier zu seinen Füßen, und der Mann erzählte ihm alles, was ihn im Leben bewegt hatte. Er kraulte ihm die Stirn dabei, und eines Tages sprach er mit ihm auch über die Zweifel, die ihn bedrängten. Sollte er der neuen Lehre anhängen, von der Silvester redete, der abends gelegentlich kam und sich zu ihnen auf die Bank setzte, oder sollte er nicht? Soviel war dem Bauern klargeworden, die Liebe füreinander, von der in dieser neuen Lehre die Rede war und die auch die Tiere nicht ausschloß, diese Liebe hatte ihm das Herz geöffnet. Deshalb sah er in dem Stierlein nicht mehr allein das Tier, aus dem man seinen Nutzen ziehen konnte, er sah ein Geschöpf in ihm, ein brüderliches, das Fürsorge verdiente. Das hieß aber nichts anderes, als daß diese christliche Lehre imstande war, eine bisher unbekannte Macht über das Herz zu gewinnen.

Es geschah nicht selten, daß der kleine Stier seinen Kopf auf die Knie des Mannes legte, wenn er ihn gar zu tief seufzen hörte. Deshalb konnte es der Mann nicht fassen, als das Stierlein eines Morgens nicht aus dem Stall kam, nicht einmal aus dem Stroh aufstand, sondern liegenblieb und den Kopf hängen ließ. Die besten Leckerbissen brachten es nicht dazu, ein Maulvoll davon zu nehmen.

Der Bauer wußte sich nicht zu fassen vor Kummer. Er setzte sich neben das Tier ins Stroh und streichelte ihm den Kopf. Schließlich aber sagte er sich, daß etwas geschehen müßte. Er stand auf, um Hilfe zu holen, denn er wollte sein Stierlein nicht einfach liegen und sterben lassen.

Als er aus der Stalltür trat, sah er einen Mann den Weg heraufkommen, zu dem er soeben hatte gehen wollen. Es war der Priester, der Mann der alten Lehre, der über zaubrische Kräfte verfügte. Sein Weg hatte ihn lange nicht mehr auf den Hof geführt, weil ihn der Bauer jedesmal in komplizierte Fragen verwickelt hatte. In diesem Augenblick aber erschien es dem Bauern, als ob er nicht nur dem geliebten Tier Hilfe bringen, sondern auch von ihm selbst alle Zweifel nehmen könnte. Deshalb flehte der Bauer den Priester an, mit ihm in den Stall zu kommen und den kleinen Stier mit Hilfe der Götter wieder gesund zu machen.

Die Legende berichtet nicht, wie lange das Gespräch zwischen dem Bauern und dem Priester gedauert hat und was alles zwischen ihnen gesprochen worden ist. Doch sie berichtet klipp und klar, daß der kleine Stier tot im Stroh lag, als der Priester den Stall verließ.

Der Bauer saß neben dem Tier und klagte sich an: „Ich bin schuld, ich allein bin schuld! Es ist die Strafe der Götter, weil ich schwankend geworden bin im Glauben meiner Väter.“

Während er nun immer wieder „Stierlein, Stierlein“ vor sich hin klagte und dem leblosen Tier dabei über den Kopf strich, überhörte er, daß sich die Stalltür noch einmal öffnete und daß wieder ein Mann hereinkam. Er bemerkte ihn erst, als er eine Hand auf seiner Schulter fühlte. Der Bauer sah auf und erkannte den stillen Mann Silvester. Er hob beide Hände gegen ihn und sah ihn mit aufgerisse-

nen Augen an. Aber was er sagen wollte, kam ihm nicht aus dem Mund, denn Silvester hatte sich bereits dem Stierlein zugewendet. Er kniete sich zu ihm ins Stroh und legte ihm die eine Hand auf den Kopf und die andere dorthin, wo sein Herz geschlagen hatte. Danach begann er vor sich hin zu sprechen.

Der Bauer verstand nicht, was er hörte, und er konnte nicht fassen, was er sah: Das Stierlein fing an, mit den Ohren zu spielen, es bewegte die Lippen, es öffnete die Augen, und ein Zittern lief über sein Fell. Dann hob es den Kopf, richtete sich auf und stand wieder im Stroh. Es schlug mit dem Schwanz nach den Fliegen, sah sich um, und als der Bauer zu ihm kam, rieb es den Kopf an seinem Arm. Der fromme Mann aber trat zurück und lächelte.

Muß noch gesagt werden, daß der Bauer von dieser Stunde an dem christlichen Glauben anhing? Gewiß nicht. Auch ist leicht zu verstehen, warum Silvester zum Schutzpatron der Haustiere geworden ist. Wenn ich an die Verbundenheit des Bauern mit seinem Stierlein denke und die Hilfe, die beiden durch Silvester zuteil geworden ist, so bin ich gern bereit, dem frommen Mann auch Hund und Katze, Wellensittich und Hamster, Igel und Schildkröte in seinen Schutz zu geben.

Silvester hat Rom, wie es heißt, von einem Drachen befreit. Er ist ihm, inzwischen ein Bischof, mit dem Kreuz entgegengetreten. Das aber war nicht der Anlaß, aus dem er später heiliggesprochen wurde.

Das große Verdienst des Papstes Silvester ist es gewesen, das Herz des römischen Kaisers Konstantin bewegt zu haben. Indem er den Kaiser von der tödlichen Krankheit des Aussatzes heilte, rührte er sein Herz so sehr, daß Konstantin ihn bat, endgültig nach Rom zurückzukehren. Bis zum Stadtrand ritt ihm der Kaiser entgegen, stieg vom Pferd, bat

Silvester aufzusitzen und geleitete ihn am Zügel in die Stadt hinein.

Unter dem Einfluß dieses Papstes hörten die Christenverfolgungen im Römischen Reich auf, und Kaiser Konstantin war bereit, den Papst neben sich als christlichen Oberhirten anzuerkennen. Das gab dem stillen Papst so viel Macht, daß er die beiden bis auf den heutigen Tag bedeutendsten Kirchen Roms erbauen lassen konnte: die Laterankirche und – über dem Grab des Apostels Petrus – den Petersdom.

Und so wäre der Kreis mit dem Hinweis zu schließen, daß der Papst heutzutage alljährlich seinen Neujahrssegen vom Balkon dieses Petersdomes erteilt, eine Handlung, die sich keine Fernsehanstalt entgehen läßt.

Wie so oft, trifft sich auch in der Nacht vom alten zum neuen Jahr heidnisches Brauchtum mit christlichem. Immerhin ist es eine der wichtigsten Nächte in der Zeit der zwölf, die Rauhnächte genannt werden.

Stets ist am Altjahrsabend auch der Tiere gedacht worden. So, wie sie am Heiligen Abend ein besonders gutes Futter eingeschüttet oder in der Schüssel zurechtgemacht bekamen, so wiederholt es sich an Silvester. Selten fehlt auch die volle Garbe, auf eine Stange gesteckt, für die Vögel draußen in der Natur.

„Ein gutes neues Jahr!“ wünscht der Bauer bis auf den heutigen Tag seinen Rindern, Pferden, Schafen und Hühnern, bevor er in die Stube geht, um im Kreis der Familie Silvester zu feiern.

Das wieder ist ohne ein gutes Essen nicht denkbar.

Vielleicht hat die Bäuerin inzwischen eine Zwiebel in zwölf Teile geschnitten, mit Salz bestreut und auf die Fensterbank gelegt. So eine einfache Zwiebel soll ja in der Lage sein, die nassen und die trockenen Monate des kommenden Jahres anzuzeigen.

Nasses Salz = Regen oder Schnee, trockenes Salz = viel Sonnenschein.

Persönlich traue ich diesem Orakel nicht, ich kenne aber Leute, die schwören darauf, und ich bin sofort bereit, diesem Orakel vollen Glauben zu schenken, wenn überwiegend trockenes Zwiebelsalz zu beobachten ist.

Alles Laute in der Silvesternacht, das Schießen und Knallen, der Spektakel mit den Raketen wird von den einen als Überbleibsel eines heidnischen Glaubens gedeutet, der vor dem neuen Jahr alle bösen Geister mit viel Krach vertreiben soll. Andere, die weder im alten noch im neuen Glauben sattelfest sind, wollen das neue Jahr einfach nur mit überschäumender Freude begrüßen. Was das alte Jahr gebracht hat, Enttäuschung und Freude, Trauer und Glück, ist vorüber. Voller Erwartung steht jeder vor dreihundertfünfundsechzig Tagen eines neuen Jahres. Grund genug, es mit vollen Segeln anzusteuern.

Dazu gehört, wie zu allen Feiern und Festen, ein gutes, ausgiebiges Mahl. Nicht nur, um im Magen eine Grundlage zu schaffen für Punsch, Wein und Sekt, sondern um damit volle Schüsseln für das kommende Jahr heraufzubeschwören. Deshalb ist es gut, schon mittags damit anzufangen und ein Gericht mit quellenden Zutaten zu kochen, Erbsen zum Beispiel, Linsen oder Reis, wohlbedacht darauf, wieviel Frucht eine einzige Erbse, ein einziges Reiskorn bringen kann. So wichtig zu nehmen sind Silvestergerichte.

Außer den runden, schmalzgebackenen Pfannkuchen allerdings, die vielerorts auch „Berliner“ genannt werden. Dieses unumgängliche Silvestergebäck ist einer großen Enttäuschung zu verdanken. Ein Berliner Bäckergeselle nämlich, den sie bei den Soldaten nicht haben wollten, formte, sehnsüchtig wie er war, den Brezelteig zu Kanonenkugeln. Die Marmeladenfüllung ist erst später dazugekommen, aber was muß das damals für eine Zeit gewesen sein!

Ansonsten ist am Tag vor dem neuen Jahr rein gar nichts unwichtig, und je näher die Stunden auf Mitternacht zurücken, desto zukunftsträchtiger wird die Zeit. Mögen Orakel und Bräuche auch von Landschaft zu Landschaft verschieden sein, sobald die Dämmerung kommt, fängt die Geisterzeit an.

Über Wotan und seine wilde Jagd regt sich heute keiner mehr auf. In dieser Nacht kehren aber auch die Toten heim, die auf fremden Friedhöfen begraben liegen. Es ist ihnen gegeben, aus ihren Gräbern zu steigen, in den Häusern, in denen sie geboren wurden, nach dem Rechten zu sehen und mit am Tisch zu sitzen, wo ihnen ein Teller aufgedeckt ist. In Ostpreußen ließ man der Toten wegen die ganze Nacht über das Feuer im Ofen hell brennen, damit die Heimgekehrten nicht frieren mußten.

Nicht nur Tote steigen herauf, auch Drachen und Drachenhunde und die Unterirdischen selbst, und alle wollen die Gewalt auf der Erde an sich reißen. Dagegen hat man sich von eh und je nur mit Lärm wehren können. Gleichzeitig war damit aber auch ein Loszauber verbunden.

Wenn am Silvesterabend über die Felder hinweg tüchtig geschossen wurde, sollten damit bei der nächsten Ernte schwere Ähren zu erreichen sein. Schüsse in die Kronen der Obstbäume gefeuert, sollten eine gute Obsternte bringen. Anderen Ortes wurde auch nur an die Obstbäume geklopft, sie wurden geschüttelt und das Erdreich mit einem Glas Wein bedacht.

Daß die Glocken zu den Silvestergottesdiensten geläutet werden, versteht sich von selbst. Es gibt aber Gegenden, in denen es heißt: Soweit ihr Klang zu hören ist, können die bösen Geister kein Unheil anrichten. Im Schweizer Kanton Aargau wehrt man sich gegen die bösen Geister, indem man einen Bretterboden aufbaut und mit Dreschflegeln dar-

aufschlägt. In der Silvesternacht sollen aber auch unterirdische Glocken zu hören sein, als Mahnung, denn nicht nur die Stadt Vineta ist am gotteslästerlichen Treiben ihrer Bewohner vom Meer völlig verschlungen worden.

Heischegänge, bei denen von Haus zu Haus angeklopft und singend ein gutes neues Jahr gewünscht wird, gibt es am Silvesterabend natürlich auch. In Norddeutschland gehen die Kinder, auch in den Großstädten, mit dem Rummelpott. Ehemals war das ein Topf, über den eine Schweinsblase gezogen und ein Stock daran befestigt wurde. Der Pott fing zu brummen an, sobald der Stock gerieben und der Topf hin- und hergeschwenkt wurde.

Als ich in einem großen Mietshaus in Hamburg wohnte, drückten die Rummelpottkinder am Silvesterabend sämtliche Wohnungsklingeln. Einer öffnete immer. Dann war unten im Haus „Rummelpott, Rummelpott" zu hören, und dazu schepperten die Kinder mit ihren Blechtöpfen, daß es bis in den fünften Stock hinaufschallte.

Zum Dank für die Gaben klemmte dann einer seinen Fuß zwischen Tür und Pfosten, und sobald alle Mieter in ihren Wohnungen verschwunden waren, warfen die Kinder eine Handvoll „Piepmansche" auf den Steinfußboden. Piepmansche: Knallerbsen auf norddeutsch.

In Oberschlesien wurden die bösen Geister mit Peitschenknallen vertrieben. Ein Bericht aus dem Jahre 1865 erzählt, wie es vor sich gegangen ist:

Am Silvesterabend versammeln sich sämtliche auf dem Hofe dienenden Knechte und Hirten mit ihren Peitschen vor dem Herrenhause. Die Peitschenschnitzen sind in verschiedener Länge angebracht und geben dadurch beim Knallen verschiedene Töne. Nachdem nun die Leute sich in die Linie, mit den nötigen Abständen, um sich nicht gegenseitig zu treffen, aufgestellt haben, fangen sie alle an, aus Leibeskräften mit ihren Peitschen zu knallen, ein-

mal im Chore, dann schneller oder langsamer hintereinander, wobei sie auch gewisse Pausen beachten, so daß durch die verschiedenen Töne der Peitschen ein förmliches Stückchen entsteht. Auf diese Weise bringen die Leute ihrem Herrn ein Ständchen. Dieser tritt aus der Haustür, dankt den Leuten für ihre Gratulation, wünscht ein gutes Einvernehmen für das kommende Jahr und lädt die Leute auf den Neujahrsmorgen zu einem Frühstück ein, das indes nur aus Bier und Semmeln besteht.

Das Festmahl des Silvesterabends war in Oberschlesien der Karpfen. Dazu kam der Brauch, von dem aufgetischten Fisch für jeden Gast eine Schuppe beiseite zu tun und sie ihm, zusammen mit einem Geldstück, unter seinen Teller zu legen. Damit sollten Glück und Geld das ganze neue Jahr über herbeigezwungen werden. Man mußte freilich Schuppe und Geldstück stets bei sich tragen.

Um das Glück herbeizuzwingen, gibt es heutzutage Glücksklee in Blumentöpfen, Fliegenpilze und Schornsteinfeger aus Pappmaché, Schweinchen aus Marzipan. Sollte es mit dem Glück im Laufe des Jahres schließlich hapern, kann es nur daran liegen, daß der Glücksklee verwelkt, das Marzipanschwein aufgegessen, Schornsteinfeger und Fliegenpilz irgendwohin verlegt worden sind.

Nach dem Festessen beginnt bis auf den heutigen Silvesterabend überall das Orakeln. Die meisten Befragungen können allerdings erst in der letzten Stunde des alten Jahres vor sich gehen. Zum Glück läßt sich manches im stillen Kämmerlein abwikkeln. Will ein Mädchen zum Beispiel erfahren, ob es im kommenden Jahr heiraten wird, dann zieht es den Schuh aus und wirft ihn mit geschlossenen Augen über seinen Kopf. Zeigt die Schuhspitze zur Tür hin, bedeutet es den Auszug aus dem Haus, und die Hochzeit ist sicher, wenn nicht, bleibt nichts anderes übrig, als bis zum nächsten Jahr zu

warten. Mädchen, die viele Verehrer haben und wissen möchten, welcher der Auserwählte sein wird, müssen einen ganzen Apfel schälen, ohne daß die Schale abreißt. Aus dieser Schale, wieder über den Kopf geworfen, wird sich ein Buchstabe ablesen lassen. Jetzt ist es nicht mehr schwer, ihn mit dem Vornamen eines jungen Mannes in Verbindung zu bringen.

Für alle, die ihre Hochzeit hinter sich haben, werden andere Prophezeiungen wichtig: Beruf oder Stellung zu wechseln, eine weite Reise zu unternehmen, gesund zu bleiben oder krank zu werden. Was immer für den einzelnen wichtig sein mag, alles ist genau zu erfahren, wenn man in der Mitternachtsstunde zu einem Kreuzweg geht, sich hinkniet und an der Erde horcht. Auch das Gesangbuch soll Auskunft geben können, wenn man es zur genannten Stunde im stillen Kämmerlein ans Ohr legt.

Die Träume sind natürlich unbedingt zu beachten, aber das hat ja bereits in der ersten Nacht der zwölf Nächte angefangen. Nur gibt es, wie schon erwähnt, Höhepunkte, und einer davon ist die Nacht von Silvester auf Neujahr.

Wer aber schon ein „gesetztes Alter" erreicht hat und wem auch die Kinder schon aus dem Haus gegangen sind, für den fängt eine andere Frage an wichtig zu werden. Wieviel Jahre noch? Wievielmal bin ich noch dabei, wenn Silvester gefeiert wird? Gerade auf diese Frage lassen sich überall Antworten finden. Wer sich zum Beispiel während des Silvestergottesdienstes beim Beten verspricht oder in der Silvesternacht eine helle Sternschnuppe sieht, für den steht das Ende so gut wie bevor.

Außerdem ist es ein sehr schlechtes Zeichen, wenn das Silvesterbrot beim Backen aufreißt. Von diesen kleinen Broten werden so viele gebacken, wie Leute zum Haus gehören und Gäste kommen. Es sind Gebildbrote in Gestalt von Hirsch und Schwein, Pferd, Hahn, Mann und Frau.

In Litauen ist mit solchen Gebildbroten gleich ein Orakelspiel verbunden. Glückgreifen heißt es. Dabei kann von Glück wirklich nicht die Rede sein, wenn einer, dem die Augen verbunden werden, womöglich dreimal einen gebackenen Totenkopf aus dem Korb greift. Oder wenn ein junges Mädchen, bei dem kein Mann in Aussicht ist, dreimal hintereinander eine Wiege herausholt; mit einem gebakkenen Ring oder einem Mann wären die Aussichten für das neue Jahr freilich besser gewesen.

Im Böhmischen wurde für den zukunftsträchtigen Silvesterabend mancherorts ein Kranz aus Tannenzweigen gebunden, der seinen Platz an der Balkendecke inmitten der Bauernstube bekam. Traf es sich nun, daß zufällig ein junger Bursche oder ein junges Mädchen in der Mitternachtsstunde unter diesem grünen Kranz stehenblieb, dann kam aus der Ecke hinter dem großen Kachelofen plötzlich ein struppiger Kerl hervorgesprungen, der den ganzen Abend schon auf diesen Augenblick gelauert hatte. Er war in Stroh und Sackleinwand gehüllt und sah zum Fürchten aus, wenn nicht der Kranz aus Mistelzweigen gewesen wäre, den er auf dem Kopf trug. Nach uraltem Recht preßte er den Burschen oder das Mädchen an sich und küßte drauflos. Unter Kreischen und Schreien war in der Stube erst wieder ein Wort zu verstehen, wenn sich der Struppige in seinen Ofenwinkel zurückgezogen hatte. Er stellte übrigens niemand anderes dar als das alte Jahr. Er war Silvester persönlich, der aus dem Haus getrieben wurde, sobald die Glocken anfingen, das neue Jahr einzuläuten. Mit diesem neuen Jahr kamen dann alle wieder ins Haus zurück. Das neue Jahr aber war stets das hübscheste Mädchen auf dem Hofe, was soviel heißt, daß es die Tochter des Hausherrn, eine Verwandte, aber auch eine Magd sein konnte. Gab es jemand in der Familie, der kundig war im Kartenlegen, so mußte er seine Kunst bis zur Mitternachtsstunde an jedem Feiern-

den unter Beweis stellen. Denn in der letzten Stunde des Jahres war als wichtigstes Orakel das Bleigießen dran.

Das Bleigießen hat noch nie große Vorbereitungen gebraucht und ist auf dem Land und in der Stadt, bei Alten und Jungen gleichermaßen beliebt. Und während im Kühlschrank der Sekt kalt wird, kommt eine genügend große Schüssel mit kaltem Wasser auf den Tisch und eine brennende Kerze daneben. Jeder nimmt seine Figur in die Hand, Glückspilz, Nuß, Schweinchen, Humpen oder was sich die Hersteller gerade ausgedacht haben, die solche bleiernen Glücksfiguren in Sechser- oder Zehnerkartons zum Kauf anbieten. Der erste Höhepunkt ist jetzt, das Zettelchen aus der Figur zu zupfen und den Spruch mit sich und dem kommenden Jahr in Verbindung zu bringen:

„Glück und Glas, wie leicht bricht das."

„Mach es wie die Sonnenuhr,
zähl die heitren Stunden nur."

Oder die umwerfende Lebensweisheit:

„Geld macht nicht glücklich."

Der zweite Höhepunkt ist: Wer gießt zuerst? Wirklich spannend ist nur der erste Guß. Alle stehen drumherum, alle starren auf die weicher und weicher werdende Figur im Löffel, alle sehen, wie die Kerze blakt, alle geben gute Ratschläge: „So mußt du den Löffel halten!" – „Nicht so hoch!" „Nein, viel höher!" Alle raten zur Konzentration, und jetzt fängt auch noch die Hand an zu zittern.

Plötzlich zischt es! „Ah – oho – Donnerwetter."

Das neue, zukunftsträchtige Gebilde wird aus dem kalten Wasser gefischt. Während der erste jetzt mit nassen Händen dasteht und für seine Zukunft etwas zu deuten versucht, hält bereits der nächste den Löffel über die Kerze. Das geht so weiter, bis alle ihren breitgelaufenen oder hochgeschossenen Bleiguß in den Händen haben.

Wie sich spätestens in diesem Augenblick herausstellt, tut sich mancher bei der Deutung gewissenhafter, als man von ihm erwartet hat, und nicht selten ist es gerade dieses Bleiorakel, das der fortgeschrittenen Silvesterlaune eine kurze, aber nachdenkliche Wende gibt. Nach einem Blick zur Uhr scheint das so unangebracht nicht. Für den Hausherrn ist es an der Zeit, die Sektgläser auf den Tisch zu stellen und die Flasche aus dem Kühlschrank zu holen. Die Hausfrau sucht jetzt gewöhnlich nach Streichhölzern, um die neu aufgesteckten Kerzen des Christbaumes anzuzünden. Die Gäste dagegen sind jetzt mit den Feuerwerkskörpern, Raketen, Sonnenrädern und Kanonenschlägen befaßt. Sie werden auf dem Balkon oder der Terrasse bereitgelegt.

Es sind meistens nur noch wenige Minuten, die überbrückt werden müssen, ohne Tanz und Musik, denn keiner will den letzten, den zwölften Schlag der Uhr verpassen, mit dem das alte Jahr zu den Akten gelegt wird, und erst recht den ersten Glokkenschlag nicht, mit dem das neue Jahr seinen Einzug hält.

Dort, wo diese letzten zwölf Minuten nicht damit verbracht werden, draußen im Vorgarten oder im Hof auf die Glockenschläge zu warten, sondern wer diese letzten Minuten in freundlicher Runde im Haus verbringt, der wird gern zuhören, wenn von ungewöhnlichen Silvesterbräuchen die Rede ist. Dazu gehört, was im Ötztal die Runde macht.

Es heißt, daß sich bei den Totengräbern der Ötztaler Dörfer junge Burschen, aber auch gestandene Männer das Jahr über erkundigen, welche Gräber an der Reihe sind, eingeebnet zu werden. Wie es Brauch ist, steht in diesen Gebirgsdörfern hinter jedem Grabhügel ein Kreuz, ein schmiedeeisernes oder ein Kreuz aus Blei. Auf die Bleikreuze aber haben es die Männer abgesehen, die sich beim Totengräber erkundigen. Das muß ganz zufällig geschehen, nach dem Kirchgang, nach einer Be-

erdigung oder dann, wenn der Totengräber dabei ist, ein Grab zu schaufeln.

Die Gräber, die eingeebnet werden, sind alt, und nicht immer sind noch Angehörige da, die wenigstens das Kreuz zum Andenken mitnehmen, um es am Haus oder in einer Ecke des Gartens aufzustellen. Welche Auskünfte der Totengräber gibt, ist nicht gewiß. Meistens kennt er die Leute, die danach fragen, und weiß, was sie damit vorhaben. Totenkreuze aus Blei, in der Silvesternacht eingeschmolzen und in der Mitternachtsstunde zu Kugeln gegossen, ergeben Freikugeln, Kugeln, mit denen jedes Wild unfehlbar zu treffen ist: Kugeln des Teufels, das weiß jeder, der sie gießt. Aber wen die Jagdleidenschaft gepackt hat, dem ist alles recht, selbst wenn er einen Bund mit dem Teufel eingehen muß.

Es sind die Wildschützen, die Wilderer des Ötztales, die beim Totengräber nach den bleiernen Grabkreuzen fragen. Je nachdem, wie nun der Totengräber selbst zu Jagd und Wilderei steht, wird er mit einem Kopfnicken auf die Kreuze zeigen, oder er wird die Achseln zucken.

Ein paar Sekunden vor Mitternacht ging dort, wo ich daheim war, das elektrische Licht aus. Wir wußten es und waren mit einer Kerze darauf vorbereitet. In der Erinnerung wird mir bewußt, wieviel der Vorsteher unseres Elektrizitätswerkes uns mit dieser kurzen Dunkelheit zu bedenken geben wollte. Das alte Jahr ging im Dunkeln davon, alles, was unerfüllt geblieben und versäumt worden war, nahm es mit. In dem kurzen Augenblick, bevor die Glocken zu läuten anfingen und das Licht wieder leuchtete, hatten wir Zeit, uns darauf zu besinnen, daß mit dem neuen Jahr auch ein neuer Anfang gemacht werden konnte.

„Prosit Neujahr!" ist der Ruf, mit dem das neue Jahr begrüßt wird, sobald der zwölfte Schlag von

Kirchturm und Rathaus verhallt. „Prosit Neujahr, und viel Glück zu dem, was kommen wird."

Wenn darauf reihum angestoßen ist, gehen alle, die sich noch in Häusern und Wohnungen aufgehalten haben, hinaus, um das Feuerwerk der Silvesternacht zu bewundern, den Raketen nachzusehen, die wie Kometen in den Himmel aufsteigen und sich zu einer Glocke aus Sternen öffnen, rot, grün, weiß, gelb. Von allen Seiten fahren sie hoch, höher, am höchsten. Eine Viertelstunde lang, eine halbe Stunde wird das neue Jahr mit diesem Feuerzauber begrüßt, und eigentlich müßte es sich damit bei der Ehre packen lassen und wirklich ein gutes Jahr werden.

Es sind aber dann doch im Laufe der zwölf Monate, neben dem Gleichmaß der Tage, immer wieder die größten Unglücke geschehen. Vulkane sind ausgebrochen, Schiffe sind untergegangen, Bergrutsche haben stattgefunden, Brücken und Staudämme sind gebrochen, und die Pest ist seinerzeit nicht aufzuhalten gewesen, genausowenig wie die vielen Kriege.

Bei all diesen Katastrophen ist es tröstlich zu wissen, daß der Mensch immer wieder bereit ist, zu hoffen und an das Gute zu glauben, und daß ihm jedes Mittel dazu, auch das einfachste, recht ist.

Die Bräuche des Neujahrstages sind heute vor allem auf das Glückwünschen ausgerichtet. Meistens sind es Kinder, die von Haus zu Haus ziehen und das Glück singend herbeiwünschen. Die Erwachsenen haben noch mit den Folgen der Silvesterfeier zu tun. Um sie auszutreiben, stehen in den meisten Häusern Heringe von vielerlei Zubereitung im Kühlschrank. Auf jeden Fall müssen sie sauer sein.

Geschenke am Neujahrstag auszuteilen, geht bis auf die Römer zurück. Die Römer feierten an diesem Tag ihre wichtigste Kalendae. Kalendae nannten sie den Ersten jeden Monats. Zur Kalendae

des Januar wurden Beamte entlassen und neu eingestellt, altverdiente Beamte erhielten Geschenke, Gratifikationen, wie wir noch heute sagen. Dabei ist es auch bei uns vielerorts geblieben. Briefträger, Zeitungsboten und Müllwerker erhalten am 1. Januar von den Hausbewohnern ein Geschenk.

Der Beginn des neuen Jahres, das soll noch angemerkt sein, ist nicht immer der 1. Januar gewesen. Das Kirchenjahr beginnt noch heute am ersten Advent, in früheren Zeiten hat es, zusammenfallend mit Weihnachten, am 25. Dezember angefangen. Auch Geschäftsjahre halten sich oft nicht an den Jahresanfang des Kalenders. Sie enden am 31. März und beginnen am 1. April, aber zu diesem Zeitpunkt fühlt sich niemand veranlaßt, eine Glückwunschkarte zu schicken. Für diese Sitte ist und bleibt der 1. Januar der gegebene Zeitpunkt, ob sie mit halbem oder ganzem Herzen verschickt werden, ob es vorgedruckte Karten sind oder ein persönlicher Brief.

Solche handschriftlichen Glückwünsche, die heute selten geworden sind, wurden in früheren Zeiten aufbewahrt und sind irgendwann in andere Hände gekommen. Auf diese Weise hat die Öffentlichkeit von einer Neujahrsgratulation Friedrichs des Großen erfahren, die zwar nicht zu den in der Stille geschriebenen gehört, aber zu den persönlich gemeinten gehört sie bestimmt.

„Ihre Majestät, der König, lassen allen guten Herren Offiziers vielmals zum neuen Jahr gratulieren und wünschen, daß sich die übrigen so betragen, daß Sie ihnen künftig auch gratulieren können."

Thorner Kathrinchen

sollen den Anfang machen, wenn von vorweihnachtlicher Bäckerei die Rede ist. Nicht Aachener Printen, Spekulatius, Hutzelbrot oder Nürnberger Lebkuchen, nein, die braunen, duftenden Jungfern mit ihren weißen Zuckerschürzen und den sittsam weißen Zuckerkrägelchen sind zuerst an der Reihe. Sie werden ja auch bereits vor dem ersten Advent gebacken. Am 25. November, am Tag der heiligen Katharina, kommen sie knackfrisch aus dem Backofen.

Thorn, die Stadt, in der sie alljährlich gebacken wurden, weiß kaum noch einer auf der Landkarte zu finden. Weil es aber noch Thorner Kathrinchen gibt, soll etwas über Thorn gesagt sein.

Thorn ist weit im Osten, hinter Elbe und Oder, an der Weichsel gelegen. Und die Weichsel ist einer

dieser großen, schiffbaren Flüsse, auf denen die Handelskähne bis in die Ostsee fuhren. An dieser Weichsel, die man die Grenze zwischen Ost- und Westeuropa nennen könnte, liegt also Thorn. Heute heißt die Stadt Torun und liegt in Polen. Damals, als die ersten Kathrinchen gebacken wurden, war Thorn eine Hansestadt, genau wie Hamburg, Bremen oder Lübeck. In dieser Zeit führten bereits die Bürger das große Wort, die Handelsherren, und längst nicht mehr die Ritter mit den schwarzen Kreuzen auf ihren weißen Mänteln, die Thorn einmal gegründet hatten. Jetzt saßen Kaufleute in ihren Fachwerkhäusern, unter deren Hausgiebeln die Winde heraussah mit Seil und Haken für die Getreidesäcke.

Aus dieser wohlhabenden Zeit stammt auch das lebkuchene Abbild der fleißigen, sittsamen Mägde, der Kathrinchen.

Aber gar so streng können die Sitten damals nun auch wieder nicht gewesen sein, denn wie zu allen Zeiten haben sich zu hübschen Mädchen auch lebenslustige Männer gefunden. Und deshalb werden neben den Kathrinchen auch die braunen, duftenden Männer mit den zuckergestreiften Hosen gebacken.

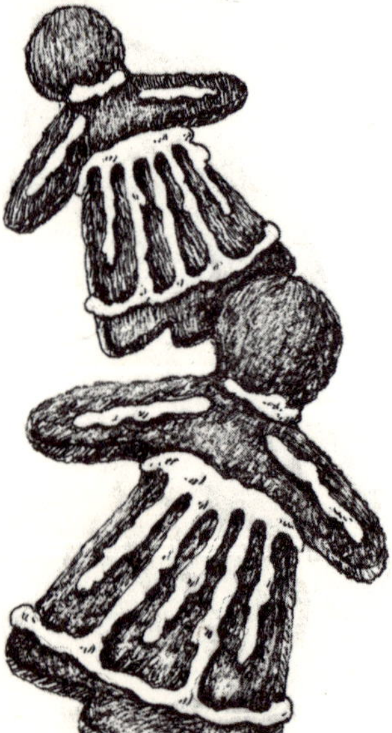

Die haben allerdings keinen Namen, die werden auch unter Kathrinchen geführt, und somit ist bewiesen, daß es schon immer Bestrebungen zur Emanzipation gegeben hat. In diesem Fall scheint mir sogar ein Weiberregiment angestrebt worden zu sein. Doch das mag auf sich beruhen. In Bethlehem ist jedenfalls auch viel mehr von Mutter und Kind die Rede als von dem gütigen Mann Joseph, der sich gehorsam gegen Gott im Hintergrund hielt – bis er gebraucht wurde, auf der Flucht nach Ägypten.

Diese Zutaten werden für *Thorner Kathrinchen* benötigt:

300 g Honig, 125 g Zucker, 125 g Butter, 2 Eier,

1 TL Zimt, je eine große Messerspitze Nelkenpulver, Ingwer und Kardamom, dazu 8 Tropfen Bittermandelöl, 500 g Mehl, 1 gestr. TL Hirschhornsalz und 1 gestr. TL Pottasche.

Honig, Butter und Zucker zum Siedepunkt bringen, vom Feuer nehmen und abkühlen lassen. Die Eier mit den Gewürzen schaumig schlagen und mit der Honigmasse vermischen. Danach das Mehl dazugeben und hin und wieder die Treibmittel, Pottasche und Hirschhornsalz, die vorher in ein wenig lauwarmem Wasser aufgelöst worden sind. Alles zusammen dann gut miteinander vermengen.

Wenn das geschehen ist, muß der Teig mindestens zwölf Stunden zugedeckt warm stehenbleiben. Danach wird er etwa 2 cm dick ausgerollt. Jetzt kommt die Hauptsache: Die Kathrinchenform. Sie muß auf jeden Fall beschafft werden, selbst wenn es nicht gelingen sollte, dem Kathrinchen auch den begehrten Jüngling zu besorgen.

Der ausgerollte Teig wird also ausgestochen und auf ein bemehltes, gut gefettetes Blech gelegt. Jetzt bitte den Abstand nicht vergessen, damit die Kathrinchen weder aneinanderkleben noch ihre Form verlieren. Sie werden dann zwanzig Minuten gebacken, bei milder Hitze, etwa 180 Grad, so lange, bis sie ihre schöne hellbraune Farbe haben.

Inzwischen muß schon die Spritze mit dünnhalsiger Tülle bereitliegen, die mit dickem Zuckerguß gefüllt wird. Damit werden jetzt den hübschen Jungfern die gestreiften Schürzen aufgespritzt, die Halskrause und die Falten in ihren Puffärmeln. Sollten die Kerls dazu vorhanden sein, müssen sie mit weißen Knöpfen verziert werden, mit einem Gürtel und gestreiften Hosen.

Nachdem der Zuckerguß gut getrocknet ist, wäre eine festschließende Blechbüchse recht, in der die Thorner Kathrinchen ihre ganze Süße entwickeln können.

Am Nachmittag des ersten Adventssonntages ist es gerade an der Zeit, sich über die Weihnachtsbäckerei insgesamt Gedanken zu machen. Mit der angezündeten ersten Kerze auf dem grünen Kranz wird auch dem letzten klar, daß vier Wochen später Weihnachten ist und daß es heißt, sich die Zeit einzuteilen. Der Vorsatz vom letzten Jahr, die Weihnachtsbäckerei künftig ausfallen zu lassen, ist ohnehin kein guter gewesen und wird bei Kerzenlicht und Tannengrün schnell über den Haufen geworfen. Plötzlich will niemand auf die Düfte verzichten, die alle Räume mit diesem weltlichen Weihrauch erfüllen. Die Rezepte werden wieder hervorgeholt, und schon beim Aussuchen dessen, was gebacken werden soll, fängt die weihnachtliche Gaumenvorfreude an.

Hier und dort taucht dann die Frage auf, woher diese Rezepte alle kommen, und warum gerade in der Weihnachtszeit und zu keiner anderen Lebkuchen gebacken werden. Und wer es nicht damit bewenden läßt, bloß die Schultern zu zucken, der muß sich zu den Urgroßvätern an den Tisch setzen und sich ein Stück von dem Brot abschneiden, das als knusprig gebackener Hahn auf den Tisch kommt. In einem solchen „Gebildbrot" konnte geradesogut auch ein Pferd zu erkennen sein, ein Vogel oder ein Schweinekopf. Das waren die Opferbrote der alten geheiligten Zeit, der Zwölften, worin sich wieder nichts anderes ausdrückt als eine Heidenangst vor dem Mißmut der Götter.

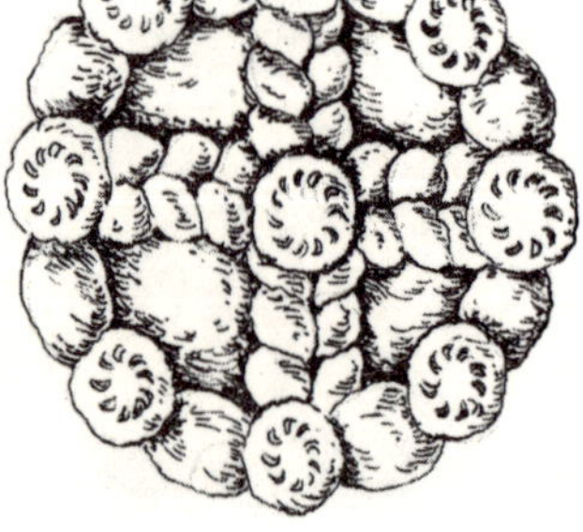

Als dann das Christentum Fuß faßte und damit Handel und Wandel in Gang kam, wurden auch die germanischen Opfersymbole in christliche Opfergaben umgewandelt. Aus dem derben Wotansbrot entwickelten sich mit neuen, kultivierteren Zutaten die Springerle.

Mit diesen Springerle hat es auf sich, daß der Teig vor dem Backen in eine Holzform gedrückt oder durch eine hölzerne Presse gedreht wird. Die Springerle sind ein helles Gebäck, hell wie Marzipan, jedoch wird der Unterschied spätestens spürbar, wenn einer hineinbeißt. Aber die alten Germanen, deren Gebildbrote in Springerle umgewandelt worden sind, waren auch ziemlich hart im Nehmen, ihre Wotansbrote sind ganz bestimmt nicht auf der Zunge zergangen.

Was nun die Holzformen betrifft, die Model, so sind viele davon wahrhaftig Kunstwerke. Da reitet ein Nikolaus auf seinem Schimmel dahin, bepackt mit Körben voller Gaben. Da sitzt ein fürstlicher Herr hoch zu Roß, seinen Hut mit der wallenden Straußenfeder auf dem lockigen Haar, sein Rock, die Satteldecke, das Pferdegeschirr, alles ist in seiner Kostbarkeit wiedergegeben im Holz, und selbst der Roßknecht zeigt durch seine Kleidung an, bei welch einem Herrn er in Diensten steht. In einem anderen Model wieder die naive, zu Herzen gehende Darstellung der Heiligen Familie mit den drei Königen, die zur Anbetung in den Stall gekommen sind. Und dann alte Bekannte: Pferde, Vögel und Hähne. Es ist eine große geschnitzte Vielfalt von weltlichen, christlichen und heidnischen Bildern, die ein friedliches Nebeneinander führen, und ebenso versöhnt liegen alle diese Springerle dann in der Weihnachtszeit auf den bunten Tellern.

Und weil das in den alten Zeiten so gewesen ist, soll auch ein altes *Springerle*-Rezept folgen:

Nimm vom Mehl ein Pfund, siebe es fein und stell es über Nacht ins Ofenloch. Nimm ein Pfund trokkenen Zucker und vier Eier, aber große, zwei Eßlöffel ausgeblasenen Anis – und wenn du's fein haben willst, sollst du ihn im Ofen bähen (wärmen). Vom alten Baselbieter Kirsch zwei Eßlöffel, das lupft sie gut und vertreibt den Eiergeschmack.

Zucker, Eier und Anis laß vom ältesten Buben rühren, dann vom zweitältesten, dann vom dritten – zusammen wenigstens eine halbe Stunde, dann gib das

Kirschwasser dazu, schaffe das Mehl darunter und wirke den Teig auf dem Wallbrett, bis er schön verbunden ist. Wälle den Teig auf, aber nicht zu dünn, und drücke mit Sorgsamkeit und Kraft die Model auf.

Hernach alles auf mehlbestäubtem Brett 24 Stunden an die Wärme gestellt und bei schwacher Hitze backen. Um sie schön weiß zu haben, stäube vor dem Backen Mehl darauf und blase es nachher weg. Kriegen sie keine Füßchen, so schimpfe die Buben aus oder die Stubenmagd: war schlecht gerührt oder Durchzug in der Stube. Springerle ohne Füßchen sind eine Ärgernuß.

Die Springerle, wie das Wort schon sagt, haben im Schwäbischen ihr Zuhause. Das hat wohl seinen Grund in der schwäbischen Emsigkeit, denn so einfach ist es nicht, dieses Gebäck in voller Schönheit auf den Tisch zu bringen. Manche Hausfrau würde daran verzagen, wenn die Springerle alle „ohne Füße" gerieten, und da scheint in erster Linie das fleißige Rühren nötig zu sein. Das aber ist nicht allein eine zeitraubende, es ist auch eine langatmige Angelegenheit. Deshalb fanden sich in manchen Gemeinden die Frauen zu regelrechten „Springerle-Abenden" zusammen, an denen man sich zwischen Mehlsieben und Rühren auch gegenseitig um die schönen Holzmodel beneidete.

An dem Rezept der Springerle hat sich bis heute nicht viel geändert. Zu Mehl, Eiern, Puderzucker und Kirschwasser ist eine Prise Hirschhornsalz hinzugekommen und das Abgeriebene einer Zitrone. Außerdem werden Eier und Zucker heute eine volle Stunde gerührt und erst danach muß, wie es in den Rezepten heißt, das feingesiebte Mehl in diesen Schaum „hineinregnen". Dann kommen die Gewürze hinzu, und erst dann wird geknetet.

Während der Teig zwei Stunden ruht, wird das Model nicht mit Mehl ausgestäubt, nein, es wird damit ausgeblasen. Dann erst wird der Teig hineingedrückt, aber schön fest, damit die Formen hinterher wirklich gut zu erkennen sind. Der überstehende Teig wird abgeschnitten, und die Springerle werden auf ein gefettetes Backblech geklopft, das vorher dünn mit Anis bestäubt worden ist. Und was fehlt ihnen nun noch zum Wohlbefinden? Ihre Ruhe müssen sie haben, und warm müssen sie stehen, vierundzwanzig Stunden lang, und keine weniger. Das aber haben sie mit vielen anderen Gebäcken gemeinsam, die besonders gut werden sollen.

Endlich ist es dann soweit, daß sie bei 180 Grad schön langsam gebacken werden, so daß sie auf der Unterseite goldgelb, auf der kostbaren Oberseite dagegen wunderbar weiß bleiben. Das Allerwichtigste aber ist, daß sie ganz gleichmäßige Füßchen behalten. Und damit das so langwierige Geschehen schließlich zum guten Ende geführt wird, müssen sie, um mürbe zu werden, mindestens vier Wochen lang kühl lagern. Sonst könnte es sein, daß sich jemand an dieser schwäbischen Spezialität die Zähne ausbeißt.

Dem Springerle nahe verwandt ist der Spekulatius, der als Teig zwar auch in Holzformen gedrückt werden soll, aber trotzdem nicht so aufwendig herzustellen ist.

Spekulatius wurden dem heiligen Nikolaus zu Ehren gebacken, und das soll bereits in dem Wort Spekulatius leicht zu erkennen sein. Zu Nikolaus' Lebzeiten redeten die Römer vom Spekulator, wenn sie von diesem neuen Bischof sprachen. Spekulator = Spekulatius. Zudem ist bekannt, daß Nikolaus die hungernde Stadt Myra mit Brot versorgt hat, und deshalb ist ihm zu Ehren dieses Gebäck benannt worden. Warum sollten sich nicht auch einmal christliche Gedanken mit römischen vereinigt haben. Das scheint mir wirklich nicht hergesucht, weil nämlich der Spekulatius den Bäckern vom

Niederrhein zu verdanken ist, und dort hat die römische Besatzungszeit in der Sprache mehr hinterlassen als in anderen Landschaften.

Die ersten Model für den Spekulatius sollen außerordentlich groß gewesen sein und immer den heiligen Mann dargestellt haben. Heute sind sie alle gleichmäßig klein, ob es sich um Mandel- oder Butterspekulatius handelt. Auf jeden Fall sind es Hasen, Vögel, Reiter, Engel, Ruprechte und Windmühlen, und man kann sie auch einfach ausstechen, wenn einem das Ausformen mit Holzmodeln zu aufwendig ist.

Gebraucht werden für *Spekulatius:*
1000 g Mehl, 2 TL Backpulver, 500 g Zucker, 4 Päckchen Vanillezucker, 4 Eier, ½ TL Zimt, je eine ordentliche Prise Nelken und Kardamom. Dann eine Prise Salz nicht vergessen und die abgeriebene Schale einer Zitrone, 300 g Mandeln und dazu 250 g Butter.

Der Teig wird hergestellt wie ein Mürbeteig, indem Mehl und Backpulver gut vermischt auf ein Backbrett gegeben werden. In die Mitte wird eine Vertiefung gedrückt, in die der Zucker, der Vanillezucker, die Zitronenschale und die Gewürze hineinkommen. Zuletzt werden die Eier dazugegeben, und das Ganze wird zu einem Brei gemischt, zu dem noch die geriebenen Mandeln und die kleingepflückte Butter kommen. Jetzt wird ein Teig daraus geknetet, der ungefähr eine halbe Stunde ruhen soll, wenn man ihn ausstechen will. Soll er jedoch gemodelt werden, ist es notwendig, ihn über Nacht ruhen zu lassen. Am anderen Tag wird er dann in Stücke geschnitten und daraus Rollen von etwa 5 cm Durchmesser geformt. Jetzt muß das Model gut gemehlt werden, und danach wird der Teig mit dem Handballen kräftig in die Form gedrückt. Was rechts und links des Models übersteht, wird abgeschnitten, und die Teigformen werden auf ein Tuch herausgeklopft. Danach kommen sie Stück für Stück auf ein gut gefettetes Blech. Sollten sie sich schlecht aus dem Holz lösen, ist das Model zu wenig bemehlt worden, oder dem Teig muß noch etwas Mehl untergewirkt werden.

Wer will, kann die einzelnen Stücke mit Milch bestreichen, bevor sie in den Ofen kommen. Bei milder Hitze, 200 Grad etwa, sollen die Spekulatius 15 Minuten backen. Nach dem Auskühlen aber hinein mit ihnen in eine gut verschließbare Blechbüchse.

In derselben Gegend, am Niederrhein nämlich, ist noch eine weitere Köstlichkeit beheimatet: die Printen.

Gewürzprinten, Saftprinten, Mandelprinten, und wie sie heißen mögen, kommen alle aus Aachen, wo es außerdem noch 38 heilende Quellen gibt, große Tuchwebereien, und wo im Dom dreißig deutsche Kaiser und Könige im Laufe der Jahrhunderte gekrönt worden sind.

Nun mag der Streit über die Bedeutung jedes einzelnen dieser gekrönten Männer so heftig entbrennen, wie er will – hinterher ist es ja ohnehin leicht, alles besser zu wissen –, bei den Printen hört der Streit auf. Ohne Printen kein Weihnachtsteller. Wie die meisten Weihnachtsgebäcke hat auch die Printe ein hohes Alter. Sie ist sogar hundert Jahre älter als unser Tannenbaum. Wie dieses schmale, rechteckige Würzgebäck zu seinem Namen gekommen ist, läßt sich so leicht nicht ergründen. „Printen“ kann mit drucken gleichgesetzt werden, und in der Tat hat man Printen immer nur mit dieser einen einfachen Form ausgestochen, gedruckt – geprintet.

Am Anfang war das köstliche Gebäck nicht süß, vielmehr waren es Brotstücke, die unter anderem auch auf den Tisch kamen, wenn Wein getrunken wurde. Gewürze und Honig kamen erst viel später

hinzu, und damit setzte auch die Kunst der Feinbäcker ein. Sie rührten den Printenteig schon im frühen Herbst an, lagerten ihn in ihren Kellern wie die Winzer ihren Wein, damit er die richtige Reife bekäme und sich gut drucken ließe. Wenn es dann endlich soweit war, wurden die Printen neben der Glut eines Eichenholzfeuers gebacken, und das mag nun wieder zu ihrem besonderen Aroma beigetragen haben.

Seit dieser Zeit ist viel Wasser den Rhein hinuntergeflossen, und gerade der Rhein hat seinen Teil zur Verbreitung der Printe beigetragen, denn zu ihrem Transport waren die Wasserwege sehr nützlich. Die Printenbäcker vermehrten jedenfalls ihren Umsatz außerordentlich. Es soll wahr sein, daß es einer einzigen Bäckerei möglich ist, täglich 12 Kilometer Printen, aneinander gelegt, herzustellen. Jeder, der das liest, kann sich in seiner nächsten Umgebung ausrechnen, was das für eine Strecke ist. Dann gibt es noch eine Meldung, die sagt: Im Weihnachtsmonat wäre es möglich, so viele Printen herzustellen, daß man eine Strecke von Aachen bis nach Ungarn belegen könnte, Luftlinie versteht sich.

Und während mir das Rezept zu den Aachener Printen durch den Kopf geht, schmecke ich in Gedanken wieder das köstliche Gebäck, das mir vor Weihnachten ins Haus kam. Auf der schönen Blechbüchse ist von der Feinbäckerei gewiß nicht ohne Stolz vermerkt, sie habe zu den königlichen Hoflieferanten gehört. So ganz scheint in Aachen die Krönung von dreißig Kaisern und Königen also noch nicht vergessen zu sein.

All dem muß nun schleunigst ein *Aachener Printen*-Rezept folgen:
400 g Honig – weder Sirup noch Kunsthonig, beides kannten die Aachener Printenbäcker nicht –, 100 g Schweineschmalz, 125 g Zucker und 600 g Mehl, 125 g kleingeschnittenes Orangeat, ½ Stange

Vanille, 1 TL Anis, 1 TL gemahlener Ingwer, die gleiche Menge Kardamom, gemahlene Nelken, Zimt und 10 g Hirschhornsalz, in Rosenwasser aufgelöst. Außerdem noch Milch und Hagelzucker.

Der Honig wird mit dem Schweineschmalz gut erwärmt. Danach muß das Mark der Vanillestange ausgekratzt werden und kommt mit sämtlichen anderen Gewürzen und dem Orangeat zu Honig und Schmalz. Das Ganze wird gut durchgerührt und muß danach noch etwas abkühlen. Sodann wird das in Rosenwasser gelöste Hirschhornsalz zusammen mit dem Mehl untergearbeitet. Wenn das geschehen ist, wird der Teig dünn ausgewällt, worauf Rechtecke mit der Printenform ausgestochen werden. Ist keine Printenform zur Hand, kann man den Teig auch in kleine Rechtecke ausrädern. Anschließend werden sie auf ein Backblech gelegt, mit Milch bestrichen und mit Hagelzucker bestreut, es kann auch feingestoßener Kandis sein. Sodann müssen sie bei mittlerer Hitze, 180 bis 200 Grad, langsam backen.

Nach Aachen scheint es mir angebracht, einen Abstecher in den Norden zu machen, einen kurzen nur, aber die *Braunen Kuchen,* die in Hamburg und Umgebung gebacken werden, sind außerordentlich wohlschmeckend. Als wir vor Jahren anfingen, in Wandsbek unseren Familienstand zu gründen, hat uns unsere damalige Hauswirtin dieses Rezept mitgeteilt. Seitdem backe ich allweihnachtlich „Frau Volkmanns Braune Kuchen":
1000 g Mehl, 100 g Butter, 100 g Schmalz, 200 g Zucker, 600 g Sirup, 125 g Mandeln, 125 g Sukkade, 20 g Pottasche, 2 g Hirschhornsalz, Zimt und Nelkenpfeffer.

Während Sirup, Butter, Schmalz und Zucker angewärmt, Pottasche und Hirschhornsalz in kalter Milch aufgelöst werden, müssen die Mandeln ge-

brüht, abgezogen und gemahlen sein. Das Mehl kommt in eine Schüssel und wird mit den Mandeln, der sehr feingeschnittenen Sukkade und den Gewürzen vermengt. Dann kommt die Sirupmasse hinzu und die aufgelösten Treibmittel. Alles wird gut verknetet und bleibt 24 Stunden im Kühlen stehen.

Am anderen Tag wird der Teig einen halben Zentimeter dick ausgerollt, in Rechtecke gerädert und geschnitten und bei Mittelhitze gebacken. Man kann die heißen Braunen Kuchen auch noch mit Zuckerguß bestreichen; typisch ist es nicht.

Ein weiteres Hauswirtinnen-Rezept ist das folgende für ein sehr gutes *Früchtebrot.* Zwischen dem ersten und dem zweiten Rezept liegen zwei Jahrzehnte, und ich habe es aus meiner oberbayerischen Klause samt einer Kostprobe mit nach Hause gebracht. Hier ist also „Frau Zirngibls Früchtebrot“:
3 Eier, 125 g Zucker, 1 Päckchen Vanillezucker, 1 große Messerspitze Zimt, ein paar Tropfen Rumaroma, 60 g Mandeln, 125 g Haselnüsse, beides gemahlen, 125 g Feigen, 125 g Zitronat, 250 g Rosinen, 125 g Weizenmehl, 1 gestrichener Teelöffel Backpulver.

Die Eier werden schaumig geschlagen, nach und nach kommt der Zucker und Vanillezucker dazu, bis die Masse cremig geworden ist, dann werden die Gewürze, Mandeln, Nüsse, kleingehackte Feigen, Zitronat und Rosinen dazugegeben und das mit Backpulver gemischte Mehl. Diese klebrige Teigmasse – Frau Zirngibl sagt, es solle sich niemand vor dem „Baaz“ in seinen Händen fürchten – diese Masse wird in eine Kastenform gefüllt, die vorher mit gefettetem Pergamentpapier ausgelegt worden ist. Gebacken wird das Früchtebrot 75 bis 90 Minuten lang bei 175 bis 195 Grad.

Im süddeutschen und im österreichischen Raum wird solches Gebäck auch Hutzlbrot oder Kletzenbrot genannt, der Sprung von Norden nach Süden ist damit jedenfalls vollzogen.

Es ist an der Zeit, jetzt des bekanntesten weihnachtlichen Kleingebäcks zu gedenken, der Lebkuchen, der Nürnberger, die unter den Lebkuchen die bekanntesten sind, wenn auch nicht die ältesten. Da nehmen es die Aachener Printen lange mit dem Nürnberger Honiggebäck auf. Aber sechshundert Jahre Nürnberger Lebkuchenbäckerei sind auch keine Kleinigkeit.

Das Wort Lebkuchen läßt erst auf den zweiten Blick seine vornehme lateinische Herkunft erkennen. Es stammt von libum ab, und libum bedeutet Fladen. Ein flaches Gebäck aber war schon das frühgeschichtliche Fladenbrot, so wie es bis zum heutigen Tag der Lebkuchen ist. Auch waren es keine Geringeren als die Brüder Grimm, die in ihrem Wörterbuch das Wort Lebekuoche vom lateinischen Wort libum abgeleitet haben. Also mag das Fladenbrot, das sich bereits die umherziehenden Hirtenvölker über erhitzten Steinen backten, der Ursprung unseres Lebkuchens gewesen sein. Zum Glück hat er im Laufe der Zeit manche Verfeinerung erfahren.

In den ägyptischen Königsgräbern aus der Zeit um 1500 vor Christus ist das flache Brot, schon mit Honig gebacken, aufgefunden worden, denn Honig galt als heilige, göttliche Gabe.

Von den Ägyptern übernahmen die Griechen den Glauben, daß Honig als Opfergabe anzusehen wäre, und danach übernahmen ihn die Römer, die zur Zeit unseres Weihnachtsfestes ihre Saturnalien feierten, Festtage zu Ehren des Gottes Saturnus. Sie rührten stets viel Honig in ihre Opferkuchen, und schon in der Bibel ist von dem gelobten Land die Rede, in dem Milch und Honig fließen. Nicht vergessen sollen auch unsere eigenen Vorväter sein, die aus dem Honig der wilden Biene ihr Bier gebraut haben. Deshalb ist ihr oft und reichlich geübter

Umtrunk ursprünglich nichts anderes als ein Opfer gewesen.

Mit den Mönchen, die in der lateinischen Sprache zu Hause waren, ist das Wort libum über die Alpen gekommen. Sicher ist auch, daß in den Klöstern die ersten Lebkuchen gebacken worden sind, von den Mönchen sowohl als von den Nonnen. Das ergab sich nun wieder durch den vielen Honig, den die zinspflichtigen Bauern im Herbst in den Klöstern abzuliefern hatten. Vielerlei Rezepte sind vor allem in den Nonnenklöstern ausprobiert worden, und von den frommen Frauen ist das neuartige Gebäck reichlich verschenkt und verschickt worden. Die Mönche sollen, wie es heißt, diese flachen Fladen alsbald mit viel Pfeffer gewürzt haben, wodurch sie ihnen zur Fastenzeit zum Bier sehr willkommen gewesen sind. Trotz allem aber ist der Pfefferkuchen oder der Lebkuchen damals ein sehr einfaches Gebäck gewesen. Erst im Laufe der Jahre ist mit Fuhr- und Handelsleuten, die in den Klöstern nächtliche Aufnahme fanden, manche Kostprobe davon nach Nürnberg gelangt. In Nürnberg gaben sich nun die Kaufleute mit ihren schweren Planwagen ein Stelldichein. Natürlich auch in anderen Städten, aber in Nürnberg kreuzten sich die Straßen von Venedig nach Hamburg, von Straßburg nach Prag, von Wien nach Holland, von Warschau nach Basel.

Wie nun in den meisten Fällen das Langlebige nicht mit einem Knall vom Himmel fällt, so mußte in Nürnberg erst vieles zusammenkommen. Es gärte, rastete und ging schließlich als schmackhafter Lebkuchen auf. Da wäre zum einen der Reichswald zu nennen, der die Stadt geradezu urwaldhaft umgab. Wer kann sich heut noch vorstellen, daß ein Wald imstande ist, den Reichtum einer Stadt auszumachen? Dieser Reichswald war nicht nur durch das Holz seiner Eichen, Buchen und Linden ein Vermögen wert, die Hirten trieben auch die Schweine der Stadt zur Eichelmast hinein. In diesem Reichswald wurden die Schweine fett, ohne daß die Stadt einen Pfennig für Futter auszugeben brauchte.

Außerdem gab es noch einen anderen Berufsstand, der von diesem Wald wohlhabend wurde. Es waren die Imker, im Nürnbergischen Zeidler genannt. Während Akazien, Linden und Buchen blühten, stand Bienenkorb an Bienenkorb.

Bis der Nürnberger Lebkuchen ebenso „in alle Land“ ging wie Nürnberger Spielsachen, brauchte es noch seine Zeit. Mit Imkern, Bäckern und Kaufleuten waren aber alle Voraussetzungen gegeben, und es kam, wie es kommen mußte. Für den Honig sorgten die Imker, die Bäcker verfeinerten die klösterlichen Kostproben, und die Kaufleute reisten nach Venedig, um für die Gewürze zu sorgen, denn in Venedig gingen Segelschiffe vor Anker, die Waren aus der Levante brachten, und das waren nicht nur Brokate, Teppiche und Zierat, das waren vor allem auch Gewürze: Zimt, Ingwer, Kardamom, Koriander, Muskat, Nelken und Pfeffer. An Fuhrleuten fehlte es nicht, und es wäre ja geradezu zum Lachen gewesen, wenn nicht unter solchen Voraussetzungen ein vorzüglicher Lebkuchen entstanden wäre. In Nürnberg wuchsen schließlich noch ganz andere Talente heran als Feinbäcker. Albrecht Dürer oder Veit Stoß oder der geniale Schuhmachermeister Hans Sachs.

Kurz und gut, der erste richtige Lebküchner ist im Jahre 1395 urkundlich festgehalten, ohne Namen zwar, aber Söhne wird er schon gehabt haben, so daß die Bäckerei und die Rezepte in guten Händen blieben. Abnehmer zu finden, war in Nürnberg ohnehin nicht schwer, und so ist es beim Nürnberger Lebkuchen bis auf den heutigen Tag geblieben. Übersehen werden sollte nicht, daß Nürnberg Reichsstadt war und der Kaiser gelegentlich mit seinem ganzen Gefolge auf der hochgelegenen Burg Einzug hielt, um seinen Reichstag abzu-

halten. Was aber dem Kaiser gut schmeckte, das wollten alle essen. Die Nürnberger haben es durch die Zeitläufte verstanden, die Tradition ihrer Lebkuchenbäckerei zu erhalten und vorwärtszubringen, und es sind harte Zeitläufte dabeigewesen. Das aber kann nicht nur auf geschäftliche Tüchtigkeit zurückzuführen sein, es muß mit der Güte der Lebkuchen zu tun haben. Deshalb soll nun das Rezept des *Nürnberger Lebkuchens* folgen:
Zu 200 g Honig kommen 75 g Zucker, 75 g Butter, 3 Eßlöffel Wasser und ein Eigelb, das Abgeriebene einer großen halben Zitrone, ein reichlicher Eßlöffel Kakao, ein guter Teelöffel Zimt, je eine reichliche Messerspitze mit Nelkenpulver und Kardamom, 300 g Mehl und zwei gute Teelöffel Backpulver, dazu noch 200 g gemahlene Mandeln, 50 g in Würfel geschnittenes Zitronat und 50 g gehackte Korinthen. Zum Guß braucht man 200 g gesiebten Puderzucker und ein Eiweiß.

Nun die Zubereitung: Honig, Zucker, Butter und Wasser werden auf schwacher Flamme langsam zerlassen, sodann in eine Schüssel gegeben und kalt gestellt. Wenn diese Zutaten gerade noch lauwarm sind, muß das Eigelb zugegeben werden, die Zitronenschale, der Kakao, die Gewürze und zwei Drittel des Mehls, das zuvor mit dem Backpulver vermischt worden ist. Danach erst kommen die Mandeln, die Korinthen und das Zitronat hinzu, und ganz zum Schluß das restliche Mehl. Sodann muß auf einem bemehlten Brett ein schöner, glatter Teig geknetet werden. Er wird etwa fingerdick ausgerollt, und schließlich werden runde Formen ausgestochen. Auf einem gut gefetteten Backblech werden im vorgeheizten Ofen bei 180 Grad die Kuchen 20 Minuten gebacken. Kurz zuvor ist bereits der Puderzucker mit dem Eiweiß und einigen Tropfen Wasser verrührt worden, und nun werden die gebackenen Lebkuchen damit dünn bestrichen.

Die Weihnachtsbäckerei, die mit Thorner Kathrinchen angefangen und zu Nürnberger Lebkuchen geführt hat, erhebt keinesfalls Anspruch auf Vollständigkeit. Dieses ABC würde plötzlich ein anderes Buch werden, wenn all der Kipferl und Sterne, der Hörnli und Würzschnecken, der Pfeffernüsse und Nußhäufchen gedacht werden sollte.

Der Weihnachtsstollen aber darf nicht fehlen, der wohl in jedem Haus die feiertägliche Kaffeetafel ziert, als Mandel- oder Rosinenstollen, mit Marzipan oder Mohn gebacken, auf jeden Fall mit einer dicken Schicht Puderzucker beschneit.

In meinem Elternhaus spielte der Dresdner Stollen eine entscheidende, die Weihnachtsstimmung beeinflussende Rolle. Der Grund war, daß der Stollen, den meine Mutter backte, der einzige Kuchen war, den mein Vater aß. Je länger dieser Stollen lagerte, desto besser wurde er, und es ist vorgekommen, daß wir den letzten Stollen zu den Osterfeiertagen angeschnitten haben.

Das Rezept dazu hatte meine Mutter im Kopf, und es gibt auch gar kein einheitliches Dresdner Stollen-Rezept. Ich hatte etliche Verwandte um Dresden herum, und jede Familie besaß ihr eigenes Rezept, und jede war bereit zu schwören, sie habe das Original *Dresdner Stollen*-Rezept. Doch auch Dresdner Kriegsstollen-Rezepte kenne ich. Was nach denen gebacken wurde, ist nur noch mit viel gutem Willen als Dresdner Stollen zu bezeichnen. Die Eigenart des Dresdners ist es ja, ein schweres, fettreiches Gebäck zu sein. Und wo sollten Fett und die anderen Zutaten, wie Mandeln und Rosinen, in den fettlosen Kriegs- oder Nachkriegszeiten herkommen?

Nach einer Faustregel werden zum Beispiel für 3 Kilo Mehl mindestens 1½ Kilo Butter gebraucht. Das gleiche gilt auch für Rosinen. Dazu kämen 1½ Pfund Zucker und 1½ Pfund süße Mandeln;

eine kleine Handvoll bittere Mandeln darf nicht vergessen werden. Zitronat sollte jeder nach eigenem Geschmack verwenden. Zu erwähnen ist noch die „gute Milch", was soviel wie Vollmilch heißt.

Leider bin ich in der vorweihnachtlichen Zeit nie in Dresden gewesen, aber was muß für ein Duft durch die Straßen gezogen sein. Nicht nur die Hausfrauen, auch die Bäckereien wetteiferten miteinander, einmal um die Güte der Stollen, zum anderen um die Menge. Und da die echten Dresdner Stollen in alle Welt verschickt worden sind, müssen die Düfte wochenlang angehalten haben.

In den Jahren, in denen Dresden noch Königsresidenz war, setzten die Bäcker ihren Ehrgeiz darein, wenigstens ein einziges Mal Stollen an den Hof liefern zu können, um sich fortan königlicher Hoflieferant nennen zu dürfen. Aus diesem Grund mag jener Bäcker Zacharias darauf verfallen sein, im Jahre 1730 einen achtzehn Ellen langen und acht Ellen breiten Stollen zu kneten. Um dieses Ungetüm backen zu können, ließ er es sich sogar einen neuen Backofen kosten. Dazu kam eine Maschine, mit der das Riesengebäck aus dem Ofen gezogen werden konnte, und schließlich waren acht Pferde nötig, die den Stollen an Ort und Stelle brachten, festlich auf einen Wagen aufgebaut, versteht sich, von einer Blaskapelle angeführt und von der gesamten Bäckerzunft begleitet. August der Starke, König von Sachsen und Polen, soll sich darüber köstlich amüsiert und ihn mit einem Säbel im Kreis seiner Gäste angeschnitten haben. Daß er dazu auch vortrefflich geschmeckt hat, ist sicher.

Bei uns daheim waren schon jene 25 Pfund Mehl eine so gewaltige Menge, daß mein Vater den Teig am Abend vor dem Backtag selbst kneten mußte. Der Haushalt geriet bereits von Mittag an aus seiner Ordnung bei all den Schüsseln und Wannen, die mit abgebrühten und gemahlenen Mandeln, gewa-

schenen und mit Rum geträufelten Rosinen und vor allem mit dem Mehl herumstanden. Das Mehl mußte behandelt werden wie ein neugeborenes Kind. Gesiebt mußte es sein und gut durchgewärmt, damit der Stollen auch ja gelingen würde. Auf der Herdplatte standen Fettopf und Milchtopf, weit nach hinten in die Ecke gerückt, damit keines von beiden zu warm, um Himmels willen auch nicht zu kalt wäre. Besondere Sorgfalt verlangte die heikle Hefe, das Kernstück der gesamten Bäckerei. Wenn dann glücklich alle Zutaten, Zucker, Rum und die Gewürze, das Salz nicht zu vergessen, zum Teig geknetet waren, wenn er schön durchgewalkt und mit einem Leinentuch bedeckt in der Wanne lag, wurde er auf die Ofenbank gestellt.

Von diesem Augenblick an ging das Zittern los. Würde er am anderen Morgen weich und locker bis zum Wannenrand aufgegangen sein? In den meisten Fällen war er es, nur, damit war es nicht getan. Jetzt hatte er den Transport durch die winterliche Kälte zum Bäcker zu überstehen. Das ging, in dicke Wolldecken verpackt, mit einem Leiterwägelchen vor sich. Aber das Zittern war deshalb nicht vorüber. Würde nämlich der Bäcker die nötige Sorgfalt darauf verwenden, diesen schweren Stollenteig lange genug, aber auch nicht länger als nötig zu backen? Meine Mutter hat es sich nie nehmen lassen, die große Teigwanne in die Backstube zu tragen, um dem Meister die ganze Verantwortung vor Augen zu führen, die jetzt auf seinen Schultern ruhte.

Es dauerte immer bis in den Nachmittag, ehe die Stollen gebacken und ausgekühlt waren und abgeholt werden konnten. Inzwischen hatte meine Mutter eine Kommode leergeräumt und mit Pergamentpapier ausgelegt, denn nun kam es ja darauf an, die Stollen so sorgfältig wie möglich aufzubewahren. Meistens waren sie gut geraten. Aber ich habe es auch erlebt, daß mein Vater ein zweites Mal Stollenteig kneten mußte, weil der Bäcker unseren Dresdner verdorben hatte.

Über die richtige Form des Stollens, nicht nur des Dresdners, gehen die Meinungen auseinander. Dieses übereinandergeschlagene, längliche Brot ist für die einen das Sinnbild der Krippe zu Bethlehem, für die anderen das in Weiß gewickelte Kindlein selbst.

Es gehört ja zum Stollen oder zum Striezel, daß er noch warm mit zerlassener Butter bestrichen und mit Puderzucker besiebt wird, mehrere Male versteht sich, damit eine richtige dicke Schicht entsteht, die einem schon beim Ansehen das Wasser im Munde zusammenlaufen läßt.

Alle diese Genüsse der Weihnachtszeit lohnen es, vier oder sechs Wochen vorher zu fasten, damit das Unheil nicht gar zu groß ist, das in diesen Tagen von all den Köstlichkeiten angerichtet wird.

Und es begab sich…

daß ein Krieg durch das Land ging, der sieben Jahre dauerte, wodurch viel Unglück über die Menschen kam und es ihnen an Mut mangelte, einen neuen Anfang zu wagen, als dieser Krieg zu Ende war. Denn mochte ihnen das Land auch geblieben sein, das ihnen mit seinen Erzen, seinem Kupfer, Zinn und Silber das Brot gegeben hatte, neben dem Mut gebrach es ihnen an Geld, um die alten Bergwerke neu zu beleben, die Pochwerke und die Seifnereien. Das soll nicht meinen, es habe den Stand des Bergmannes nicht mehr gegeben. Doch seine hohe Blüte war dahin, und das Berggeschrei ertönte nur noch selten. Deshalb mußten die Knappen, Jungmänner und Familienväter Ausschau halten nach neuer Arbeit, um die Not abzuwenden. Und so begab es sich, daß in hiesiger Gegend, womit Seiffen gemeint

ist, und Heidelberg und weiter auf Westen zu vor allem Schneeberg, ein neuer Anfang gemacht wurde durch die Holzschnitzerei.
Carlsfeld, im Jahre 1783,
Gottlieb Wild, Pastor allhier.

Aus dieser Chronik geht hervor, wie es dazu gekommen ist, daß zur weihnachtlichen „Auszier" die kleinen und großen Pyramiden gehören, deren Flügelräder sich von der aufsteigenden Wärme der Kerzen zu drehen anfangen und ihr lebhaftes Licht- und Schattenspiel an Wände und Decken werfen.

Aus dem Erzgebirge, das durch seine landschaftliche Unwirtlichkeit eine natürliche Grenze nach Süden, zum Böhmischen hin, gestellt hat und dessen nördliche Grenze zwischen Zwickau und Chemnitz, heute Karl-Marx-Stadt, liegt, kommen auch die anderen weihnachtlichen Holzfiguren. Allen voran der Lichterengel und der lichtertragende Bergmann. Es hat viele Jahre gedauert, bis gerade diese beiden ihren Weg in die Auslagen unserer Geschäfte gefunden haben. Die Nußknacker und Räuchermänner vor allem waren ihnen längst vorangegangen, und sie bevölkern Tische und Regale in den Läden jedes Jahr zahlreicher. Inzwischen hat sich zum Nachtwächter der Hirt und der Jägersmann gesellt, der Bienenvater, der Vogelhändler und der Großvater am Kachelofen.

Die Pyramide und das lichtertragende Paar aber sind den Erzgebirglern immer die wichtigsten Schnitzwerke gewesen, obwohl beide inzwischen aus der Werkstatt des Drechslers kommen und nicht mehr aus der Stube des Holzschnitzers. Die Pyramide, besonders die mehrstöckige, hat im Erzgebirge den Weihnachtsbaum länger verdrängt als anderswo. Das erscheint seltsam genug in einer Landschaft, der es an Tannen und Fichten niemals gemangelt hat, und brennende Kerzen brauchte die Pyramide auch, um das Flügelrad in Bewegung zu

setzen. Der Grund, weshalb sich die Pyramide in den erzgebirgischen Häusern so beständiger Beliebtheit erfreute, war darin zu suchen, daß sie entweder im eigenen Haus oder von der nächsten Verwandtschaft angefertigt worden war. Außerdem war auf ihr das erzgebirgische Bergmannsleben bis in alle Einzelheiten dargestellt. Diesem Geschehen blieb stets der unterste Reifen vorbehalten, sinnbildlich für den Abbau unter Tage.

Der Reifen darüber zeigte stets das Geschehen von Bethlehem: den Stall mit Maria und Joseph, dazwischen das Kind in der Krippe, die herbeieilenden Hirten mit ihren Schafen und die Heiligen Drei Könige.

Einen Reifen höher war der Erzabbau zu sehen, der über der Erde stattfand, mit Stollen und Schächten, die tief in den Berg getrieben waren, mit Pochwerken, die das Gestein zerkleinerten, und den Seifenwerken, in denen das Erz aus dem Gestein gewaschen wurde.

Großväter und Urgroßväter hatten vom Bergbau ihren Lebensunterhalt gehabt, recht und schlecht, wie gesagt werden muß. Die meisten von ihnen brauchten zum Durchkommen ein Stück Land, auf dem eine Kuh oder eine Ziege weiden konnte, und doch war es das kostbare Erz im Gestein gewesen, weshalb sich die Leute Jahrhunderte vorher in dieser gebirgigen Gegend angesiedelt hatten. Und stets, wenn die Knappen auf eine gute Ader stießen, war der Jubel groß, und sie hatten das Bergmannsgeschrei hören lassen.

In den Jahren vor dem Dreißigjährigen Krieg soll das oft der Fall gewesen sein, und viele der bescheidenen Erzgebirgler konnten sich wohlhabend nennen. In den kleinen Städten hatten sich Goldschmiede und Zinngießer angesiedelt; Tischler und Drechsler wurden ohnehin für die Holzarbeiten im Bergbau gebraucht, und so blieb es nicht aus, daß viele ausländische Geschäftsleute in das Erzgebirge kamen und mit ihrer fremden Kleidung viel Aufsehen erregten.

Über die spitzenbesetzten Kragen und Ärmelaufschläge der Fremden machte sich damals eine Frau ihre Gedanken, der es möglich war, sie aus der Nähe zu betrachten; denn ihr Mann, Christoph Uthmann, betrieb ein Bergwerk, und die Kaufleute kamen ins Haus, um Erze einzukaufen. Nachdem nun Barbara Uthmann lange genug probiert und die Fremden ausgefragt hatte, fing sie an, Spitzen zu klöppeln. Denn das hatte sie herausgehört, Spitzen waren gefragt. Außerdem dachte sie daran, wie viele Bergleute Jahr für Jahr verunglückten und wie wenig diese Invaliden und ihre Angehörigen gesichert waren und daß mit dieser Klöppelei überhaupt eine Menge Geld zu verdienen sein würde. So hat die Spitzenklöppelei im Erzgebirge ein Zuhause gefunden, und überall dort, wo daheim geklöppelt wurde, während Vater, Sohn und Bruder im Berg arbeiteten, blieb die Not vor der Tür.

Jetzt läge der Gedanke nahe, daß auch die Holzschnitzerei nur ein Nebenberuf war, der betrieben wurde, sobald die Bergleute von ihrer Schicht nach Hause kamen. Das war nicht so. Ihre Hände, den ganzen Tag über von der schweren Arbeit erschüttert, wären nicht in der Lage gewesen, das Schnitzmesser sorgfältig zu führen. Eine Kuh melken oder Grünfutter mähen, das mochte gehen. Nein, die Holzschnitzerei ist aufgekommen, als in den Jahren nach dem Siebenjährigen Krieg, nach 1763, in vielen Orten der Bergbau darniederlag und zu keinem neuen Aufstieg fand, so wie es Pastor Wild in der Chronik berichtet hat.

Es fing mit den Invaliden an, mit den Männern, von denen Berg und Gestein den Zehnten gefordert hatten. Diesen Zehnten hatten oft diejenigen zu zahlen, die im besten Mannesalter standen, und weil sie nicht loskamen vom Berg, setzten sie sich hin und schnitzten, was ihnen von Kindheit an am ver-

trautesten war. Und an der Liebe und Sorgfalt, mit der sie es darstellten, ist abzulesen, daß sie die Flüche vergessen und Berg und Gestein verziehen hatten. War ein solches Bergwerk fertig und mit seinem Räderwerk in Gang gesetzt, dann baute es sein Schnitzer in einen kleinen Schrank ein, lud es sich auf den Rücken oder auf die Schiebkarre und zog damit über Land. Überall dort, wo niemand etwas vom Bergbau wußte, in Schulen und auf Märkten, stellte er sein Bergwerk auf und setzte es in Bewegung.

Weil nun aber ein Invalide nur den Sommer über unterwegs sein konnte, versuchte er sich im Winter an anderen Dingen. Kinderspielzeug war die nächste Stufe. Hühnchen und Hähnchen, Taubenhäuser, Gänse und Gänseliesel, Holzhacker, Pferd und Wagen waren aus Tannenholz gut zu schneiden.

Die Invaliden blieben nicht allein. Als die Ausbeute an Silber, Zinn und Kupfer von Jahr zu Jahr weniger wurde und den Abbau nicht mehr lohnte, als Tischler und Drechsler arbeitslos wurden, fand einer zum anderen, half einer dem anderen, lehrte einer den anderen. Dort, wo das fließende Gebirgswasser die Pochwerke betrieben hatte, wurden jetzt Drehbänke aufgestellt, um aus dem Holz Reifen zu treiben, aus denen später dann Tiere, Menschen und andere Figuren Stück für Stück geschnitten werden konnten. Auch Maria und Joseph, die Krippe und das Kind darin, die Hirten und die wolligen Schafe und die drei fremden Könige aus dem Morgenland sind auf diese einfache Weise geschnitzt worden. Nicht zu vergessen die Musikanten, die in der obersten Etage einer jeden Pyramide die Weihnachtslieder ins erzgebirgische Land hinausblasen wie die wirklichen Musikanten vom Kirchturm.

Die erzgebirgische Schnitzkunst hat zu keiner Zeit etwas anderes sein wollen als Volkskunst, auch wenn sie inzwischen in weit größerem Umfang betrieben wird. Ihr Ursprung ist die Wohnstube ge-

wesen, obwohl die Rohlinge außerhalb des Hauses, in den Pochwerken, abgedreht wurden; um bemalt zu werden, fanden die Schnitzwerke alle schnell ins Haus zurück.

Diese Volkskunst hat ihre Motive aus der nächsten Umgebung genommen und aus einem tiefverwurzelten Glauben. In jenen Bereich hinein gehören auch die kleinen Kurrendesänger vor der tannenumstandenen Kirche, ebenso das hemdenmätzige Engelorchester, das sich endlos erweitern läßt. Von Nußknackern und Räuchermännern ist schon die Rede gewesen. Bleibt noch, dem Ursprung des Lichterengels nachzugehen und des lichttragenden Bergmannes.

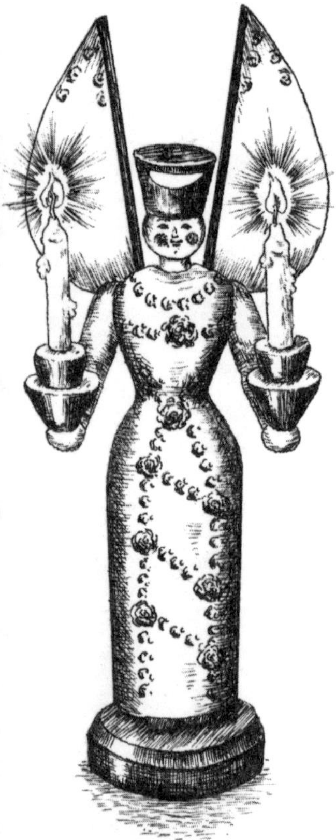

In einem Weihnachtsbuch braucht nicht darüber geredet zu werden, daß die Engel stets als Mittler galten zwischen Himmel und Erde, als Boten, die der allmächtige Gott den Menschen schickt, um durch sie seine Verheißung übersetzen zu lassen. Seit jeher sind diese Boten lichte Gestalten gewesen, wie es im Neuen Testament geschrieben steht und wie es die Hirten draußen bei den Hürden gesehen haben, als ihnen der Engel erschien: „Und die Klarheit des Herrn umleuchtete ihn."

Diese Klarheit ließ sich in unserer irdischen Welt nicht anders darstellen als durch brennende Kerzen und durch ein weißes Gewand. Darauf waren alle himmlischen Erscheinungen festgelegt, ob sie im dramatischen Spiel, auf einem Bild oder im bemalten Schnitzwerk dargestellt werden sollten. Das wurde im Erzgebirge genauso gehandhabt wie anderswo, nur hatten sich die Leute hier noch eine Variante dazugedacht: Sie wollten den himmlischen Boten wirklich herabschweben sehen, während die Weihnachtsgeschichte verlesen wurde. Im Umgang mit mechanischem Räderwerk gut geübt, verfielen sie auf den Gedanken, den Engel über ein Gewinde vom Deckengewölbe der Kirche niederzulassen. Zuerst hatte er die Gestalt eines Jünglings, danach wurde der Engel eine Jungfrau und schließlich ein unschuldiges Kind, nackt, nur mit einem Tuch bekleidet.

Das aber erregte den Widerspruch der Kirchenoberen; es hat ja immer solche Zeitläufte gegeben. Kurz und gut, der herabschwebende Engel, der in manchen Orten sogar noch brennende Kerzen in den Händen hielt, wurde abgeschafft, öffentlich in den Kirchen verboten. Daheim aber, in den Häusern, lebte er weiter, schwebte und leuchtete. Wie hätten auch die Männer in ihren Kirchenkanzleien, Pfarrhäusern und Studierstuben begreifen sollen, was den Bergleuten der Engel bedeutete, der das Licht in seinen Händen hielt!

Die Männer, die das Verbot ausgesprochen hatten, waren noch niemals frühmorgens, bei fast mitternächtlicher Dunkelheit, in Kälte und Schnee zur Grube gestapft. Sie hatten noch niemals ihr Tagewerk in einem nachtdunklen Stollen unter der Erde verbracht. Sie hatten noch niemals erlebt, daß Nacht und Finsternis auch noch zum täglichen Begleiter des Heimwegs wurden. Nur aus diesem Unverstand heraus konnten sie den schwebenden Lichterengel verbieten.

In der Biedermeierzeit bildete sich schließlich nach manchen Abwandlungen jener Engel, wie er noch heute vor uns steht: im weißen Gewand, mit aufgeleimten goldenen Flügeln und Armen, die auf den Händen Lichterteller tragen. Anstelle der Krone sitzt ihm eine goldene Mütze auf dem Kopf, die der Mütze des Bergmannes sehr ähnlich ist.

Der lichtertragende Bergmann hat ebenfalls viele Wandlungen durchgemacht, bis er, genau passend, neben den Engel gestellt werden konnte. „Glückauf" heißt der alte Bergmannsgruß, den sich die Knappen zurufen, wenn sie in den Schacht fahren, und das Bergmannslied beginnt: „Glückauf, glückauf, der Steiger kommt, und er hat sein helles Licht bei der Nacht . . . wohl angezünd't . . ."

Licht setzt der Bergmann bis auf den heutigen Tag mit Leben gleich. Bei seiner schweren Arbeit im Schacht leuchtet ihm die Grubenlampe. Wenn sie ausgeht, ist er in höchster Lebensgefahr, und jeden Tag, sobald er auf die Erde zurückkommt und das Tageslicht wiedersieht, weiß er, daß er überlebt hat. Es ist deshalb nicht verwunderlich, wenn sich die Schnitzer immer wieder mit ihm beschäftigt haben; sie kamen alle aus dem Bergmannsberuf.

Von Anfang an war er keineswegs in Größe und Gestalt dem Lichterengel angeglichen. Auch war er nicht aus dem Holz herausgedreht wie heute, er war wirklich geschnitzt. Zuerst trug er Kleidung und Rangabzeichen eines Steigers, und er wurde niemals zum Verkauf angeboten. Er wurde mit aller Liebe geschnitzt, um in den Familienbesitz einzugehen. Jedes erzgebirgische Kind besaß seinen „Lichtsteiger", der am Heiligen Abend die Geschenke auf dem Gabentisch beleuchtete. Waren alle Kinder mit Lichtsteigern versorgt, ließen sie nicht eher Ruhe, bis neben jedem Bergmann auch ein Lichterengel stand.

Als sich die beiden nun zusammengefunden hatten, kam es im Erzgebirge zu dem liebenswürdigen Brauch, Engel und Bergmann in der Weihnachtszeit allabendlich mit ihren brennenden Kerzen in die Fenster zu stellen. Spätestens zu diesem Zeitpunkt setzte die Nachfrage nach dem geschnitzten Leuchterpaar ein. In der ersten Zeit brachten es die erzgebirgischen Schnitzer noch fertig, den Bedarf zu decken. Sie mußten aber einsehen, daß es ihnen nicht möglich sein würde, dieses kunstvoll geschnitzte Paar in Massen herzustellen.

Es war ein Drechslermeister aus dem Ort Seiffen, der den ersten Bergmann mit Spindel und Drehstahl aus dem Holz holte. Dem Lichterengel hatte er bereits die vereinfachte Form gegeben, jetzt paßte er den Bergmann dieser einfachen Form an. Jener Drechsler war, was das „Männeldrehen" anging, sehr einfallsreich. Kinderspielzeug aus seiner Werkstatt war auf allen Märkten und Weihnachtsmärkten zu finden, und wenn die abgedrehten Figuren auch keinen besonderen Formenreichtum aufzuweisen hatten, so gab es ja noch Farbe und Pinsel. Mit beidem ließ sich vieles gutmachen.

Nun mag man es so heftig bedauern wie man will, die erzgebirgische Volkskunst hat der Massenherstellung weichen müssen. Die Zeit aber hat sich noch niemals anhalten lassen, und ohne Sinn ist der alte erzgebirgische Spruch trotzdem nicht: „So alt wie altes Berggeschrei ist auch die Männelmacherei."

Ja, es werden jedes Jahr unzählige „Männel" gemacht, und jedem ist auf den ersten Blick seine Herkunft anzusehen. Vor allem anderen Spielzeug und Christbaumschmuck aber, vor den Räuchermännern und den Pyramiden, ist am unverkennbarsten das Leuchterpaar: Engel und Bergmann.

Von drauß' vom Walde komm' ich her

Ich muß euch sagen, es weihnachtet sehr!
Allüberall auf den Tannenspitzen
Sah ich goldene Lichtlein sitzen;
Und droben aus dem Himmelstor
Sah mit großen Augen das Christkind hervor.
Und wie ich so strolcht' durch den finstern Tann,
Da rief's mich mit heller Stimme an:
„Knecht Ruprecht“, rief es, „alter Gesell,
Hebe die Beine und spute dich schnell!
Die Kerzen fangen zu brennen an,
Das Himmelstor ist aufgetan,
Alt' und Junge sollen nun
Von der Jagd des Lebens einmal ruhn;
Und morgen flieg' ich hinab zur Erden,

Denn es soll wieder Weihnachten werden!"
Ich sprach: „O lieber Herre Christ,
Meine Reise fast zu Ende ist;
Ich soll nur noch in diese Stadt,
Wo's eitel gute Kinder hat."
– „Hast denn das Säcklein auch bei dir?"
Ich sprach: „Das Säcklein, das ist hier;
Denn Äpfel, Nuß und Mandelkern
Essen fromme Kinder gern."
– „Hast denn die Rute auch bei dir?"
Ich sprach: „Die Rute, die ist hier;
Doch für die Kinder nur, die schlechten,
Die trifft sie auf den Teil, den rechten."
Christkindlein sprach: „So ist es recht;
So geh mit Gott, mein treuer Knecht!"
Von drauß' vom Walde komm' ich her;
Ich muß euch sagen, es weihnachtet sehr!
Nun sprecht, wie ich's hierinnen find'!
Sind's gute Kind', sind's böse Kind'?

Theodor Storm

Von diesem Gedicht, das jeder kennt und jeder liebt, weiß man nur selten, wer es geschrieben hat, ebenso hapert es mit der Überschrift. Es ist eben das Gedicht „Von drauß' vom Walde komm' ich her". Besseres kann einem Gedicht nicht widerfahren, als daß es so zum Volksgut wird.

Darum soll es in diesem Kapitel den Anfang machen. Ihm folgen bekannte und unbekannte Gedichte, die den Tagen zwischen dem 30. November und dem 6. Januar zugeordnet sind.

Hans Hexelmann

Der Drechselmann Hans Hexelmann
Hat seinen Laden aufgetan.
Nun kommt, ihr Kinder, groß und klein,
Und kauft die schönen Sachen ein!

Hier eine Peitsche, hier ein Pferd,
Da einen Helm und dort ein Schwert;
Hier eine Puppe, hier ein Bett,
Und dorten Küch' und Kabinett;
Hanswurstel auch und Hutzelmann,
Kurz – was ein Herz nur wünschen kann.
Drum kommt, ihr Kinder, groß und klein,
Und kauft die schönen Sachen ein!

Friedrich Güll

Geschichte eines Pfefferkuchenmannes

Es war einmal ein Pfefferkuchenmann,
von Wuchse groß und mächtig,
und was seinen innern Wert betraf,
so sagte der Bäcker: „Prächtig".

Auf dieses glänzende Zeugnis hin
erstand ihn der Onkel Heller
und stellte ihn seinem Patenkind,
dem Fritz, auf den Weihnachtsteller.

Doch kaum war mit dem Pfefferkuchenmann
der Fritz ins Gespräch gekommen,
da hatte er schon – aus Höflichkeit –
die Mütze ihm abgenommen.

Als schlafen ging der Pfefferkuchenmann,
da bog er sich krumm vor Schmerze:
an der linken Seite fehlte fast ganz
sein stolzes Rosinenherze!

Als Fritz tags drauf den Pfefferkuchenmann
besuchte, ganz früh und alleine,
da fehlten, o Schreck, dem armen Kerl
ein Arm schon und beide Beine!

Und wo einst saß am Pfefferkuchenmann
die mächtge Habichtsnase,
da war ein Loch! Und er weinte still
eine bräunliche Sirupblase.

Von nun an nahm der Pfefferkuchenmann
ein reißendes, schreckliches Ende:
Das letzte Stückchen kam schließlich durch Tausch
in Schwester Margretchens Hände.

Die kochte als sorgliche Hausfrau draus
für ihre hungrige Puppe
auf ihrem neuen Spiritusherd
eine kräftige, leckere Suppe.

Und das geschah dem Pfefferkuchenmann,
den einst so viele bewundert
in seiner Schönheit bei Bäcker Schmidt,
im Jahre neunzehnhundert.

Jean Paul Richter

St. Niklas' Auszug

St. Niklas zieht den Schlafrock aus,
klopft seine lange Pfeife aus
und sagt zur heiligen Kathrein:
„Öl mir die Wasserstiefel ein,
bitte hol auch den Knotenstock
vom Boden und den Fuchspelzrock;
die Mütze lege obendrauf,
und schütt dem Esel tüchtig auf,
halt auch das Sattelzeug bereit,
wir reisen, es ist Weihnachtszeit.
Und daß ich's nicht vergess', ein Loch
ist vorn im Sack, das stopfe noch!
Ich geh' derweil zu Gottes Sohn
und hol' mir meine Instruktion."
Die heil'ge Käthe, sanft und still,
tut alles, was St. Niklas will.

Der klopft indes beim Herrgott an;
St. Peter hat ihm aufgetan
und sagt: „Grüß Gott, wie schaut's denn aus?"
und führt ihn ins himmlische Werkstättenhaus.
Da sitzen die Englein an langen Tischen,
ab und zu Feen dazwischen,
die den kleinsten zeigen, wie's zu machen,
und weben und kleben die niedlichen Sachen,
hämmern und häkeln, schnitzen und schneidern,
fälteln die Stoffe zu niedlichen Kleidern,
packen die Schachteln, binden sie zu
und haben so glühende Bäckchen wie du!
Herr Jesus sitzt an seinem Pult
und schreibt mit Liebe und Geduld
eine lange Liste. Potz Element,
wieviel artige Kinder Herr Jesus kennt!
Die sollen die schönen Engelsgaben
zu Weihnachten haben.
Was fertig ist, wird eingesackt
und auf das Eselchen gepackt.
St. Niklas zieht sich recht warm an –
Kinder, er ist ein alter Mann –,
und es fängt tüchtig an zu schnein,
da muß er schon vorsichtig sein!
So geht es durch die Wälder im Schritt,
manch Tannenbäumchen nimmt er mit,
und wo er wandert, bleibt im Schnee
manch Futterkörnchen für Hase und Reh.
Leise macht er die Türen auf,
jubelnd umdrängt ihn der kleine Hauf:
„St. Niklas, St. Niklas, was hast du gebracht?
Was haben die Englein für uns gemacht?"
„Schön Ding! Gut Ding! Aus dem himmlischen Haus!
Langt in den Sack! Holt euch was raus!"

Paula Dehmel

Ruprecht, Ruprecht

Ruprecht, Ruprecht, guter Gast,
Hast du mir was mitgebracht?
Hast du was, dann setz dich nieder,
Hast du nichts, dann geh nur wieder!

Volksgut

Ich wünsch mir was

Ich wünsch mir was!
Was ist denn das?
Das ist ein Schloß aus Marzipan
mit Türmen aus Rosinen dran
und Mandeln an den Ecken.
Ganz zuckersüß und braungebrannt
und jede Wand aus Zuckerkand –
da kann man tüchtig schlecken!
Und Diener laufen hin und her
mit Saft und Marmelade,
und drinnen, in dem Schlosse drin,
sitzt meine Frau, die Königin –
die ist aus Schokolade!

Unbekannt

Denkt euch . . .

Denkt euch – ich habe das Christkind gesehn!
Es kam aus dem Walde, das Mützchen voll Schnee,
mit rotgeforenem Näschen.
Die kleinen Hände taten ihm weh;
denn es trug einen Sack, der war gar schwer,
schleppte und polterte hinter ihm her –
was drin war, möchtet ihr wissen?
Ihr Naseweise, ihr Schelmenpack –
meint ihr, er wäre offen, der Sack?
Zugebunden bis oben hin!
Doch war gewiß etwas Schönes drin:
Es roch so nach Äpfeln und Nüssen!

Anna Ritter

Die Weihnachtswünsche des kleinen Nimmersatt

„Am meisten wünsch' ich mir ein Pferd,
Zum Schaukeln und zum Reiten,
Und eine Rüstung und ein Schwert
Wie aus den Ritterzeiten.

Drei Märchenbücher wünsch' ich mir
Und Farben auch zum Malen
Und Bilderbogen und Papier
Und Gold- und Silberschalen.

Ein Domino, ein Lottospiel,
Ein Kasperletheater,
Auch einen neuen Peitschenstiel
Vergiß nicht, lieber Vater!

Ein Zelt und sechs Kanonen dann
Und einen neuen Wagen
Und ein Geschirr mit Schellen dran,
Beim Pferdespiel zu tragen.

Mir fehlt – Ihr wißt es sicherlich –
Gar sehr ein neuer Schlitten
Und auch um Schlittschuh möchte ich
Noch ganz besonders bitten.

Und weiße Tiere auch, von Holz,
Und farbige von Pappe
Und einen Helm und Federn stolz
Und eine neue Mappe.

Ein Perspektiv, ein Zootrop,
'ne magische Laterne,
Ein Brennglas, ein Kaleidoskop –
Dies alles hätt' ich gerne.

Auch einen großen Tannenbaum,
Dran hundert Lichter glänzen;
Mit Marzipan und Zuckerschaum
Und Schokoladenkränzen.

Doch dünkt dies alles Euch zu viel,
Und wollt Ihr daraus wählen,
So könnte wohl der Peitschenstiel
Und auch die Mappe fehlen."

Als Hänschen so gesprochen hat,
Sieht man die Eltern lachen:
„Was willst du, kleiner Nimmersatt,
Mit all den vielen Sachen?!"

„Wer so viel wünscht" – der Vater spricht's –
„Bekommt auch nicht ein Achtel!
Der kriegt ein ganz klein wenig Nichts
In einer Dreierschachtel!"

Heinrich Seidel

Knecht Ruprecht

Der Esel, der Esel,
Wo kommt er her?
Von Wesel, von Wesel,
Er will ans Schwarze Meer.

Wer hat denn, wer hat denn
Den Esel so bepackt?
Knecht Ruprecht, Knecht Ruprecht
Mit seinem Klappersack.

Mit Nüssen, mit Äpfeln,
Mit Spielzeug allerlei,
Und Kuchen, ja Kuchen
Aus feiner Bäckerei.

Wo bäckt denn, wo bäckt denn
Knecht Ruprecht feine Speis?
In Island, in Island,
Drum ist sein Bart so weiß.

Die Rute, die Rute,
Die ist dabei verbrannt;
Heut sind die Kinder artig
Im ganzen deutschen Land.

Ach Ruprecht, ach Ruprecht,
Du lieber Weihnachtsmann:
Komm auch zu mir
Mit deinem Sack heran.

Paula Dehmel

Was das Christkindlein sagt

Das Christkindlein bin ich genannt
Den frommen Kindern wohl bekannt,
Die ihren Eltern gehorsam sein,
Die früh aufstehn und beten gern,
Denen will ich alles beschern.
Die aber solche Holzblöck sein,
Die schlagen ihre Schwesterlein
Und necken ihre Brüderlein,
Steckt Ruprecht in den Sack hinein.

Aus Des Knaben Wunderhorn

Der Weihnachtsmarkt

Hörst du
Die Waldteufel summen
Und die muntren
Knaben schrein?
Liebchen,
Weihnachtsmarkt ist heute,
Zu dem Feste
Kauft man ein.

Adolf Glaßbrenner

Weihnachten

Markt und Straßen stehn verlassen
still erleuchtet jedes Haus.
Sinnend geh ich durch die Gassen,
alles sieht so festlich aus.

An den Fenstern haben Frauen
buntes Spielzeug fromm geschmückt;
tausend Kindlein stehn und schauen,
sind so wunderstill beglückt.

Und ich wandre aus den Mauern
bis hinaus ins freie Feld,
hehres Glänzen, heil'ges Schauern!
Wie so weit und still die Welt!

Sterne hoch im Kreise schlingen;
aus des Schnees Einsamkeit
steigt's wie wunderbares Singen –:
O du gnadenreiche Zeit.

Joseph von Eichendorff

Die Hirten

Es roch so warm nach den Schafen,
da sind sie eingeschlafen.
O Wunder was geschah:
Es ist eine Helle gekommen,
ein Engel stand da.

Sie haben sein Wort vernommen,
war schwer zu verstehen.
Sie mußten nach Bethlehem gehen
und sehen.

Sie haben vor der Krippen
aus runden Augen geschaut.
Sie stießen sich stumm in die Rippen.
Einer hat sich gekraut,
einer drückte sich gegen die Wand,
einer schneuzte sich in die Hand
und wischte sich über die Lippen.

Aber Iwan Akimitsch, der vorne stand,
der den heimlichen Branntwein braut,
Iwan Akimitsch vom Wiesenrand,
Iwan Akimitsch hat sich endlich getraut
hat dreimal gespuckt,
dreimal geschluckt,
dann sagte er laut:

„Wir haben nicht immer gut getan.
Du liebes Kind,
schau uns nur einmal freundlich an.
Geh, tu's geschwind.“

Da war ihnen leicht, sie wußten nicht wie,
da fielen sie alle in die Knie,
da lachte das Kind und segnete sie,
Josef lächelte und Marie.

Werner Bergengruen

Friede auf Erden

Da die Hirten ihre Herde
ließen und des Engels Worte
trugen durch die niedre Pforte
zu der Mutter und dem Kind,
fuhr das himmlische Gesind
fort im Sternenraum zu singen,
fuhr der Himmel fort zu klingen:
„Friede, Friede auf der Erde!“

Seit die Engel so geraten,
o wie viele blut'ge Taten
hat der Streit auf wildem Pferde,
der geharnischte, vollbracht!
In wie mancher heil'gen Nacht
sang der Chor der Geister zagend,
dringlich flehend, leis verklagend:
„Friede, Friede auf der Erde!“

Doch es ist ein ew'ger Glaube,
daß der Schwache nicht zum Raube
jeder frechen Mordgebärde
werde fallen allezeit:
Etwas wie Gerechtigkeit
webt und wirkt in Mord und Grauen,
und ein Reich will sich erbauen,
das den Frieden sucht der Erde.

Mählich wird es sich gestalten,
seines heil'gen Amtes walten,
Waffen schmieden ohne Fährde,
Flammenschwerter für das Recht;
und ein königlich Geschlecht
wird erblühn mit starken Söhnen,
dessen helle Tuben dröhnen:
„Friede, Friede auf der Erde!"

Conrad Ferdinand Meyer

Wiegenlied

Hier unten im Turme
hier wehet kein Wind,
hier betet die Mutter
und wieget ihr Kind,
und hat von der Wiege
zur Krippe ein Band
von Glaube und Hoffnung
und Liebe gespannt.

Weit über die Meere
die Sehnsucht sie spinnt,
dort sitzet Maria
und wieget ihr Kind,
die Engel, die Hirten,
drei König und Stern
und Öchslein und Eslein
erkennen den Herrn.

Wohl über dem Monde
und Wolken und Wind
mit Zepter und Krone
steht Jungfrau und Kind.
Hier unten ward's Kindlein
am Kreuz ausgespannt,
dort oben wiegt's Himmel
und Erd auf der Hand.

Komm mit, laß uns fliegen
zu Maria geschwind,
komm mit! und lern biegen
dein Knie vor dem Kind,
komm mit! schnür dein Bündlein,
schon führet die Hand
Maria dem Kindlein,
es segnet das Land.

Clemens von Brentano

Weihnachts-Kantilene

Maria war zu Bethlehem,
Wo sie sich schätzen lassen wollte;
Da kam die Zeit, daß sie gebären sollte;
Und sie gebar ihn –
Und als sie ihn geboren hatte
Und sah den Knaben nackt und bloß;
Fühlt sie sich selig, fühlt sich groß,
Und nahm voll Demut ihn auf ihren Schoß
Und freuet sich in ihrem Herzen fein,
Berührt den Knaben zart und klein
Mit Zittern und mit Benedei'n,
Und wickelt ihn in Windeln ein . . .
Und bettete ihn sanft in eine Krippe hin.
Sonst war kein Raum für ihn.

Vor Gott geht's göttlich her,
Und nicht nach Stand und Würden.
Herodem läßt er leer,
Mit seinem ganzen Heer;
Und Hirten auf dem Felde bei den Hürden
Erwählet er.

Sie saßen da und hüteten im Dunkeln ihre Herde,
Mit unbefangnem, frommem Sinn;
Da stand vor ihnen, an der Erde,
Ein Engel Gottes . . . und trat zu ihnen hin,
Und sie umleuchtete des Herren Klarheit,
Und er sagte ihnen die Wahrheit.

Und eilend auf sie standen,
Gen Bethlehem zu gehn,
Und kamen hin und fanden,
Ohn' weiters zu verstehn.
Mirjam und Joseph beide.
Und in der Krippen lag, zu ihrer großen Freude,
In seinem Windelkleide,
Auf Grummet von der Weide,
Der Knabe wunderschön.

Die Väter hoffeten auf ihn mit Tränen
Und mit Flehn,
Und sehnten sich, den Tag des Herrn zu sehn,
Und sahn ihn nicht.

Was Gott bereitete,
Und von der Welt her heimlich und verborgen war,
Ward in der Zeiten Fülle offenbar.

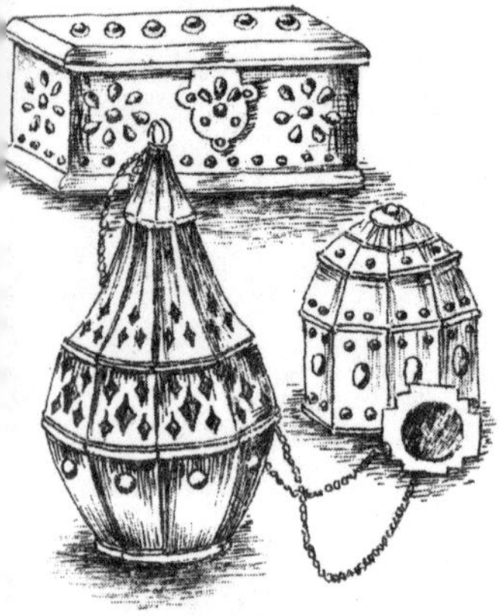

Die Weisen fielen vor ihm nieder,
Und gaben ihre Schätze gern,
Und gaben Weihrauch, Gold und Myrrhen.
Sie sahen seinen Stern,
Und kannten ihren Heiland, ihren Herrn,
Und ließen sich das Heu und Stroh nicht irren.

Dem Menschen dünkt es wunderbar,
Und mag es nicht verstehn;
Doch ist's wahrhaftig wahr!
Und selig sind die Augen, die ihn sehn.

Matthias Claudius

Die gute Nacht

Der Tag, vor dem der große Christ
Zur Welt geboren worden ist,
War hart und wüst und ohne Vernunft.
Seine Eltern, ohne Unterkunft,
Fürchteten sich vor seiner Geburt,

Die gegen Abend erwartet wurd.
Denn seine Geburt fiel in die kalte Zeit.
Aber sie verlief zur Zufriedenheit.
Der Stall, den sie doch noch gefunden hatten,
War warm und mit Moos zwischen seinen Latten,
Und mit Kreide war auf die Tür gemalt,
Daß der Stall bewohnt war und bezahlt.
So wurde es doch noch eine gute Nacht,
Auch das Heu war wärmer, als sie gedacht.
Ochs und Esel waren dabei,
Damit alles in der Ordnung sei.
Eine Krippe gab einen kleinen Tisch,
Und der Hausknecht brachte ihnen heimlich einen Fisch.
(Denn es mußte bei der Geburt des großen Christ
Alles heimlich gehen und mit List.)
Doch der Fisch war ausgezeichnet und reichte durchaus,
Und Maria lachte ihren Mann wegen seiner Besorgnis aus
Denn am Abend legte sich sogar der Wind,
Und war nicht mehr so kalt, wie die Winde sonst sind.
Aber bei Nacht war es fast wie ein Föhn.
Und der Stall war warm, und das Kind war sehr schön.
Und es fehlte schon fast gar nichts mehr,
Da kamen auch noch die Dreikönig daher!
Maria und Joseph waren zufrieden sehr.
Sie legten sich sehr zufrieden zum Ruhn
Mehr konnte die Welt für den Christ nicht tun.

Bertolt Brecht

Das Vöglein auf dem Weihnachtsbaum

Ich hatt' ein Vöglein, das war wunderzahm,
Daß es vom Munde mir das Futter nahm.
Es flatterte bei meinem Ruf herbei
Und trieb der muntern Kurzweil vielerlei,

Drum stand das Türchen seines Kerkers auf
Den ganzen Tag zu freiem Flug und Lauf.
Im Käfig war es aus dem Ei geschlüpft,
War nie durch Gras und grünes Laub gehüpft
Und hatte nie den dunklen Wald geschaut,
Wo sein Geschlecht die leichten Nester baut.
Und wie der Winter wieder kam ins Land,
Das Weihnachtsbäumchen in der Stube stand,
Da fand mein schmuckes, zahmes Vögelein
Neugierig bald sich in den Zweigen ein.
Wohl trippelt es behutsam erst und scheu
Dem Rätsel zu, so lockend und so neu,
Doch bald war's in dem grünen Reich zu Haus,
Wie prüfend breitet es die Flügel aus;
So freudig stieg und fiel die kleine Brust,
Als schwellte sie der Tannenduft mit Lust.
Und wie er nie vom Käfig noch erklang,
So froh, so schmetternd tönte sein Gesang!
Zum erstenmal berauscht von neuem Glück,
Kehrt es zu seinem Hause nicht zurück.
Hart an das Stämmchen duckt es, still und klein
Und schlummert in der grünen Dämmrung ein.
Und sinnend sah ich lang des Lieblings Ruh
Wie erst dem Spiel, dem zierlich heitren, zu,
Als durch des Vogels Leib mit einemmal
Ein seltsam Zittern wunderbar sich stahl;
Das Köpfchen mit dem Fittich zugetan,
Fing es geheim und süß zu zwitschern an:
Im Traum geschah's... Und Wald und Waldeswehn
Schien ahnungslos durch diesen Traum zu gehn.
Und seltsam überkam's mich bei dem Laut!
Was nie das Tierchen lebend noch geschaut,
Des freien Waldes freie Herrlichkeit,
Nun lag es offen da vor ihm und weit . . .
Mich aber mahnt es einer andern Welt,
Und mancher Frage, zweifelnd oft gestellt,
Und dieses Leben deuchte mir ein Traum
Wie der des Vögleins auf dem Weihnachtsbaum.

Hermann von Schmid

Ein Weihnachtslied

Wintersonnenwende!
Nacht ist nun zu Ende!
Schenkest, göttliches Gestirn,
neu dein Herz an Tal und Firn!

O der teuren Brände!
Hebet hoch die Hände!
Lasset uns die Guten loben!
Liebe, Liebe, dir da droben!

Wintersonnenwende!
Nacht hat nun ein Ende!
Tag hebt an, goldgoldner Tag.
Blühn und Glühn und Lerchenschlag!

O du Schlummers Wende!
O du Kummers Ende.

Christian Morgenstern

Du lieber heil'ger, frommer Christ

Du lieber heil'ger, frommer Christ,
Der für uns Kinder kommen ist,
Damit wir sollen weiß und rein
Und rechte Kinder Gottes sein!

Du Licht, vom lieben Gott gesandt
In unser dunkles Erdenland,
Du Himmelskind und Himmelsschein,
Damit wir sollen himmlisch sein.

Du lieber heil'ger, frommer Christ,
Weil heute dein Geburtstag ist,
Drum ist auf Erden weit und breit
Bei allen Kindern frohe Zeit.

O segne mich, ich bin noch klein,
O mache mir den Busen rein,
O bade mir die Seele hell
In deinem reichen Himmelsquell.

Daß ich wie Engel Gottes sei
In Demut und in Liebe treu,
Daß ich dein bleibe für und für,
Du heil'ger Christ, das schenke mir.

Ernst Moritz Arndt

Weihnachten

Die Sonn' im Winter ist Gott im Leib,
Ist Christ in der irdischen Dürftigkeit;
Mit ihr der Mensch glückselig vergißt,
Daß das ganze Leben eine Spanne ist.

Die Sonn' im Winter ist Christweihnacht,
Die der Noth und der Trauer den Trost gebracht,
Die ausstrahlt auf diese endliche Zeit
Den Sonnenglauben der Ewigkeit.

Unbekannt

Weihnachtslied

Kein Sternchen mehr funkelt,
Tief nächtlich umdunkelt
Lag Erde so bang,
Rang seufzend mit Klagen
Nach leuchtenden Tagen,
Ach, Harren ist lang.

Als plötzlich erschlossen,
Vom Glanze durchschossen,
Der Himmel erglüht;
Es sangen die Chöre:
Gott Preis und Gott Ehre!
Erlösung erblüht.

Es sangen die Chöre:
Den Höhen sei Ehre,
Dem Vater sei Preis,
Und Frieden hienieden,
Ja Frieden, ja Frieden
Dem ganzen Erdkreis!

Clemens von Brentano

Weihnacht

Die Welt ist kalt, die Welt ist stumm,
der Wintertod geht schweigend um;
er zieht das Leilach, weiß und dicht
der Erde übers Angesicht.
Schlafe – schlafe!

Du breitgewölbte Erdenbrust,
du Stätte aller Lebenslust,
hast Duft genug im Lenz gesprüht,
im Sommer heiß genug geglüht,
nun komme ich, nun bist du mein,
gefesselt nun im engen Schrein.
Schlafe – schlafe!

Die Winternacht hängt schwarz und schwer,
ihr Mantel fegt die Erde leer;
die Erde wird ein schweigend Grab,
ein Ton geht zitternd auf und ab:
Sterben – Sterben!

Da horch! – im totenstillen Wald,
was für ein süßer Ton erschallt?
Da sieh! – in tiefer dunkler Nacht,
was für ein süßes Licht erwacht?
Als wie von Kinderlippen klingt's,
von Ast zu Ast wie Flammen springt's,
vom Himmel kommt's wie Engelsang,
ein Flöten- und Schalmeienklang:
Weihnacht – Weihnacht.

Und siehe! – welch ein Wundertraum:
Es wird lebendig Baum an Baum,
der Wald steht auf, der ganze Hain
zieht wandelnd in die Stadt hinein.
Mit grünen Zweigen pocht es an:
Tut auf, die sel'ge Zeit begann!
Weihnacht – Weihnacht!

Da gehen Tür und Tore auf,
da kommt der Kinder Jubelhauf;
aus Türen und aus Fenstern bricht
der Kerzen warmes Lebenslicht.
Bezwungen ist die tote Nacht,
zum Leben ist die Lieb erwacht;
der alte Gott blickt lächelnd drein,
des laßt uns froh und fröhlich sein!
Weihnacht – Weihnacht!

Ernst von Wildenbruch

Weihnachtslied

Vom Himmel in die tiefsten Klüfte
Ein milder Stern herniederlacht;
Vom Tannenwalde steigen Düfte
Und hauchen durch die Winterlüfte,
Und kerzenhelle wird die Nacht.

Mir ist das Herz so froh erschrocken.
Das ist die liebe Weihnachtszeit!
Ich höre fernher Kirchenglocken
Mich lieblich heimatlich verlocken
In märchenstille Herrlichkeit.

Ein frommer Zauber hält mich wieder,
Anbetend, staunend muß ich stehn;
Es sinkt auf meine Augenlider
Ein goldner Kindertraum hernieder,
Ich fühl's, ein Wunder ist geschehn.

Theodor Storm

Flucht der heiligen Familie

Länger fallen schon die Schatten
durch die kühle Abendluft,
waldwärts über stille Matten
schreitet Joseph von der Kluft,
führt den Esel treu am Zügel;
linde Lüfte fächeln kaum,
's sind der Engel leise Flügel,
die das Kindlein sieht im Traum.
Und Maria schauet nieder
auf das Kind voll Lust und Leid,
singt im Herzen Wiegenlieder
in der stillen Einsamkeit.
Die Johanniswürmchen kreisen
emsig leuchtend über'n Weg,
wollen der Mutter Gottes weisen
durch die Wildnis jeden Steg,
und durchs Gras geht süßes Schaudern,
streift es ihres Mantels Saum;
Bächlein auch läßt jetzt sein Plaudern,
und die Wälder flüstern kaum,
daß sie nicht die Flucht verraten.
Und das Kindlein hob die Hand,
da sie ihm so Liebes taten,
segnete das stille Land,
daß die Erd mit Blumen, Bäumen
fernerhin in Ewigkeit
nächtlich muß vom Himmel träumen –
o gebenedeite Zeit!

Joseph von Eichendorff

Ein Lied hinterm Ofen zu singen

Der Winter ist ein rechter Mann,
Kernfest und auf die Dauer;
Sein Fleisch fühlt sich wie Eisen an,
Und scheut nicht Süß noch Sauer.

War je ein Mann gesund wie er?
Er krankt und kränkelt nimmer,
Er trotzt der Kälte wie ein Bär
Und schläft im kalten Zimmer.

Er zieht sein Hemd im Freien an
Und läßt's vorher nicht wärmen
Und spottet über Fluß im Zahn
Und Grimmen in Gedärmen.

Aus Blumen und aus Vogelsang
Weiß er sich nichts zu machen,
Haßt warmen Drang und warmen Klang
Und alle warmen Sachen.

Doch wenn die Füchse bellen sehr,
Wenn's Holz im Ofen knittert,
Und um den Ofen Knecht und Herr
Die Hände reibt und zittert;

Wenn Stein und Bein vor Frost zerbricht
Und Teich' und Seen krachen:
Das klingt ihm gut, das haßt er nicht,
Dann will er tot sich lachen. –

Sein Schloß von Eis liegt ganz hinaus
Beim Nordpol an dem Strande;
Doch hat er auch ein Sommerhaus
Im lieben Schweizerlande.

Da ist er denn bald dort, bald hier,
Gut Regiment zu führen;
Und wenn er durchzieht, stehen wir
Und sehn ihn an und frieren.

Matthias Claudius

Zum neuen Jahre

Wie heimlicher Weise
Ein Engelein leise
Mit rosigen Füßen
Die Erde betritt,
So naht der Morgen.
Jauchzt ihm, ihr Frommen,
Ein heilig Willkommen,
Herz, jauchze du mit!

In ihm sei's begonnen,
Der Monde und Sonnen
An blauen Gezelten
Des Himmels bewegt!
Du, Vater, du rate,
Lenk du und wende!
Herr, dir in die Hände
Sei Anfang und Ende,
Sei alles gelegt!

Eduard Mörike

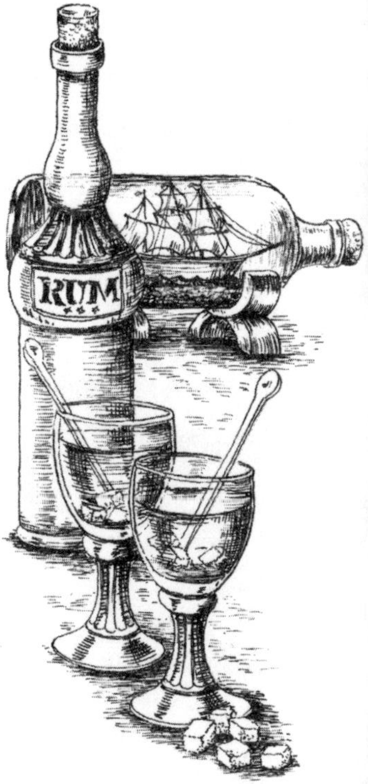

Neujahr bei Pastors

Mama schöpft aus dem Punschgefäße,
Der Vater lüftet das Gesäße
Und spricht: „Jetzt sind es vier Minuten
Nur mehr bis zwölfe, meine Guten.

Ich weiß, daß ihr mit mir empfindet,
Wie dieses alte Jahr entschwindet
Und daß ihr Gott in seinen Werken
– Mama, den Punsch noch was verstärken! –

Und daß ihr Gott von Herzen danket,
Auch in der Liebe nimmer wanket,
Weil alles, was uns widerfahren
– Mama, nicht mit dem Arrak sparen! –

Weil, was geschah und was geschehen,
Ob wir es freilich nicht verstehen,
Doch weise war, durch seine Gnade
– Mama, er schmeckt noch immer fade! –

In diesem Sinne meine Guten,
Es sind jetzt bloß mehr zwei Minuten,
In diesem gläubig frommen Sinne
– Gieß noch mal Rum in die Terrine! –

Wir bitten Gott, daß er uns helfe
Auch ferner – Wie? Es schlägt schon zwölfe?
Dann Prosit! Prost an allen Tischen!
– Ich will den Punsch mal selber mischen."

Ludwig Thoma

Epiphanias

Die heil'gen drei König' mit ihrem Stern,
Sie essen, sie trinken, und bezahlen nicht gern;
Sie essen gern, sie trinken gern,
Sie essen, trinken, und bezahlen nicht gern.

Die heil'gen drei König' sind kommen allhier,
Es sind ihrer drei und sind nicht ihrer vier;
Und wenn zu dreien der vierte wär',
So wär' ein heil'ger drei König mehr.

Ich erster bin der weiß' und auch der schön',
Bei Tage solltet ihr erst mich sehn!
Doch ach, mit allen Spezerein
Werd' ich sein Tag kein Mädchen mir erfrein.

Ich aber bin der braun' und bin der lang',
Bekannt bei Weibern wohl und bei Gesang.
Ich bringe Gold statt Spezerein,
Da werd' ich überall willkommen sein.

Ich endlich bin der schwarz' und bin der klein'
Und mag auch wohl einmal recht lustig sein.
Ich esse gern, ich trinke gern,
Ich esse, trinke und bedanke mich gern.

Die heil'gen drei König' sind wohlgesinnt,
Sie suchen die Mutter und das Kind;
Der Joseph fromm sitzt auch dabei,
Der Ochs und Esel liegen auf der Streu.

Wir bringen Myrrhen, wir bringen Gold,
Dem Weihrauch sind die Damen hold;
Und haben wir Wein von gutem Gewächs,
So trinken wir drei so gut als ihrer sechs.

Da wir nun hier schöne Herrn und Fraun,
Aber keine Ochsen und Esel schaun,
So sind wir nicht am rechten Ort
Und ziehen unseres Weges weiter fort.

Johann Wolfgang von Goethe

Es stand ein Stern

Es stand ein Stern ob einem Dach,
Dem reisten Weise und Könige nach;
War nur ein Hüttlein und ein Stall,
Und ging doch von ihm aus ein Schwall
Von Licht und allerhellstem Schein,
Der kam von einem Kindlein klein.
Die Weisen und Könige knieten hin
Und fühlten des Lebens geheiligten Sinn;
Die Weisen und Könige hatten das Glück
Gesehn und gewonnen und reisten zurück.
Das ist vor grauer Zeit geschehn.
Kein Stern blieb seither stille stehn,
Und Weise und Könige sind zumeist
Anderen Sternen nachgereist.
Doch immer wenn das rollende Jahr
Zum Tag kommt, da es geschehen war,

Daß zu Bethlehem der heilige Christ
Der wirren Welt geboren ist,
Entzünden wir kleiner Sterne Schein
Und kehren in uns selber ein,
Und fühlen, daß sehr weise gewesen
Die Wanderer aus Morgenland,
Die sich dem Sterne zugewandt,
Von dem wir in den Büchern lesen.

Otto Julius Bierbaum

Die Heil'gen Drei Könige

Die Heil'gen Drei Könige aus Morgenland,
Sie frugen in jedem Städtchen:
„Wo geht der Weg nach Bethlehem,
Ihr lieben Buben und Mädchen?"

Die Jungen und Alten, sie wußten es nicht,
Die Könige zogen weiter;
Sie folgten einem goldenen Stern,
Der leuchtete lieblich und heiter.

Der Stern blieb stehn über Josephs Haus,
Da sind sie hineingegangen;
Das Öchslein brüllte; das Kindlein schrie,
Die Heil'gen Drei Könige sangen.

Heinrich Heine

Weihnachtssterne

werden in jeder Vorweihnachtszeit zum Blickfang in Blumengeschäften und Gärtnereien. Sie gehören inzwischen schon, wie Adventskranz und Tannenzweige, zur weihnachtlichen Vorfreude. Es mag wohl damit zusammenhängen, daß diese exotischen Pflanzengäste zu einer Zeit blühen, in der sich die Natur bei uns zur Winterruhe begeben hat. Andererseits liegt es gewiß an der leuchtendroten Farbe ihrer Blüten. Rot und Grün sind unsere adventlichen Farben, und noch leuchtender als im Rot der Weihnachtssterne ist diese Farbe nicht zu denken. Das muß der Grund sein, weshalb sie ihren Platz auf unseren Fensterbänken gar so fest eingenommen haben.

Was den Mimosen in Jahrzehnten nicht gelungen ist, brachten die Weihnachtssterne in rund zehn

Jahren fertig. Immer wenn ich sie, Topf an Topf, in allen Größen aufgereiht stehen sehe, kommt mir der Gedanke, daß sich das vollkommen Schöne immer wieder eine Form sucht; vielleicht, um uns Unvollkommene zu trösten und aufzurichten. Hier und dort, so denke ich, geschieht auch heute noch zur Weihnachtszeit ein Wunder. Auf die Weihnachtssterne übertragen, erscheint mir das besonders gerechtfertigt zu sein. Dabei ist es mir unwichtig zu erfahren, daß dieses wunderbare Rot keine Blüten sind, sondern, botanisch gesehen, nur die oberen Blattschößlinge der Pflanze, die um die Weihnachtszeit diese rote Färbung annehmen.

Diese roten, inzwischen auch roséfarbenen und cremeweißen Weihnachtssterne sind in Mexiko zu Hause und heißen, weit weniger poetisch, Euphorbia pulcherrima. Es hat unserer neuzeitlichen Transportmittel bedurft, was soviel wie Flugzeuge heißt, um die Euphorbia pulcherrima in großen Mengen nach Europa zu bringen. Sodann ist allerdings viel gärtnerische Kunst nötig gewesen, um die alltäglichen, grünblättrigen Pflanzen in den Gewächshäusern zum rotblühenden Weihnachtsstern gedeihen zu lassen. Deshalb mag sich der Laie noch soviel Mühe geben, den geliebten Weihnachtsstern durch den Sommer zu bringen, auf seine vollkommene rote Schönheit im Weihnachtsmonat wird er vergebens warten. Über ein paar rötliche obere Blätter geht es nicht hinaus.

Bevor es den Weihnachtsstern gab, hatten wir, die wir nördlich der Alpen wohnen, uns zur Weihnachtszeit mit dem Wunder der Christrose zu begnügen. Das war und ist allerdings ein noch viel größeres Wunder als der Weihnachtsstern. Denn die Christrose steht das ganze Jahr über absolut unbeachtet in unseren Gärten, an einem schattigen oder halbschattigen Platz, unter Rhododendron, einer Kiefer oder Fichte versteckt. Kein Mensch schenkt den bräunlichen Blättern seine Beachtung. Fast ist es ein Wunder, daß sie nicht als Unkraut herausgerissen wird, wenn im Garten wieder einmal „klar Schiff" gemacht werden muß.

Plötzlich aber, wenn alles Laub von den Bäumen und Sträuchern fällt und der Rhododendron dasteht, als könnte er nicht bis drei zählen, fängt sich die Christrose an zu besinnen.

Je nachdem, ob es eine rosa- oder weißblühende ist, schiebt sie dunkel- oder hellgrüne Blattschwerter an die Oberfläche, die sich zu großen, fünffingrigen Blättern entfalten und auch schon die Blüten ahnen lassen. Doch auch dieses Geschehen geht meistens im herbstlichen Laubfall unter, im Bodenfrost, Rauhreif und im ersten, probeweise gefallenen Schnee. Da um diese Zeit niemand mehr in den Garten geht, weil es darin nichts mehr zu sehen gibt, überrascht einen plötzlich das Knospenwunder der Christrose. Diese Überraschung findet stets kurz vor dem Weihnachtsfest statt, und damit beginnt das Rätseln, ob die Knospen am Heiligen Abend aufgeblüht sein werden oder nicht.

Durch alle die vielen Jahrhunderte galt die Christrose als Königin unter den Blumen. Sie allein war es, die im Winter blühte, mitten im Schnee, und dazu weiß, rein weiß. Ihr botanischer Name ist Helleborus niger, was zu ihren Blüten überhaupt nicht paßt, zu ihren dunklen Wurzeln um so besser. Diese Wurzeln enthalten ein starkes Gift, mit dem die Bauern in früheren Zeiten bei Viehkrankheiten richtig umzugehen wußten. Deshalb waren die Bäuerinnen darauf bedacht, Christrosen in ihren Gärten zu haben. Wem sie nicht gediehen, der kaufte die dunklen Wurzeln den Hausierern ab, die mit Kiepe und Korb von Dorf zu Dorf zogen. Es mag manches Unheil damit angerichtet worden sein, denn es wurde von niemandem kontrolliert, ob dieses Gift wirklich nur bei Rindern und Pferden zur Anwendung kam.

Die geheimnisvollen Kräfte dieser Pflanze waren schon im Altertum bekannt, ihr winterliches Blühen sicherte ihr die Bewunderung aller, die nördlich der Alpen wohnten. So konnte es nicht ausbleiben, daß man sie mit dem Weihnachtsgeschehen in Verbindung brachte und Christrose nannte. Sie soll vereinzelt auch Schneerose genannt werden oder Weihnachtsrose, was durchaus berechtigt ist.

Nieswurz dagegen, wie sie auch noch heißt, ist nur in Botanikerkreisen geläufig.

Wenn im Spätherbst der Sturm die letzten Blätter von Pappeln, Eschen und Eichen gerissen hat, falle ich jedes Jahr wieder auf die kugeligen Gespinste herein, die in den leeren Ästen hängen, und denke, es wären liederlich oder halbfertig gebaute Vogelnester. In manchem Baum sind sieben, acht oder noch mehr zu sehen. Schließlich fällt mir ein, daß es sich um Misteln handelt, die zumeist auf Laubbäumen, manchmal auch auf Nadelbäumen schmarotzen. Die Vögel sind ihnen beim Ansiedeln behilflich gewesen, aber trotzdem ist nicht sicher, daß diese Pflanzen allein deshalb Misteln heißen. Sie haben darüber hinaus viele Namen: Donnerbesen, Alpranken, Kreuzholz, Marentacken, Hexenbesen, Gutteil, Wintergrün. Botanisch heißt die Mistel Viscum album.

Zu seinen hohen Ehren ist dieses kleine, verästelte Gespinst deshalb gekommen, weil es immergrün ist. Allem, was den Winter grün überdauerte, wurden besondere Kräfte zugesprochen. Es war ausgezeichnet von den Göttern. Deshalb wurden in vorchristlicher Zeit im angelsächsischen Raum die Mistelnester mit goldenen Sicheln von den Bäumen geschnitten. Dazu waren aber nur die keltischen Priester berechtigt, die Druiden. Sie verschenkten Zweig für Zweig bei den Mittwinterfesten an Männer, die besonders ausgezeichnet werden sollten. Auch blutige Opfer gehörten zu diesen Feiern, bei

denen nicht nur Stiere und Hengste, sondern auch Männer getötet wurden. Schon der Zuwurf eines Mistelzweiges konnte tödlich sein. Wie die Sage berichtet, ist der nordische Gott Balder auf diese Weise zu Tode gekommen. Dieser Gott war ein lichter, freundlicher, schöner Gott. Das mag es gewesen sein, womit er sich Neid und Mißgunst der anderen Götter zugezogen hat. Zum Todesurteil war es dann nur noch ein kurzer Weg.

In England ist die Mistel bis heute das wichtigste Weihnachtsgrün in Häusern und Stuben geblieben. Ein Mistelzweig, unter dem Türrahmen aufgehängt, berechtigt alle, die darunter zusammentreffen, sich zu küssen. Und nicht nur die Liebenden, vor allem auch diejenigen, die Liebe und Versöhnung nötig haben.

Bis vor wenigen Jahren ist bei uns niemand auf den Gedanken gekommen, auch die Mistel in die vorweihnachtlichen Tannensträuße zu stecken. Bis ins vorige Jahrhundert hinein sind diese Donnerbesen nur im Stall aufgehängt worden, um das Vieh vor Hexerei zu bewahren. In den letzten Jahren aber werden sie auch in unseren Blumengeschäften angeboten. Ob sie gekauft werden – ich weiß es nicht. Des größeren Anreizes wegen werden sie neuerdings vergoldet, aus der Spraydose, versteht sich.

Eine andere Blume, die in früheren Jahren auf Wochenmärkten, und hier wiederum besonders in der Weihnachtszeit angeboten wurde, ist die Rose von Jericho. Sie ist inzwischen aus der Mode gekommen. Ich weiß nicht, wer es gewesen ist, der uns Kindern einmal das Wunder ihres langsamen Aufblühens hat vor Augen führen wollen. Vermutlich unsere alte Kinderfrau, die in solchen Dingen Bescheid wußte, mit ihnen umzugehen verstand und darüber hinaus keinen Wochenmarkt ausließ. Außerdem wird sie uns die Stunden bis zur Bescherung am Heiligen Abend haben vertreiben wollen.

Kurz und gut, gleich nach dem Mittagessen rückte sie mit einer unscheinbaren braunen Knolle heraus und sagte, das wäre eine Rose von Jericho.

Daß meine älteren Geschwister zu lachen anfingen, versteht sich, aber ich vertraute unserer Kinderfrau, und, wie sich herausstellen sollte, zu Recht.

In ein Glas Wasser gelegt, erlebten wir, wie sich diese braune, unscheinbare Knolle auf geheimnisvolle Weise zu regen anfing, wie sie sich immer mehr mit Wasser vollsog, größer wurde und, das war es, worauf wir angespannt warteten, wie sie sich langsam öffnete. Wir beobachteten, wie diese vertrockneten Blätter wieder grün wurden und sich in ihrer Mitte eine rote Blüte entfaltete. Das alles zog sich über Stunden hin. Ich erinnere mich aber noch genau, daß ich über diesem Wunder wahrhaftig die Aufregung vor dem Heiligen Abend leichter ertragen habe. Nur erinnere ich mich nicht mehr daran, welche Wettervoraussage an das Aufblühen der Rose von Jericho geknüpft war. Das zu erfahren war der Grund, weshalb die Rose von Jericho vor allem von den Bauern gekauft wurde. Aus der Art, wie sie sich öffnete, waren aber nicht nur Schlüsse auf das Wetter des nächsten Jahres zu ziehen, sondern in der Folge auch auf die Ernte. Darüber hinaus war sie für alle diejenigen, die keinen Garten hatten, um eine Christrose zu pflanzen, ihr eigenes blühendes Weihnachtswunder. Mit Wundern ist Weihnachten nun einmal verflochten, und wenn ein Wunder zu einem erschwinglichen Preis ins Haus zu holen war, wer hätte darauf verzichten wollen!

Ihren Namen hat die Rose nach der Stadt Jericho im alten Palästina. Die Legende berichtet, daß sie Josua, dem Nachfolger Moses, bei der Eroberung „dieser von Rosen umgebenen Stadt“ geholfen habe. Eine andere Legende dagegen erzählt, daß überall dort, wo Maria auf dem Weg nach Bethlehem ihren Fuß hinsetzte, Rosen in der Heiligen

Nacht aufgeblüht sind. Und Abraham a Santa Clara sagt: „Die Erde aber war mit den schönsten Blumen bekleidet und gleichsam geschmückt."

Im Laufe von zweitausend Jahren sind viele Wunder dazugekommen. Händler und Pilger brachten die Rose von Jericho aus dem Orient nach Mitteleuropa. Die braune Knolle, die mit ihrem botanischen Namen Anastatica hierochuntica heißt, ist ja wahrhaftig ein Wunder in sich. Man sagt ihr nach, daß sie zeitlos ist und daß sie selbst nach Jahrhunderten nur ein Glas Wasser braucht, um zu neuem Leben zu kommen. Sicher ist, daß jeder, der nicht an Wunder glaubt, jetzt zu kichern anfängt. Denn Jahrhunderte dauert ein Menschenleben nicht, und soweit bekannt, ist noch keine Rose von Jericho über Jahrhunderte vererbt worden.

Aber siebzig Jahre sind auch eine lange Zeit, und für eine siebzigjährige Rose von Jericho verbürgte sich ein Händler auf dem Berliner Wochenmarkt um das Jahr 1935. Er war für seine unscheinbaren braunen Knollen weit und breit bekannt und nannte sie „Die Rosen aus der Bibel". Er verkaufte sie natürlich nicht nur auf dem Weihnachtsmarkt, denn genaugenommen gab es ja nichts, wofür seine braunen Knollen nicht gut gewesen wären.

Im trockenen Zustand waren sie bei ihm das beste Mittel gegen Motten, geöffnet dagegen pries er sie als Rauchverzehrer an oder als nervenstärkenden Badezusatz. Zum Absud aufgesetzt und nach einiger Zeit abgegossen, heilte, nach Aussagen dieses Berliner Händlers, die Rose von Jericho jeden Ausschlag, half bei geschwollenen Füßen und Haarausfall.

Warum, so frage ich mich, ist die Rose von Jericho bloß aus der Mode gekommen, ich frage es mich in unserer hutlosen Zeit. Es kann doch nur daran liegen, daß seit langem kein Mensch mehr an Wunder glaubt. Das größte Wunder neben allen heilenden Kräften war ja damals allein schon der

Preis. Nicht mehr als sechzig Pfennig kostete eine Rose von Jericho für ein kleines Vollbad. Größere Exemplare, mit stärkerer Wirkung, eine ganze Mark. Aber gerade daran muß es gelegen haben, daß die Rose aus dem Gebrauch gekommen ist. Nach der Regel nämlich, daß nicht helfen kann, was nicht viel kostet.

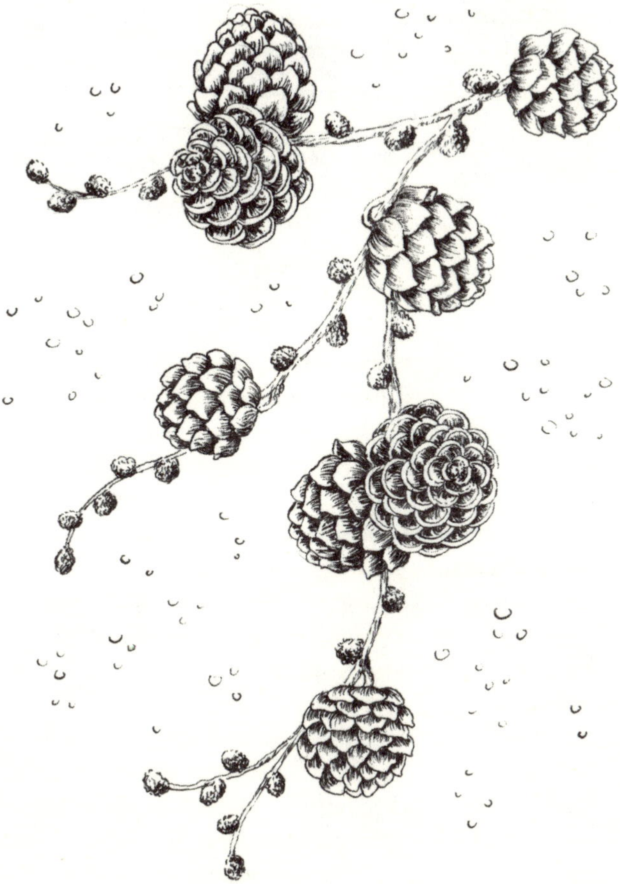

Xmas

Dieses seltsam anmutende Wort habe ich auf mancher Weihnachtskarte gefunden, die mir aus dem englischen Sprachraum ins Haus geschickt worden ist. Xmas bedeutet nichts anderes als Christmas, und damit ist der 25. Dezember, der erste Weihnachtsfeiertag, gemeint. Xmas ist eine traditionsgebundene Schreibweise aus der Zeit der alten humanistischen Bildung, in der ganz selbstverständlich Griechisch gelehrt wurde. X ist der Anfangsbuchstabe des griechischen Wortes Christus = ΧΡΙΣΤΟΣ.

Kartengrüße zum Weihnachtsfest zu verschicken, ist die Erfindung eines Engländers und liegt rund hundertvierzig Jahre zurück. Damals kam ein Mann namens Henry Cole auf die Idee, sich von einem Mitglied der Königlichen Akademie in London eine

Weihnachtskarte entwerfen zu lassen. Der Künstler, der sie anfertigte, hieß John Calcott Horsley. Es war eine dreiteilige Karte. Im Mittelteil prostete eine harmonisch beisammensitzende Familie dem Kartenempfänger zu, rechts davon wurden nach altem Weihnachtsbrauch Hungrige gespeist, auf der linken Seite arme Leute beschenkt – zum Neujahrstag, wie es früher üblich war. Rund tausend dieser Karten druckte der Künstler Horsley auf Steinplatten, danach kolorierte er sie von Hand, und Henry Cole verschickte sie in alle Welt. Als Porto bezahlte er pro Karte einen Penny.

Es dauerte gerade ein gutes Jahrzehnt, da war die Idee der Weihnachtsglückwunschkarten bei einem deutschen Einwanderer in Amerika nicht nur auf fruchtbaren Boden gefallen, sondern so weit gediehen, daß er, Louis Prang in Rocksbury im Staate Massachussetts, mit der industriellen Herstellung von Weihnachtskarten beginnen konnte. Es heißt von ihm, er hätte nicht nur einen ausgeprägten Sinn für Gründlichkeit, sondern auch für Kunst gehabt. Er soll ein Druckverfahren entwickelt haben, bei dem er bis zu zwanzig Farben für die Reproduktionen der Karten verwenden konnte. Da er auch noch bereit war, hohe Honorare zu zahlen, entwarfen ihm berühmte Künstler alljährlich seine Weihnachtskarten, und Prang konnte sie bald über Amerika hinaus nach Europa exportieren. Das ging so lange gut, bis die Leute auf dem alten Kontinent aufmerksam geworden waren und selbst weihnachtliche Grußkarten zustande brachten. Diese Karten wurden nicht mehr im Umschlag verschickt und waren dementsprechend billig.

Darüber vergingen einige Jahrzehnte. Eines Tages erinnerte sich ein Amerikaner, Joel B. Hall in Kansas City, an die beiden Erfinder der schriftlichen Weihnachtsgrüße und nahm die Sache erneut auf. Er setzte auf Kunst und graphisches Handwerk, und er setzte darauf, daß die Leute, die seine Karten

verschicken würden, bei den Empfängern Eindruck machen wollten. Deshalb steckte er seine Weihnachtsgrüße wieder in einen Briefumschlag, sorgte mit einem künstlerischen Mitarbeiterstab dafür, daß seine Glückwünsche auffielen, und das tun sie bis auf den heutigen Tag. Ein internationales Team zerbricht sich Jahr für Jahr den Kopf darüber, wie die seit 1843 immer gleichgebliebenen „Guten Wünsche“ zum Weihnachtsfest und zum neuen Jahr äußerlich neu, anziehend und vornehm gestaltet werden können.

So haben alle Dinge, die als selbstverständlich hingenommen und gebraucht werden, irgendwann einmal einen nachdenklichen Urheber gehabt.

Eine ebensolche Selbstverständlichkeit stellt auch das uns bekannte Bild des Nikolaus dar, jenes Alten, der alljährlich durch die Straßen geht oder von Warenhäusern angeheuert wird. Nur noch in Holland trifft der heilige Mann im Bischofsornat ein, in allen anderen Ländern trägt er einen roten Mantel, eine pelzbesetzte Zipfelmütze und einen langen Bart und ist meistens unter die beleibten Männer zu zählen. Wie sollte er sonst auch, ein schmächtiges Männchen womöglich, den prallgefüllten Gabensack auf seinem Rücken durch alle Städte und Straßen schleppen. Den Esel hat er nur noch selten dabei, der freundliche Alte mit den buschigen Augenbrauen und dem Wattebart, bei dem die Kinder darauf rechnen können, daß er ein Auge zudrückt, was ihre unguten Taten betrifft.

Dieser Nikolaus, der nichts mit dem christlichen Geschehen von Bethlehem zu tun hat, ist auch in Amerika entstanden. Im Jahre 1863 ist sein Bild zum erstenmal in Harpers Illustrierter Wochenzeitschrift erschienen. Die Zeichnung stammte von einem deutschen Emigranten aus Bayern, der 23 Jahre alt war und Thomas Nast hieß. Seine Zeichnung machte zwar nicht ihn, aber den Weih-

Fröhliche
Weihnachten

nachtsmann in ganz Amerika beliebt. Je öfter Nasts Illustrationen abgedruckt wurden, desto mehr Arbeit bekam sein Weihnachtsmann. Waschkörbeweise trafen die Briefe der Kinder bei ihm ein, denn Nasts Bilder zeigten den Kindern, wie fleißig er sein mußte, um zur Weihnachtsbescherung alle Geschenke fertig zu haben.

Wie nicht anders zu erwarten, bemächtigte sich des freundlichen alten Mannes auch der Grußkartenhersteller Hall, und seine Zeichner hielten diesen Nikolaus, Santa Claus, Ruprecht oder Weihnachtsmann stets auf dem letzten Stand. Es existiert zum Beispiel eine Karte aus der Zeit um die Jahrhundertwende. Sie zeigt ihn, fortschrittlich, in telefonischer Verbindung mit einem Dutzend Kindern.

Wenn man bedenkt, daß er über Jahrzehnte, äußerlich kaum verändert, nicht nur auf Postkarten, sondern auch als Oblate und auf Weihnachtspapier gedruckt worden ist, daß man ihn Jahr für Jahr aus Pappmaché in Spielzeuggeschäften und Papierwarenhandlungen kaufen kann, daß es ihn aus Glas, Marzipan und Pfefferkuchen gibt, dann muß man sagen, diesem 23jährigen Thomas Nast ist seinerzeit ein großer Wurf gelungen.

Nun war Santa Claus, dem dieser junge Mann seine unverwechselbare Gestalt gegeben hat, in Amerika bereits lange zu Hause. Schon zweihundert Jahre vorher hatten ihn holländische Auswanderer mit in die neue Heimat gebracht, und wie daheim erwarteten sie auch hier am 6. Dezember ihren Sinter Claas. In Amerika aber hatte er den Bischofsmantel gegen einen einfachen, dicken Mantel eingetauscht, so wie ihn alle Männer trugen, und mit dem Schiff kam er auch nicht mehr. Er ritt jetzt zu Pferd, um den Kindern nächtlicherweise die Schuhe zu füllen.

Mit der zunehmenden Besiedlung Amerikas wuchs, wie sich denken läßt, sein Arbeitspensum, und es war der Schriftsteller Washington Irving, der allen Kinderfragen zuvorkam und von einem Santa Claus berichtete, der sein Zuhause am Nordpol hätte. Von dort mache er sich, sobald seine Zeit gekommen wäre, mit einem vierspännigen Rentierschlitten auf den Weg. Rentiere aber, auch das erfuhr jedes Kind, waren die schnellsten und ausdauerndsten Renner überhaupt. Nur deshalb war es Santa Claus möglich, in einer einzigen Nacht alle Kinder mit Gaben zu beschenken.

Auf diesen dahinsausenden, glockenläutenden Schlitten lauschen die nordamerikanischen Kinder in der Weihnachtsnacht bis auf den heutigen Tag.

Was den landesüblichen Festtagsbraten betrifft, den Truthahn, Turkey oder Puter, wie er bei uns heißt, so hat er einen etwas umständlichen Weg hinter sich bringen müssen, bis ihm die Ehre zuteil geworden ist, auf den weihnachtlichen Tafeln zu stehen.

Dieses große Hühnergeflügel wurde bereits von den seßhaften Indianern Nordamerikas gezüchtet, als die ersten Fremden das Land betraten. Aber das fettarme Fleisch der großen, seltsam anzusehenden Vögel galt erst etwas, als sie mit nach Europa genommen wurden und am englischen Königshof als Delikatesse galten, zu Weihnachten vor allem. Vorher hatten sich die Siedler nichts daraus gemacht.

Jetzt aber wurden Truthühner auch in Europa gezüchtet und von nachrückenden Siedlern als Hausgeflügel wieder zurück über das große Wasser mitgenommen. Der schwerste Truthahn, der jemals zu Weihnachten verspeist worden ist, soll zweiundzwanzig Kilo gewogen haben. Lord Rothschild hat ihn seinen Gästen serviert, und der Kunst seiner Köche wird es zu danken gewesen sein, daß dieser Monstervogel überhaupt geschmeckt hat.

Sehr schön finde ich jene Weihnachtsfeier, die alljährlich in einem Wald nördlich von San Francisco stattfindet. Eine Tanne dieses Waldes gilt als die

älteste Tanne der Welt. Man schätzt ihr Alter auf mehr als zweitausend Jahre. Unter diesem Baum versammeln sich in der Christnacht viele Gläubige. Sie bringen Kerzen mit, die sie unter dem mächtigen Baum anzünden, um dann gemeinsam Weihnachtslieder zu singen.

In Ländern und Erdteilen, die südlich des Äquators liegen, haben die Leute ihre Probleme mit dem Weihnachtsfest, vor allem dann, wenn sie es nach nordeuropäischem Brauch feiern wollen. Ob in Australien oder in Südamerika, bei dreißig Grad im Schatten ist Kerzenschimmer allein der Hitze wegen unmöglich, selbst wenn ein Weihnachtsbaum zu beschaffen ist. Die Hitze! Mögen in den Schaufenstern noch so schöne Winterlandschaften die Kulisse für Weihnachtsgeschenke abgeben, mögen noch so dekorative Weihnachtsmänner aus Pappmaché in den Schaufenstern die Käufer anlokken, Hitze bleibt Hitze, und die paßt nun einmal nicht zu Weihnachten nach unseren Vorstellungen. Bethlehem aber, wo Christus geboren wurde, liegt südlich des 32. Breitengrades, und das kommt den Temperaturen in Südamerika und Australien näher als Frost und Schnee.

In den Städten Südamerikas behängt man zur Feier des Tages ein grünes Bäumchen mit Glühbirnen, Luftschlangen und Luftballons, man beschenkt sich, genießt das Festessen und tanzt ausgelassen die ganze Nacht hindurch.

In der endlosen Grassteppe der Pampa aber, wo die zu Tausenden zählenden Rinder- und Schafherden von den reitenden Hirten zusammengehalten werden, ist es die Krippe, die für diese Gauchos zum Mittelpunkt der Heiligen Nacht wird. Sobald die Dämmerung des Weihnachtstages kommt, treffen sie sich und reiten, wenn das Herrenhaus nicht allzu weit entfernt ist, zu ihrem Patron, um ihm ein glückliches Weihnachtsfest zu wünschen, ein „Felice Navidat“. Festtagskleidung legen sie nicht an, denn sie haben keine. Sie tragen die weite Hose, den Hut, das karierte Hemd und das Halstuch, das sie immer tragen, um sich vor dem Staub der Pampa zu schützen – diese Hirten, die so arm sind wie jene damals unweit von Bethlehem. Sollten aber besonders Gläubige unter ihnen sein, denn diese Menschen lenkt nichts ab, sich dem Glauben zu öffnen, so wäre es möglich, daß hier und dort einer dabei ist, der in der Heiligen Nacht nicht in die Weidehütte geht, sondern draußen sitzen bleibt, zum Himmel aufsieht, um auf den hellen Schein zu warten und auf die Kunde: „Fürchtet euch nicht . . .“ und „Friede auf Erden!“

In unser gemäßigtes Europa zurückgekehrt, was die Temperaturen anlangt, soll eine Anzeige nicht unerwähnt bleiben, die sich in den Vorweihnachtswochen in finnischen Zeitungen immer wieder fettgedruckt findet:

„Nüchterner Weihnachtsmann gesucht.“

In der zweiten Zeile steht dann Adresse oder Telefonnummer. Dahinter ist nichts anderes zu suchen als eine Familie, die ihre Kinder von einem „echten Weihnachtsmann“ beschenken lassen will. Aber, wie das so ist mit den Landessitten: Dem Gast, selbst wenn es der Weihnachtsmann ist, wird in Finnland am Weihnachtsabend ein wärmender Schluck zum Willkommen gereicht. Nun läßt sich denken, daß ein „echter“ finnischer Weihnachtsmann nicht nur eine einzige Familie beschert, sondern im Laufe des Heiligen Abends eine ganze Reihe. Wer aber möchte nach neun wärmenden starken Willkommenstrünken die zehnte Familie sein, in die der Jultomte einkehrt und, nicht mehr sicher auf den Beinen, Geschenke austeilt, die für die elfte Familie bestimmt sind.

Von solchen Erscheinungen abgesehen, hat das Weihnachtsfest mit seinen Lichtern und der Hoffnung auf das wiederkehrende Leben noch seine

ganz besondere Bedeutung im hohen Norden. Hier, wo zu dieser Zeit die Dunkelheit das große Wort führt, liegt der Glaube nahe, daß die Toten den Lebenden näher sind, die Grenze zwischen Diesseits und Jenseits durchlässiger wird. Der heidnische Glaube, daß sie als Wiedergänger dorthin zurückkehren, wo sie gelebt haben, ist im Norden zu Hause gewesen und bis heute unvergessen. Anstelle von Speise und Trank für die Wiedergänger werden den Toten heute die Gräber besonders geschmückt und frisch geschlagene Tannen auf die Friedhöfe gestellt. Mag die Kälte auch noch so schneiden, die Wege noch so verschneit sein, es werden Kränze auf die Gräber getragen, Lichter darauf gesteckt und frische Blumen über die verschneiten Hügel gestreut. Erst wenn das geschehen ist, kann daheim ruhigen Gewissens die Weihnachtsfeier unter dem brennenden Tannenbaum beginnen.

Nach dem irischen Märchen vom fröhlichen Pfeifer müßte in Irland der Hauptbestandteil des Weihnachtsmahles ein knuspriger Gänsebraten sein. Weil sich aber die Menschen dieser Insel im Laufe ihrer Geschichte dem britischen Einfluß nicht entziehen konnten, hält sich der Truthahn als Weihnachtsbraten mit der Gans die Waage. Darüber hinaus soll sich aber auch, entlang der Küste, ein Fischgericht großer Beliebtheit erfreuen, das seine Würze durch Heidekraut erhält. Unweit der Lüneburger Heide wohnend, will mir die Sache nicht in den Kopf. Aber auf Kreta wächst der Thymian entlang der Küste, wie hier die Heide, und die hintergründigen Iren haben so ihre Geheimnisse. Deshalb mögen sie etwas ganz anderes meinen, wenn sie dem Fremden von Heidekraut erzählen.

An Tannenbäumen mangelt es der Insel insgesamt, deshalb muß die Stechpalme zum Ausschmücken von Häusern und Ställen herhalten, die wieder dadurch ihren besonderen Reiz hat, weil das feuchte Inselklima ihr die roten Beeren bis zu Weihnachten erhält. Das sieht besonders hübsch aus zu den weißgetünchten Häusern mit den Reetdächern, den geklinkerten Fußböden in Hausfluren und Stuben und dem Kamin, der zwar immer brennt, zu Weihnachten aber, auf keltisch Oiche Nodlag, ganz besonders hell.

Etwas anderes ist vielleicht nachahmenswert oder wenigstens zu bedenken. Im strenggläubigen Irland sind großartige Geschenke verpönt. Dort ist das weihnachtliche Geschehen von Bethlehem noch immer das wichtigste. Liebe und Fürsorge, die an diesem Fest ausgedrückt werden sollen, nehmen die Gestalt von selbstgestrickten Socken, Handschuhen und Pullovern an, aus der Wolle der eigenen Schafe, versteht sich.

Und noch ein Brauch zum irischen Weihnachtsfest ist zu Herzen gehend. Sowie die Dämmerung kommt und der ständige Wind, der über die Insel weht, stiller wird, stellen die Iren Kerzen in die Fenster, Kerzen, die mindestens einen halben Meter lang sind, damit sie die ganze Nacht über brennen können. Sie sollen der Heiligen Familie den Weg in die Geborgenheit eines Hauses weisen, dieses Hauses, jedes irischen Hauses.

Viel weniger verhalten geht es dagegen am Weihnachtsfest in Italien zu. In früheren Zeiten wurden die italienischen Kinder am 6. Januar beschenkt, denn am Epiphaniasfest humpelte La Befana, die Hexe, von Haus zu Haus und brachte den Kindern die Geschenke.

Eine Hexe als Gabenbringerin zum Weihnachtsfest, das ist eine seltsame Vorstellung. Aber wie alles, hat auch diese Befana ihren legendären Hintergrund. Als nämlich die Weisen aus dem Morgenland auf ihrer langen Suche nach dem heiligen Kind nach Italien kamen, kehrten sie bei der Befana ein. Müde, ausgehungert und durstig, wie sie waren, er-

hofften sie eine Erfrischung und ein Lager für eine Stunde Schlaf und vielleicht auch eine kleine, bescheidene Speise. Die Befana aber erwartete Besuch, keinen unwichtigen Besuch, sondern den nahen Verwandten eines hohen römischen Beamten, der ihr in punkto Familie, wie sie hoffte, nützlich sein konnte. Die Befana hatte also keine Zeit, obwohl die drei Fremden wohlhabend aussahen und den Aufenthalt gewiß nicht für ein „Vergelt's Gott" hätten haben wollen. Aber der Befana war der römische Besuch wichtiger, und deshalb zeigte sie den dreien die kalte Schulter. Um sie nun nicht ganz zu verärgern, sagte sie: Auf dem Rückwege sollten sie gerne bei ihr einkehren, dann würde es ihr besser passen und das Haus frei sein.

Die Fremden nickten und zogen davon. Sie sind niemals wiedergekommen.

Zur Strafe aber wurde die Befana in eine Hexe verwandelt, und sie mußte von nun an in jedem Haus nach dem Jesuskind suchen, und in jedem Haus mußte sie ein Geschenk hinterlassen für den Fall, daß gerade dort das Jesuskind eingekehrt wäre. Das war schwer für die Befana, und es ist schwer bis auf den heutigen Tag. Aber da sie eine Hexe geworden ist, kann sie auf einem Besen reiten. Heutzutage schlüpft sie schon am Heiligen Abend den Kamin hinunter, nachdem sie ihren Besen oben auf dem Dach an den Schornstein gelehnt hat.

Inzwischen ist ihr auch noch aufgetragen worden, nur die Schuhe der guten Kinder mit Geschenken zu füllen, die Schuhe der anderen aber leerstehen zu lassen, und welche das sind, das muß die Befana ganz allein entscheiden.

Genau wie zu Zeiten der alten Befana in Italien, wurde auch in Rußland Weihnachten am 6. Januar gefeiert, mit Geschenken und einer großen Tafelei. Epiphanias war auch zugleich der Beginn des neuen Jahres; aber noch wichtiger als Weihnachten und Neujahr, es sei erwähnt, war und ist für alle gläubigen Russen bis auf den heutigen Tag das Osterfest.

Inzwischen ist Weihnachten längst von Väterchen Frost abgelöst worden. Auch zu Väterchen Frosts Fest gibt es Geschenke für die russischen Kinder, und die Kinder, die von dem früheren Weihnachten nichts mehr wissen, werden gewiß auch mit Väterchen Frost einverstanden sein.

Vielleicht erzählt ihnen aber auch jemand von der Babuschka, die in einer eiskalten Winternacht in ihrer Hütte ein mächtiges Feuer aus Tannenholz schürte, damit sich der Reif nicht gar zu dick an den Holzbalken festsetzte, aus denen die Hütte gebaut war.

Draußen fror es Stein und Bein in dieser Nacht, und der Atem legte sich jedem, der durch die Nacht ging, wie ein Eispelz um die Lippen. Die alte Babuschka war froh, daß sie vor ihrem Feuer sitzen und sich wärmen konnte, und es paßte ihr gar nicht, als es auf einmal klopfte und sie aufstehen und öffnen mußte.

Vor der Tür standen drei Männer, wohlhabende Männer, das sah die Babuschka mit einem Blick, und sie war sofort bereit, die drei aufzunehmen und zu bewirten. Das aber wollten die Männer nicht. Vielmehr erzählten sie der Babuschka, sie würden schon seit Wochen von einem Stern geführt und wären unterwegs zu einem Ort, der Bethlehem hieße. Schließlich baten sie die Babuschka mitzukommen. Denn der König, zu dem sie wollten, sollte noch ein neugeborenes Kindlein sein, und sie selbst wüßten zwar die Sterne zu deuten, aber in solchen Dingen hätten sie keinerlei Erfahrung.

Die Babuschka winkte ab. Nein, nein, für solche Wege wären ihre Beine zu alt, und der Winter wäre zu kalt und überhaupt – nein, nein. Daraufhin zogen die drei Männer weiter, ratlos, wie es schien.

Kaum waren sie fort, ließ es der Babuschka auf

einmal keine Ruhe mehr. Die ganze Nacht dachte sie darüber nach. Am nächsten Morgen aber packte sie einen Korb mit Windeln, Zuckersachen und Spielzeug, denn die drei Männer hatten ja von einem Kindlein geredet. Dann machte sich die alte Babuschka auf den Weg.

Wie es nun so geht, in der Nacht war Neuschnee gefallen, und sie konnte nirgends eine Spur von den Davongezogenen finden. Die Babuschka aber gab nicht auf. Sie ging von Haus zu Haus und fragte nach den drei Männern. Sie ging von Dorf zu Dorf, und überall, wo sie anklopfte und aufgenommen wurde, ließ sie ein Geschenk zurück. Am nächsten Morgen aber war ihr Korb wieder bis zum Rand gefüllt, und an jedem neuen Tag, wenn sie sich auf den Weg machte, war es ihr, als ob jemand hinter ihr flüsterte: „Geh weiter, Babuschka, geh weiter."

Seitdem ist sie Jahr für Jahr zu Weihnachten unterwegs und teilt Geschenke aus.

In früheren Zeiten wurde Weihnachten in Rußland sehr religiös gefeiert, jeder bereitete sich mit Fasten und Beten darauf vor. Nach dem Gottesdienst am Abend versammelte sich die Familie um den Tisch. Fleisch wurde an diesem Abend jedoch noch nicht gegessen. Es gab köstlich zubereiteten Fisch, Gemüse und einen guten Nachtisch, und unter dem Tischtuch knisterte das Stroh, mit dem die Tafel zum Andenken an den Stall von Bethlehem bestreut worden war.

Erst nach dem Gottesdienst am ersten Weihnachtstag durften die Kinder auch jene Paketchen öffnen, die ihnen die Babuschka zurückgelassen hatte. Dann setzte das stundenlange Festessen ein.

In Frankreich ist es kein weibliches Wesen, das den Kindern die Geschenke bringt. Es ist Père Noël. Er erscheint auch nicht selbst, wie in Finnland, sondern steckt die Geschenke in die Schuhe, wie Sinter Claas in Holland und die italienische Befana.

In Frankreich ist Weihnachten ohnehin kein so besinnliches Familienfest wie bei uns, dort wird fröhlich, ausgelassen gefeiert. Am lustigsten geht es in Südfrankreich zu, wo vom Weihnachtsabend bis zum Neujahrstag im Kamin der Julklotz brennt, der festlich begrüßte, mit Wein besprengte Stubben, dessen Asche als besonders fruchtbringend nach dem Neujahrstag auf die Felder gestreut wird. Die Sitte, einen Wurzelstock zu verbrennen, mag so heidnisch sein, wie sie will, die weihnachtliche Festlichkeit, das Essen und Trinken davor oder drumherum gehört ganz und gar in die Gegenwart.

Überirdisch, der Gegenwart entrückt, scheint mir der Gottesdienst in der Kirche der Ruinenstadt Les Baux zu sein.

Die Kinder in den Dörfern ringsum sammeln Moos, Zweige und Steine, um die Krippen auszuschmücken, die in keinem Haus der Provence fehlen. Sie sammeln das alles aber auch für die Krippe in der Kirche St. Vincent, die in der toten Stadt Les Baux stehengeblieben ist.

Diese Ruinenstadt liegt hoch oben auf einem Felsen, und die Fürsten von Les Baux konnten ihre Herkunft auf Balthasar zurückführen, auf einen der drei weisen Könige aus dem Morgenland. Burg und Häuser der Stadt sind längst verfallen, und die Menschen haben sich anderswo ihre Bleibe gesucht. Geblieben ist die kleine, dunkle Felsenkirche, in der alljährlich die Christmette auf wunderbare Weise zelebriert wird.

Warum es die Menschen aus der Umgebung zu diesem stundenlangen Gottesdienst zieht, hat manche Gründe.

Einer davon ist, daß die rauhe, steinige Landschaft, über die der Mistral hinwegfegt, die silbergrauen Olivenbäume schüttelt und ihre hohlgewordenen Stämme als Harfe benutzt, daß diese Landschaft an die Umgebung von Bethlehem erinnert.

Außerdem kommen, und es ist, als wären nicht

zweitausend Jahre darüber hinweggegangen, die Hirten aus der ganzen Umgebung zum Gottsdienst. Von allen Seiten ziehen sie heran in ihren dunklen Mänteln, mit ihren breitrandigen Hüten. Auf ihre hohen Stöcke gestützt, treiben sie die grauen, leise blökenden Schafherden durch die bitterduftende Maccia den Berg zur Kirche hinauf.

Wenn alle versammelt sind, wird die Kirchentür geöffnet, und drei Männer, ein Trommler und zwei Pfeifer, führen die Gläubigen hinein. Die Kirche ist nur vom Kerzenschein hell. Der Chor in bunter Volkstracht singt Weihnachtslieder. Vor dem Altar ist die Krippe aufgebaut, umgeben von Maria und Joseph, die ebenso aus der Umgebung stammen wie die zehn Engel, die allesamt dastehen und das Kind erwarten.

Genau um Mitternacht ist es soweit: Der Priester legt eine Wachspuppe in die Krippe. Christus ist geboren und das „Freue dich, o Christenheit“ kann gesungen werden.

Nach den Lobgesängen führt ein Hirt den schönsten Widder herein. Das Tier trägt eine Glocke um den Hals, und hinter sich her zieht es einen Wagen, der mit Holzbögen überspannt ist, in denen brennende Kerzen stecken. Im Wagen aber liegt das zuletzt geborene Lamm. Es wird dem Kind in der Krippe zum Geschenk gemacht, so, als wäre den Hirten draußen gerade die Botschaft des Herrn durch den Engel verkündet worden.

Unter einem dunklen Himmel machen sich später alle auf den Heimweg, begleitet von der Wärme, dem Geräusch und Geruch der dahindrängenden Schafe, und mehr als einer der nächtlichen Wanderer meint, soeben von Bethlehem zu kommen.

In England heißt der Weihnachtsmann Father Christmas und kommt, ähnlich wie in Amerika, vom Nordpol heruntergefahren. In der Nacht vom 24. zum 25. Dezember hält er auf den Hausdächern an und rutscht durch den Kamin in die Häuser hinein. Zuerst sieht er in den Wohnzimmern nach, ob der Weihnachtsbaum schön geputzt ist, dann öffnet er lautlos die Tür zu den Kinderzimmern. Noch nicht ein einziges Kind ist darüber wach geworden, wenn er ihnen die Strümpfe voll Geschenke gestopft hat, die sie am Abend an ihre Bettenden gehängt haben. Außerdem hat Father Christmas allen anderen Weihnachtsmännern und Nikoläusen etwas voraus: Er hat keine Rute bei sich und auch kein Buch, in dem alles aufgeschrieben steht, was den Kindern das Jahr über danebengegangen ist. Nein, Father Christmas ist voller Güte. Er hat nichts anderes im Sinn, als den Kindern Freude zu machen.

Fest steht, daß es in England den Weihnachtsbaum erst gibt, seit die Königin Viktoria den Prinzen Albert von Hessen geheiratet hat, seit dem Jahr 1840 also. Fest steht auch, daß es falsch ist, wenn man in England sagt, Martin Luther wäre der erste gewesen, der den Weihnachtsbaum mit Kerzen geschmückt hat. Es hat sich ja längst herausgestellt, daß Luther mit seiner Familie nie unter einem Weihnachtsbaum gesessen haben kann.

In England werden zu Weihnachten über die Türen Mistelzweige gehängt, womit wieder ein uralter heidnischer Brauch verbunden ist. Misteln zu schneiden war in vorchristlicher Zeit allein den Priestern, den Druiden, vorbehalten, die sie mit goldenen Sicheln aus den geheiligten Eichbäumen schnitten. Misteln wurden damals ehrenhalber und an den heiligen Festen verschenkt. Heute darf sich jedes Paar, das sich zufällig oder auch nicht unter dem aufgehängten Mistelzweig begegnet, umarmen und voller Liebe küssen.

In England wird der erste Weihnachtsfeiertag fröhlich und ausgelassen gefeiert. Ein guter Puterbraten gehört ebenso dazu wie viele Knallbonbons. Außerdem wäre das Festessen ohne einen Plumpud-

ding ganz undenkbar. Dieser stundenlang gekochte schwere, fast unverdauliche sogenannte Pudding, in dem heute anstelle von Pflaumen eher Rosinen, Korinthen und Sultaninen enthalten sind, wird vor dem Auftragen mit hochprozentigem Branntwein übergossen und kommt brennend auf die Festtafel.

Dieser Plumpudding hat so gut wie nichts mit einem anderen Festtagspudding zu tun, der ebenfalls in England zu Hause ist.

Wer mehr darüber wissen will, mag im ABC weiterlesen . . .

Yorkshirepudding

gehört in England wohl deshalb auf jede weihnachtliche Festtafel, weil er sich problemlos zubereiten läßt und ebenso gut zum Festbraten paßt, wie in anderen Ländern die Knödel oder die Klöße. Er wird meistens in jener Form gebacken, über der vorher ein Braten auf dem Rost gar gemacht worden und dessen Fett in die Pfanne getropft ist. In diese Fettpfanne kommt der Teig des Yorkshirepuddings.

Er wird aus 6 Eßl. Mehl, 3–4 Eiern, ½ Tasse Milch und einer Prise Salz zusammengerührt, wie ein dicklicher Eierkuchenteig. Das Geheimnis des guten Gelingens ist, diesen Teig gut abrasten zu lassen, je länger, desto besser, mindestens aber eine Stunde.

Daraus ergibt sich der Vorteil, daß man den Teig lange vorher anrühren und dann alle anderen auf-

wendigen Bestandteile des Festessens zubereiten kann.

Sobald der Braten gar ist – sei es nun ein ordentliches Stück Schweinefleisch oder Roastbeef – und aus dem Ofen genommen wird, muß dem Pudding noch ein Schuß kaltes Wasser untergerührt werden. Dann kommt er auf dem schnellsten Weg in die fettige Bratpfanne. Bei guter Hitze braucht der Pudding zwanzig bis dreißig Minuten, um goldgelb aufzugehen, gerade so lange wie der Braten braucht, um wieder Saft zu sammeln. Danach wird der Yorkshirepudding sofort aufgetragen, damit er, hohl und locker, wie er innen geblieben ist, nicht zusammenfällt.

Hat der Plumpudding seinen Namen nach den inwendigen Plums, den Pflaumen, so hat der Yorkshirepudding seinen Namen nach einer Landschaft, die heute in dem Verwaltungsbezirk Yorkshire und Humberside zusammengefaßt ist.

Auf geradem Eisenbahnweg geht es von London nordwestwärts zur Stadt York, in der sich die größte gotische Kathedrale Englands befindet, Yorkminster, mit den größten mittelalterlichen Glasfenstern der Welt. In der Umgebung der Stadt gibt es endlose Moore und Heiden und Wege, von Steinzäunen eingegrenzt, es gibt Klippen und Strände im Osten des Landes.

Der Yorkshirepudding, der seinen Namen diesem Land verdankt, ist und bleibt nichts weiter als das Zubrot zum Festtagsbraten. Auch hat er keinerlei prophetische Bedeutung, wie etwa der Plumpudding, in den ein Sixpence-Stück oder ein Ring hineingebacken beziehungsweise hineingekocht wird, um dem Finder auf der Zunge die Zukunft für das nächste Jahr zu weisen.

Zwölfnächte

Rauhnächte, Hämmer- und Schwerterfrieden sind geheimnisträchtige Worte. In jedem Jahr, wenn wir uns am Heiligen Abend schließlich todmüde vom Christbaum und von den Geschenken trennten, um schlafen zu gehen, hieß es: „Und merkt euch, was ihr träumt."

Das nahmen wir uns fest vor, denn wir wußten ja, die Träume der zwölf kommenden Nächte würden uns zeigen, was uns in den zwölf Monaten des neuen Jahres bevorstand.

Diese zwölf Losnächte sind gewiß der harmloseste Zauber, der dieser Zeit von Heiligabend bis zum Dreikönigstag zugeschrieben wird. Nun muß vorweg gesagt werden, daß die Zwölften, wie sie auch genannt werden, nicht überall erst am Heiligen Abend beginnen.

In den Alpenländern werden die Zaubernächte vielerorts schon auf den 21. Dezember, den Thomastag, vorverlegt. Sie dauern dann trotzdem bis zum sechsten Januar, denn in der Nacht vor dem Dreikönigstag soll der Loszauber besonders bedeutungsvoll sein. Und bei den Zwölften bleibt es auch, obwohl es mehr Nächte sind. Aber was macht das, mit dem Vertreiben der bösen Geister geht es ja schon lange vor den zwölf Nächten los.

Die Krampusse und Klaubaufs, die Pelzmärtel, Buttenmandln und Habergeißen, vor allem aber die Perchten, die schönen wie die häßlichen, sind bereits in der Adventszeit in ihrem Element, und sie versuchen tanzend, springend und glockenläutend die Geister zu vertreiben. Wahrscheinlich kommen sie deshalb so zeitig, weil sie sichergehen wollen, daß sie auch den letzten Unhold aus seinem Schlupfwinkel aufgestöbert haben.

Und wie so vieles in diesen Weihnachtswochen, die schon in vorchristlicher Zeit eine heilige Zeit gewesen sind, trifft das heidnische mit dem christlichen Brauchtum eng zusammen. Alle diese fürchterlichen Perchtenfratzen sollen niemand anders darstellen als die germanische Göttin Perchta selbst, die mütterliche, die Erdgöttin, die hier geradezu mit sich persönlich vertrieben werden soll. Wie sich zeigt, gibt es nicht einmal Göttern gegenüber eine Gleichberechtigung. Denn an Perchtas mächtigeren Mann, den einäugigen Wotan, traut sich keiner mit einer Wotansfratze heran, und der ist in den vergangenen Wochen mehr als einmal mit Donnergetöse über das Land gebraust. In seinem Gefolge waren von jeher außer Donner, Blitz und Hagel auch noch die Toten, die er zu einem gewaltigen Heer vereinigen konnte. Das mag der Grund sein, weshalb sich niemand mit ihm auf einen offenen Streit je eingelassen hat. Oder immer nur hinten herum, über sein Weib.

Aber die Perchta zu vertreiben, war auch kein ein-

faches Geschäft, denn sie war beileibe nicht zimperlich. Je näher die Zeit der Zwölfnächte rückte, desto unruhiger wurde sie. Das ganze Jahr über ging sie ohne Aufhebens ihrer Arbeit nach. Plötzlich aber hatte sie kein Sitzfleisch mehr. Und wenn sie dann endlich im Götterhimmel neben ihrem furchterregenden Gemahl stand, der die langhaarige Braue über seinem einen Auge zusammenzog, weil sein achtfüßiges Roß noch nicht zur Stelle war, dann spürte die mütterliche Perchta, die auch Frau Holle genannt wird, Hulda oder Frigga, daß es notwendig wäre, einmal im Jahr zu zeigen, wer man eigentlich ist.

Nein, die dort unten, denen sie das ganze Jahr über in Stall, Küche und Garten, an Betten und Wiegen beistand, die sollten nicht denken, das gehöre sich so, das müßte so sein. Sie sollten nicht übermütig werden. Und Wotan neben ihr war ganz dieser Meinung.

Die Perchta versuchte ihm ins Gesicht zu sehen, in das er seinen großen Schlapphut hineingedrückt hatte, und dabei überkam sie ein solcher Stolz und eine solche Freude, und es hätte nicht viel gefehlt, und sie wäre so nahe an ihn herangerückt, daß sie sich an seinen schwarzen Umhang hätte drücken können. Sie wußte aber, daß er solche Vertraulichkeiten nicht liebte, denn was zu tun war, verstand sich von selbst. Außerdem trabte jedesmal in diesem Augenblick Sleipnir heran, das achtfüßige weiße Roß, dieses wunderbare Tier, dem keins dort unten auf der Erde das Wasser reichen konnte.

In dieser Sekunde entspannte sich das Gesicht ihres Wotan, und er hatte nur noch ein Auge für das weiße Pferd. Sobald es stehenblieb, nickte es mit dem Kopf, als ob es sagen wollte: „Dann wollen wir mal wieder, mein Lieber.“ Jedesmal tätschelte Wotan ihm Hals und Nase, und dann bestieg er das Pferd.

Es war ein Anblick, der die Perchta immer wieder

von neuem hinriß: Der breitschultrige Mann auf dem langgestreckten Roß, das plötzlich zu schnauben anfing, das auf der Stelle trat, als könnte es den Augenblick nicht mehr erwarten, auf und davon zu gehen. Da war es wieder Wotan, der Mächtige, der die Zügel fest in der Hand hatte und ihr, der Perchta, zunickte, damit sie hinter ihm aufsteigen sollte. Kaum hatte sie Platz genommen, sah Wotan rückwärts und pfiff durch die Finger. Und schon waren sie alle versammelt, die Winde, die Stürme, das Eis, der Schnee, die Toten und die Unterirdischen.

Daraufhin drückte sich Wotan jedesmal den Hut noch tiefer in die Stirn, und los ging die Fahrt, aus dem Götterhimmel hinab auf die Erde.

Und jetzt, dachte die Perchta immer, werden die dort unten bald merken, vor wem sie sich zu fürchten haben und wem sie ihr Leben verdanken samt Pflügen, Säen, Mähen und Dreschen, Mahlen, Weben, Spinnen, Buttern und Kochen. Jetzt sollte sich zeigen, ob sie bereit waren, die Ruhe einzuhalten, die in den zwölf heiligen Nächten geboten war. Zur Kontrolle hatten sich Wotan und Perchta auf den Weg gemacht. Sie trauten dem Volk dort unten längst nicht mehr, das immer versprach und zitterte, aber die Ruhe dann doch nicht einhielt.

Besonders die sonst so fürsorgliche Perchta hatte jedes Jahr alle Hände voll zu tun. In unzähligen Stuben waren die Spinnrocken nicht abgesponnen worden – in denen mußte sie die Wolle zerreißen und die Spinnräder zertreten. Geradezu unglaublich war es, daß die Perchta sogar Mägde antraf, die noch an den Spinnrädern saßen. Diese Unverfrorenen sollten sich nicht darüber beklagen, wenn sie das Fieber befiel und der Husten wochenlang quälte, wogegen nichts, gar nichts helfen wollte. Und wie viele Häuser gab es, in denen gegen jedes göttliche Gebot die Fußböden weder gefegt noch gescheuert worden waren. Gegen soviel Aufsässigkeit mußte etwas Schmerzhaftes geschehen. Für solche Fälle hatte die Perchta ein Messer im Gürtel stekken, und nachdem sie den Dreck selber zusammengefegt hatte, schnitt sie den faulen Mägden den Bauch auf und füllte ihnen den Kehricht hinein. Ja, wer nicht hören wollte, sollte fühlen, was es hieß, mit der Perchta anzubinden.

Manchmal traf die Perchta auch Häuser an, in denen die Hausfrau selbst die Gesetze nicht einhielt. Dann half nur eins: Kinder mußten verschwinden. Wenigstens eins von ihnen nahm sie zur Strafe mit.

Es gab wirklich viel zu tun für diese germanische Götterfrau, und es war ihr immer sehr peinlich, wenn Wotan bei den schweren Verstößen sein weißes Roß anhielt, seinen dunklen Hut aus der Stirn schob und sie aus seinem zusammengekniffenen Auge ansah. Schließlich behauptete sie das ganze Jahr über, daß alle, die ihr anvertraut waren, die Gesetze achteten und daß nichts zu beanstanden wäre.

Dabei gab es sogar Häuser, wo in den heiligen Zwölfnächten Wäsche gewaschen und aufgehängt wurde. Das kam zum Glück selten vor. In den meisten Häusern wurden die göttlichen Vorschriften beachtet. Kein Tisch wurde gerückt, dafür stand eine gute fette Milch darauf oder eine Milchspeise, damit die Perchtel auf ihrer weiten Reise nicht zu hungern brauchte. Bei den meisten Schüsseln war nicht einmal der Löffel vergessen worden. Dort wußten die Hausleute, daß es der Perchtel im Traum nicht einfiel, mit den Fingern zu essen.

Solche Häuser bedachte die Perchtel mit besonderer Gunst. Sie paßte auf, daß kein Löffel nach dem Essen neben die Schüssel fiel, denn das hätte einen Todesfall zur Folge gehabt. Und so sehr war die Perchtel nun auch wieder nicht daran interessiert, das Totenheer im Gefolge ihres Wotan zu vermehren. Ihr waren die Lebendigen wichtiger, sie gebot über die Lebenden. Die waren ihr, von den albernen hölzernen Masken, die sie aufsetzten, und dem

Lärm, den sie machten, abgesehen, nicht feindlich gesinnt. Im Gegenteil. Was stellten sie ihr für gute Opfergaben hin! Und die Perchtel, wenn sie es auch im Götterhimmel keinem sagte, freute sich das ganze Jahr über darauf.

Da stand Heringssalat für sie bereit mit neunerlei Zutaten. Eine davon waren die Roten Bete, die sie besonders gern aß. Heringssalat gab es in Hamburg und Bremen. Ein wenig südlicher tischten sie ihr Häckerle auf. Das war auch nicht zu verachten. Häckerle setzte sich aus Hering, Zwiebeln, Salzgurken und Speck zusammen, alles feingewiegt. Und dazu standen frisch gekochte Kartoffeln auf dem Tisch. Dafür war gut und gerne eine Nacht der Zwölften zu opfern.

Schlesien hieß das Land, in dem es Mohnklöße zu essen gab, die gar keine Klöße waren, sondern feingemahlener Mohn, der mit Milch überbrüht, danach mit Rosinen, Mandeln, Zucker und Rum angerührt und mit Weißbrot schichtweise angesetzt wurde. Daran hatte sich die Perchtel den Magen schon mehr als einmal verdorben. Und jedesmal durfte es Wotan nicht merken, wenn sie sich wieder hinter ihn auf das weiße Roß setzte und der Zug weiterging, westwärts, nach Thüringen.

Dort gab es auch Klöße, aber die schmeckten ganz anders, und gebratene Heringe standen ebenfalls für sie auf dem Tisch. Hier aß die Perchtel nur der Höflichkeit halber, denn nach den Mohnklößen hatte sie nur einen Wunsch: leichte Kost.

Die gab es nun wieder in Schwaben. Gelbe Rüben hieß das Gericht. Das schmeckte der Perchtel nicht besonders, aber der Magen kam davon zur Ruhe, und wenn es weiterging, warteten ja schon die Karpfen.

Diese Karpfen! Das ganze Jahr über lief der Perchtel das Wasser im Munde zusammen, wenn sie im Götterhimmel daran dachte: Karpfen blau, mit Butter und Meerrettichsahne.

Jedesmal, wenn sie dieses Gericht aß, kam sie in Versuchung, nie wieder in ihren germanischen Götterhimmel zurückzukehren. Aber davor bewahrte sie ihre Klugheit, denn die germanischen Götter waren weder plump noch rechthaberisch. Sie wußten nur nichts von Gnade und Erlösung. Sie forderten, sie waren unerbittlich, und deshalb zogen sie sich zurück, als ein Gott kam, der ihnen überlegen war allein durch die Liebe, mit der er die Menschen erlösen wollte.

So verbanden sich im Laufe der Zeit die zauberischen Kräfte der heidnischen Zwölfnächte mit den christlichen Mächten, und aus den Zwölften oder den Rauhnächten wurden die Rauchnächte. Womit nichts anderes gemeint ist, als daß aus den Häusern in Stadt und Land alle bösen Geister mit Rauch vertrieben werden sollten.

Zu diesem Zweck wurde eine Pfanne durch alle Räume getragen, in der Kräuter auf roter Glut rauchend verbrannten. Welche das sein mußten, ist schon in der Weihnachtsgeschichte gesagt: Weihrauch und Myrrhe. In junggläubigen Familien trugen Vater oder Mutter den Weihwasserkessel hinterher und besprengten daraus die Wände. Auch Stall und Scheune bekamen ihren Teil, denn wenn Schutz gegen böse Geister damit zu erreichen war, dann sollten auch die Tiere und die Ernte des Jahres mit hineingenommen sein.

In den zwölf heiligen Nächten und zwölf heiligen Tagen war zu allen Zeiten auch Frieden geboten für die, die unter einem Dach lebten. Frieden auch mit den Nachbarn, Frieden zwischen Zerstrittenen. Frieden ist für die Menschen unserer Tage nur das Gegenteil von Krieg. Frieden ist aber auch die Bereitschaft zu verzeihen, sich zu versöhnen.

Die Notwendigkeit dazu ist schon unseren Vorvätern klargeworden, sonst hätten sie die Zwölfnächte wohl nicht zum Hämmer- und Schwerterfrieden erklärt. Sie löschten die Schmiedefeuer aus

und stellten die Hämmer beiseite, damit in diesen geheiligten Tagen kein Schwert geschmiedet werden konnte. Damit aber zwangen sie sich selbst, die Lage zu überdenken, und ob es nicht vielleicht doch einen anderen Weg gäbe als den Kampf.

Es wird in vielen Fällen einen anderen Weg gegeben haben, aber davon berichten die alten Heldenlieder nichts.

Ihr Herren und Frauen, laßt euch sagen,
die Glocke hat gerade zehn geschlagen.
Nehmt euch in acht vor Feuer und Licht
und daß euch vom heiligen Thomas nichts
g'schicht.

Mit diesem Vers ging der Nachtwächter durchs Dorf, und ausgerechnet dort, wo die heiligen Zwölfnächte schon am einundzwanzigsten Dezember mit dem Thomastag anfangen, ausgerechnet in diesen Gegenden bekommt der heilige Thomas viele schlimme Dinge nachgesagt.

Dort soll er mit einem Wagen durch die Lüfte sausen, den zwei schwarze Pferde ziehen, geradeso, als hätte er sich Wotan und seiner wilden Jagd angeschlossen. Dazu soll er seine Peitsche schwingen, daß die Funken nur so stieben. Und wehe dem, der so einen Funken in die Augen bekommt oder die Peitschenschnur! Die Leute sagen, er bringt es fertig und schlägt einem mit der Peitsche die Augen aus.

Und ausgerechnet in dieser Nacht muß das Kletzenbrot gebacken werden, weil nämlich in der Thomasnacht die Frauen mit ihren bemehlten Händen noch die Obstbäume im Garten umarmen müssen. Da mag der Schnee so hoch liegen, wie er will, da mag es noch so finster sein, der Sturm gehen und den Schnee vor sich hertreiben, das Umarmen muß sein. Sonst ist es im nächsten Jahr schlecht um die Pflaumen- und Birnenernte bestellt, und die wird ja

wieder dringend gebraucht – für das Kletzenbrot, in dem gedörrte Pflaumen und Birnenschnitze die Hauptrolle spielen.

Es ist schon so etwas mit dieser Thomasnacht, drei Tage vor Weihnachten, aber vielleicht wird dem Heiligen nur deshalb soviel Unheiliges angehangen, weil er eben der Ungläubige gewesen ist.

Der heilige Stephan, am zweiten Weihnachtstag, kommt viel besser weg. Ihm waren Leben und Wohlergehen der Pferde anvertraut worden, was zwar nicht recht einzusehen ist, denn er hat in seinem Leben nichts mit Pferden zu tun gehabt. Ein Patronat aber mußte er übernehmen, und es sollte ein wichtiges sein, und nur wir mit unseren Autos können uns nicht mehr vorstellen, wie wichtig früher das Pferd gewesen ist. Nicht weil es den Pflug zog, das konnten Ochsen auch, aber was wären Handel und Wirtschaft ohne die Planwagen gewesen, die von Pferden gezogen wurden? Wer außer dem Pferd hätte Nachrichten und Briefe über große Entfernungen bringen sollen? Wohin wären Herrscher und Krieger gekommen, wenn die Pferde sie nicht willig getragen hätten?

Nach diesem jahrhundertelangen Dienen fand der heilige Stephan, es wäre genug. Deshalb hat er denen beigestanden, die das Auto erfunden haben. Warum würde sonst die Kraft des Automotors noch immer nach Pferdestärken berechnet? Seine Schutzbefohlenen aber sind in unserer Zeit vor allem zur Freude ihrer Besitzer auf der Welt, und ich bin sicher, daß er auch noch einen Ausweg für die Pferde finden wird, die im Schlachthof enden.

Der heilige Stephan hielt seine Hände aber nicht nur über die Pferde, auch ihr Futter wurde ihm anvertraut. Heu und Hafer wurden in seinem Namen gesegnet. Das war ein wichtigeres Anliegen, als es zu sein scheint, denn Ratten und Mäuse waren zahlreiche Kostgänger, die niemand im Haus und Hof wollte. Sie durften während der Zwölfnächte nicht

bei ihrem Namen genannt werden, wenn sie nicht noch gefräßiger und unverschämter werden sollten. Aus demselben Grund war es gefährlich, in der Zwölfnächtezeit Fuchs und Wolf beim Namen zu nennen, die das Jahr über in Hühner- und Schafställen viel Schaden anrichteten.

Ob nun die Zwölfnächte am 21. Dezember oder später anfangen, alles was in dieser Zeit geschieht, was getan oder unterlassen wird, ist voller Bedeutung. Manches weckt Hoffnung, manches jagt Schrecken ein, anderes hinterläßt eine Ahnung davon, daß es außer dem, was meßbar ist und anzufassen, noch andere Dinge zwischen Himmel und Erde gibt. In der folgenden Geschichte ist es bewiesen.

Irgendwo, nahe oder weit entfernt von hier, hat sie sich zugetragen, an einem Fluß, in einer Zeit, in der es noch nicht viele Brücken gab. Es war eine Stelle am Wasser, an der das eine Ufer mit dem anderen durch eine Fähre verbunden wurde. Was zu berichten ist, kann sich also am Rhein, an Elbe, Oder, Donau oder ganz woanders zugetragen haben.

Auf jeden Fall hörte ein Fährmann in einer der Zwölfnächte den Ruf „Hol über“ in seinem kleinen Fährhaus. Er hatte sich längst seine Stiefel ausgezogen, die Jacke an den Haken gehängt und es sich auf der Bank bequem gemacht. Denn nach aller Erfahrung war mit Einbruch der Dunkelheit kein Mensch mehr zu erwarten, der ans andere Ufer wollte. Der Fährmann stand sogleich auf, um seinem Geschäft nachzukommen, und noch während er in die Stiefel fuhr, hörte er dieses „Hol über“ schon wieder. Die Stimme kam ihm seltsam vor. Sie gehörte zu keinem, den er kannte, und es waren doch immer dieselben Leute, die „Hol über“ riefen.

Jetzt war es schon wieder zu hören, wähend er sich noch den kurzen Pelz über den Schultern zurechtschüttelte und die Laterne vom Haken nahm.

„Hol über!“ Er sann noch eine Weile, und dann öffnete er die Tür.

In diesem Augenblick fuhr ihn der Sturm an. Merkwürdig, dachte der Fährmann, im Haus habe ich keinen Sturm gehört. Jetzt aber mußte er sich gegen ihn stemmen. Dazu war die Nacht wie mit Sackleinen verhangen. Er konnte die Hand nicht vor Augen sehen, und wenn er die Laterne nicht gehabt hätte, das Licht mochte blaken, soviel es wollte, er hätte nicht zu seiner Fähre gefunden. Und dabei hatte er immer gedacht, daß er den Weg mit verbundenen Augen gehen könnte.

Als er schließlich auf den hölzernen Bohlen stand, fühlte er sich sicher und fing sofort an, am Tau zu ziehen. Zuerst kam es ihm vor, als ob die Fähre nicht von der Stelle wollte, aber nachdem er eine Weile ordentlich zugepackt hatte, ging alles viel leichter als sonst. So kam es ihm wenigstens vor, und er war auch viel schneller am anderen Ufer als gewöhnlich. Er machte die Fähre fest, nahm die Laterne und wollte sie in die Höhe halten, um zu sehen, wem er dienstbar sein sollte. Da stolperte er. Die Laterne fiel ihm aus der Hand, er stand in tiefer Finsternis da. Im gleichen Augenblick hörte er sich angesprochen.

„Fährmann, wieviel Lohn verlangst du für deinen Dienst?“

Er nannte den Preis pro Reiter und Pferd und wußte selbst nicht, wie er dazu kam. Aber er war sicher, daß er außer Menschen auch Pferde übersetzen sollte, viele Menschen und viele Pferde. Er versuchte zu erkennen, wer vor ihm stand, aber die Nacht war zu dunkel, und der Sturm heulte zu sehr dazu. Also blieb ihm nichts anderes übrig als zu warten. Auf einmal spürte er, wie die Fähre schwerer und schwerer wurde, daß Pferdehufe auf die Bohlen traten und die Pferde sich schnaubend und prustend zusammendrängten. Und je mehr es wurden, desto kälter wurde es.

Auf einmal kam jemand nahe an ihn heran.

„Setz über, Fährmann!“

Ein eisiger Atem fuhr ihm ins Gesicht, der Sturm heulte noch lauter, und die Hufe klopften wie Hämmer auf das Bohlenholz.

Wieder schlang er das Tau von dem Pfosten, und die Fahrt ging los. Obwohl die Fähre bis an den Rand beladen sein mußte, glitt sie leicht durch das Wasser, so leicht, wie er noch niemals seine Fähre vorangebracht hatte. Am anderen Ufer machte er die Taue fest, und die Fähre lag still.

Jetzt wollte er wissen, wen er gefahren hatte. Er faßte sich ein Herz und sagte: „Damit ich meinen Lohn berechnen kann, sagt mir, wieviel ihr seid, ich meine, wieviel Reiter und wieviel Rosse?“

In diesem Augenblick fuhr ihm eine Bö ins Gesicht, und gleichzeitig spürte er, daß ihm etwas in die Hände gedrückt wurde. Kalt, naß und haarig fühlte es sich an. Aber es gab keinen Zweifel, es war ein Fellbeutel mit Geldstücken darin. Dem Fährmann brach der Schweiß aus. Während er auf sein Fährhaus zuwankte, bemerkte er, daß er die Laterne wieder in der Hand hatte und daß sie brannte. Jetzt schlugen ihm die Zähne aufeinander, und die Finger zitterten ihm. Im Haus warf er sich todmüde auf die Bank und schlief ein.

Er hatte beängstigende Träume und war wie erlöst, als er am nächsten Morgen erwachte. Sofort war die Erinnerung da. Er richtete sich auf und sprang zur Tür.

Die Fähre! Wenn die Fähre an ihrem Platz lag, war alles nur ein Traum gewesen. Und die Fähre lag an ihrem Platz. Er lief hinunter und befühlte das Tau, mit dem sie am Pfosten festgemacht war.

„Es ist wirklich nur ein Traum gewesen“, sagte er vor sich hin. Dann aber sah er die Hufeisen. Nein, nicht die Hufeisen selbst, er sah, daß in die Bohlen der Fähre ein Hufeisen neben dem anderen eingebrannt war.

Jetzt dämmerte ihm, wen er in dieser Nacht vom anderen Ufer herübergeholt hatte. Niemand sonst als Wotan selbst war es gewesen, der ihm das „Hol über" zugerufen hatte. Da befiel den Fährmann das Zittern von neuem. Er ging in sein Haus zurück und sah dort, neben der Bank, den rauhhaarigen kleinen Ledersack stehen. Als er ihn öffnete, waren darin nicht Kupfermünzen, wie sie ihm für seine Dienste zustanden, sondern es war Silber und Gold darin. Wieder ließ sich der Fährmann auf sein Lager fallen, und wie ein Frost fiel das Schütteln über ihn her.

Später am Tag, als er einmal in den Spiegel sah, um sein Haar glattzustreichen, erkannte er sich kaum wieder, denn sein braunes Haar war schneeweiß geworden.

Nun holte er den Kalender hervor, begann zu zählen und errechnete, daß die vergangene Nacht die erste der heiligen Zwölfnächte gewesen war. Weil er nun alleinstehend lebte und ihm niemand zur Erlösung einen grünen Zweig in die Stube brachte, wartete er darauf, daß die Glocken in der Stadt zu läuten anfingen. Und als er die Glocken hörte, ging er aus dem Haus, ohne sich Gedanken darüber zu machen, ob in der nächsten Stunde einer käme, der „Hol über" riefe oder nicht.

Der Fährmann hatte nur einen einzigen Wunsch: Er wollte in der Kirche die Krippe sehen, die ihn von allem Unheil erlösen würde.

CIP-Kurztitelaufnahme der Deutschen Bibliothek
Bartos-Höppner, Barbara:
(Weihnachts-ABC)
Bartos-Höppners Weihnachts-ABC:
e. Buch für d. ganze Familie
Zeichn. von Arnhild Johne.
2. Aufl. – Bayreuth: Loewes Verlag, 1983.
ISBN 3-7855-1904-4
NE: Johne, Arnhild.

ISBN 3-7855-1904-4 – 2. Auflage 1983

Schutzumschlag: Arnhild Johne und Design Team
Satz: Druckhaus Bayreuth
Druck und Bindung: Wiener Verlag
Printed in Austria